教行信証の思想

石田慶和

法藏館

教行信証の思想＊目次

装幀　上田晃郷

教行信証の思想

はじめに

浄土真宗は、言うまでもなく、親鸞の教えから出発する。親鸞の主著『教行信証』は立教開宗の書として、浄土真宗の教学の基礎である。

しかし『教行信証』も、それが成立した歴史的・社会的条件というものから自由ではない。相対的な制約から離れ得ない面をもつのである。たとえば、当時の世界観・人間観というものを無視することはできない。そうした相対的な制約を受けて成立したものから、いかにして絶対的な真理を読み取るか、それが教学の課題である。言い換えれば、十三世紀に成立した『教行信証』が、いかなる意味で現代の諸問題に答え得るか、あるいは、現代の人間の問いに答え得るかを明らかにすることが、教学の本来の課題である。しかるに、浄土真宗の教学の現状は、そうした課題に十分真剣に取り組んでいるとは言えない。

全体として言えば、現在、宗教にいろいろの形で問いかけられていることは、近代科学という形で確立した「知識」の立場からの問いかけと、それと密接に結びついた「行為」の立場からの問いかけである。「信」の立場に立つ宗教である浄土真宗の教学は、その問いかけを十分に受け止めてはいない。しかしその問いかけを真剣に受け止め、それに答えることなしには、宗教に未来はない。「自然科学の表明する宇宙観・自然観（世界観）に宗教はどう答えるのか」、「社会科学の問う社会倫理の諸問題に宗教はどう答えるのか」、「人文科学の問う人間存在の意味について宗教はどう答えるのか」、そうした問いに答え、明確な立場を示すことができるならば、そこで初めて宗教は現代に生きるものとなるであろう。それができなければ、その本質と切り離された習俗や儀礼としての宗教の諸制度はともかく、本来の意味での宗教は姿を消すほかはない。

そうした問題に取り組むのは宗教哲学である。その宗教哲学は、「宗教的体験の反省的自己理解、それの理論的回顧として成立つ」（『波多野精一全集』第三巻―三一五頁）ような宗教哲学でなければならない。具体的な宗教に基づいて宗教の本質を明らかにし、本来の宗教とは何かを解明するのがそうした宗教哲学の任務である。ここでは親鸞の宗教、浄土真宗という宗教に基づいて、そのことを考えたい。

親鸞は私たちに何を伝えようとしたのか。釈尊の仏教の大きな流れから発し、浄土教の伝統に育てられ、法然の直接の導きによって成立した親鸞の浄土真宗は、その後の歴史的展開の中で何を伝えてきたのか。総じて、浄土真宗の教えは、現代の人間にどういう視野を開くのか。それを現代の精神的状況においてあらためて問うことが、ここでの中心課題である。

現代は科学の時代である。科学は実証を基礎とする。実験・観察によって仮説を立て、それを証明して法則を発見し、さらにそれらを体系的に整理して知識を構成する。自然・人文・社会の各分野においてそうした総合的な知識を確立したのが、現代の学問である。その内容は、宇宙・環境・

生命の各分野に及んでいる。

こうした学問的知識が普及している現代においては、宗教の弁証は容易なことではない。宗教的知識は実証によらない。とくに神・世界・人間という基本的範疇においてそうである。神の存在、世界の有限無限、魂の滅不滅といった問題について、学問的判断を下すことが人間の理論理性の権能を超えることは、カントの詳細に論じたところである。しかし宗教はそれを述べようとする。キリスト教も仏教も、そうした形而上的問題についての言明を重要なテーマとしている。

そこで次に、『教行信証』各巻をめぐって、そういう問題について親鸞がどのように考えているかをみてみよう。


今日では、その信憑性を科学と争うということはなくなったが、現代の知性は、象徴としての宗教的世界観の意味を問おうとする。それに答えることも、今日の宗教の責務である。それはかならずしも合理的説明ではない。しかし、道理にかなった説明でなければならない。そうでなければ、現代の人間の受け入れるものとはならない。宗教的象徴の説明を受け入れるのは、人間の宗教的要求である。そういう宗教的要求が人間にあるかどうか、それが、まず問われなければならない（「総序」の根本問題）。

次に、いかなる意味で浄土真宗は仏教であるか。言い換えれば、「覚」の宗教と言われる仏教の流れの中から、いかにして「信」の宗教である浄土真宗が成立したのか。その問いに答えるのも、浄土真宗の教学の大きな課題である。しかも、その課題に答えることは容易ではない。浄土真宗がその教えの成立の基盤とする浄土経典は、大乗経典であり、大乗経典は西暦紀元前後に成立したということは、今日の常識になっている。浄土経典は釈尊の説教、言い換えれば「金口の説教」を記録したものではないのである。他の経典も、厳密な意味で釈尊の説いたものではないという議論は、浄土経典が仏説ではないという説を覆すものではない。そうすると、浄土教は仏陀の教説ではないということが、その成立の端緒において主張され得るのである。それに対して、浄土教は仏教であるということを、十分説得的に答えなければならない。浄土教が、仏教の伝統とは流れを異にする恩寵の宗教であるというのは、歴史的な答えではない。少なくとも日本の浄土教徒たちは、大乗仏教を、さらには浄土教を、仏教として受け取っている。そのことの意味はどこにあるか、それを明らかにしなければならない。それが宗教的真理に関わる最初の問題である（「教巻」の根本問題）。

次に、宗教的行為として称名念仏はいかなる意味をもつか、称名念仏は本来人間の行う宗教的行為であった。集中して仏名（絶対者の名）を称え、仏（絶対者）を念ずるという行為によって何らかの宗教的境地に達しようとすることは、自然なことである。しかしその集中ということがいかにして実現されるか、それは人間の行為として容易なことではない。そこから絶対者の援助という考えも出てくる。キリスト教の「祈り」ということも、神のはたらきということを抜きにしては成り立たない。浄土教の伝統の中で「他力」という思想が生まれてくるのは当然とも言える。そのことと、人間の宗教的行為というものとがどのように関わるか、それが「行」ということについての考察の基礎であろう（「行巻」の根本問題）。

さらに、宗教的態度の根幹として、「信」ということを言わない宗教はない。しかしその「信」は、それぞれの教えによって異なる。浄土教の「信」はどういう特色をもつか、言い換えればいかなる態度を「信」というのかということは、浄土教の宗教としての特色を形成する。それについては、「他力回向の信」とか、「信一念」とか、「機法二種の深信」という表現が問題になるであろう。そうした表現によって、親鸞の浄土教は、「信」の宗教として仏教の流れの中に自らを位置づけるのである。それはまた、浄土教的宗教経験の核心を表現するものでもあろう（「信巻」の根本問題）。

そこから浄土教的な宗教的生というものも考えられる。浄土教的表現によれば、「住正定聚・必至滅度」と言われる宗教的生が何をいうのか、決して退転しない不動の境地に達するとともに、それがなお究極の境地ではなく、さとりの境地は未来に実現するということはどういうことなのか、達成と未達成とが同時に成立するということが、宗教的生として何を意味するのかが説明されなければならない。それが浄土教的宗教的生の独自性を明らかにするのである（「証巻」の根本問題）。

そういう宗教的生がいかなることを背景として成立するか、それが宗教的世界についての洞察を示すであろう。そしてそこから、現実にわれわれの生きる世界の本質についての洞察も生まれてくる（「真仏土巻」の根本問題）。

現実の世界は、動かし難い業報の世界であるとともに、それから逃れ得る世界でもある。その業報の世界を逃れる道としての道徳・倫理の立場や、内在的宗教の立場がそこでは批判されるであろう。その批判を通して実現される超越的宗教の世界とはどういう世界なのか。同時に、そこに真に人間が生きるということはどういうことなのかという問題も明らかにされよう（「方便化身土巻」の根本問題）。

『教行信証』はこうした課題に貫かれている。ここに述べた問題は、総序・教巻・行巻・信巻・証巻・真仏土巻・方便化身土巻の課題に対応する。それぞれの巻で親鸞が考えた課題を現代の問題として捉え直すならば、このようなものとなろう。それを解明することが、今日『教行信証』を理解するということである。

親鸞の主著『教行信証』とはどういう書物であるか。それについては武内義範先生のきわめて適切な紹介文がある。それを次に引いてみよう。

『教行信証』は親鸞の主著で、元仁元年（一二二四）に作製されたと古来から言い伝えられている。しかし、彼の自筆本に基づく現代の文献研究は、親鸞が晩年までこの書に改訂に改訂を加えて、その生涯の努力を「信仰の論理」に結晶させようとしたことを明らかにしている。『教行信証』は独特な記述の仕方でなされている。その大部分は『浄土三部経』をはじめ、その異訳経典やその他の大乗経典（『華厳経』『涅槃経』『大集経』等）、またインドや中国・日本浄土教の代表者の著作、親鸞の言葉で言えば、「西蕃月氏の聖典、東夏日域の師釈」からの抜き書きからなっていて、その間に諸所に自督の文（自己の信楽を披瀝した文）をさしはさんでいるにすぎない。しかしそれにもかかわらず、『教行信証』は一貫した彼独自の思索の躍動する姿を見事に表わし出している。というのは、親鸞はそこではつねに経典からの引用文や、それと関連のある論釈の釈義を用いてはいるが、その配列の具合や仮名遣いの読み替えによって、それらは彼自身の言葉であるかのように生き生きとした新たな表現力を得ている。そうしてその間にちりばめられた自督の文によって、釈義は突然燃え上がる信楽の告白となり、一転して悲痛な懺悔の文章と変じる。

阿弥陀仏の本願にゆくりなくも遇うことができて、絶対者との人格的な交わりに入った親鸞の信仰の喜びは、仏に対してかぎりのない讃嘆に、讃嘆はたちまちに、なおその慈悲の光のうちにありながら、生死や罪悪の世界に属するものから完全には脱しえない自分の醜さ—むしろそこで初めて自己自身に対しても真に明るみに出てきたような自己の醜悪に対しての悲嘆に変わってゆく。それも宗教について語る人がだれもかつてあえてなさなかったような具体的な形で、ありのままの姿を、私たちの前に投げ出して語るのである。しかしその悲痛の懺悔は、そのままいつの間にか再び讃仰の清浄な光に変わっている。（中略）私たちは『教行信証』を読んで初めて「罪障功徳の体となる、氷と水の如くにて、氷多きに水多し、障多きに徳多し」という彼の「高僧和讃」の言葉の意義を、切実な体験の言葉として理解することができる。（『武内義範著作集』第五巻一二三〇頁）

このような特色をもつ『教行信証』が、同時にすぐれた宗教哲学書として、一般に宗教の本質について、深い思索を展開していることも、見逃し得ないところである。

『教行信証』の理解は、一々の言葉の説明ではない。もとより、今日用いられなくなった言葉の意味を明らかにするということも、重要な課題であろう。しかしそれよりも、『教行信証』がどういう問題意識で貫かれているかを明らかにすることが、一層重要な課題ではないであろうか。それが、「日本浄土教の展開の中で生まれた『教行信証』という書物に表現される固有の思想を、普遍的な宗教哲学の問題として位置づけるとともに、現代の宗教学の展開を踏まえて、その現代的な意味をさぐろうとする」ということであろうと考えられる。

本書は、武内義範先生の驥尾に付して、そうした課題を追究しようとするものである。

序説　親鸞思想の哲学的理解について
――『教行信証』の哲学的解明――

一、哲学的理解ということ

　私たちは、ようやく神学的領域に足を踏み入れたと言ってよいかもしれない。西田幾多郎先生や西谷啓治先生が、禅の哲学的理解を試みられたように、私たちは、浄土教の哲学的理解を試みようとしている。そのことによって、仏教の大きな流れの中に成立した浄土教の、普遍的な意味を明らかにしようとするのである。

　日本の宗教哲学は、まさに仏教の哲学的理解の試みだった。清沢満之（一八六三～一九〇三）・西田幾多郎（一八七〇～一九四五）・鈴木大拙（一八七〇～一九六六）・波多野精一（一八七七～一九五〇）・田邊元（一八八五～一九六二）・久松真一（一八八九～一九八〇）・西谷啓治（一九〇〇～一九九〇）・武内義範（一九一三～二〇〇二）・武藤一雄（一九一三～一九九五）といった哲学者たちは、それぞれの立場から宗教（とくに仏教）の哲学的理解を試みている。

　法然や親鸞の教えの学問的な解明ということは、従来もなされてきたことである。しかし、それが単なる訓詁・解釈に終わるものではなかったかという反省は、過去の教学の中では起こらなかったように思われる。

武内義範先生はこう言われる。「親鸞の思想を宗教哲学の問題として考えるときには、今までの仏教研究の伝統とは少し違った視角がとられる。現代の思想の、特に西洋の思想の諸問題、もっと狭く言うと、現代に対して現代の人間が懐く宗教的な問題設定――神・世界・人間のあり方――について、現代西欧の宗教哲学における問題の立て方と、それに対する解答としての思想が私には関心の的となってくる。」（『武内義範著作集』第一巻一三三八頁）

これが、親鸞思想の哲学的理解ということの意味である。こうした武内義範先生の問題意識について、まずはじめに紹介を試みよう。

二、武内義範先生の哲学的理解をめぐって

まず、武内先生の最初の著作『教行信証の哲学』について考えてみよう。この書は、昭和十六年に刊行されたものであるが、当時、親鸞の思想を哲学的な観点から解明しようという試みは多くはなく（わずかに清沢満之氏の初期の著作、ならびに、紀平正美氏の著作にその問題意識が見られたにすぎない）、また、そういう観点についても十分の理解が得られなかった時代であった。しかし、武内義範先生は、田邊元先生の導きにしたがって、親鸞の主著『教行信証』が「信仰と思索との美

事に調和した、稀有の宗教哲学書」(『武内義範著作集』第一巻―四頁)であるとする見地から、とくに『教行信証』の「方便化身土巻」を中心として、すぐれた研究を展開された。そのことは、親鸞の思想を、単に日本のすぐれた仏教思想としてみるだけではなく、世界の宗教思想の中に位置づけ、その普遍性を明らかにしようとするものとして、画期的な意味をもつものであった。

先生のこの書における『教行信証』理解の基本的態度は、その哲学的解明ということであるが、それは、先生の言葉によれば、「日本(宗教)精神史の一つの最高峰であるこの『教行信証』を、東西両思想の総合を意図する日本哲学の現段階から、その重大な使命と固く結びつけられた仕方で、解明していく」(同五頁)ということを意味するものであった。

そのために先生は、まず『教行信証』の第六巻「方便化身土巻」を取り上げ、その組織構造を明らかにしようと試みられた。そこで、この巻がヘーゲルの『精神現象学』(意識が直接的感覚的確実性から絶対知に至る矛盾と超克の弁証法的必然的向上の全過程の叙述)に似た構造をもつことに着目し、とくに、浄土教の聖典の一つ、『大無量寿経』にあげられている阿弥陀仏の四十八の願の中の第十九・二十・十八願に対応する宗教的精神の段階を、宗教的精神の三つの類型的現象形態として、倫理的観想的段階・内在的宗教の段階・超越的宗教の段階として把握し、その向上の過程として叙述されている「三願転入」を、『教行信証』全体を貫く論理を示す「三願転入の論理」として解明しようとされた。

またそれとともに、「三願転入」の自覚の成立する超越的根拠としての正像末史観を取り上げ、

「三願転入」と「正像末史観」が交互媒介的循環の関係にあることを明らかにし、そこにヘーゲルの合理主義的楽観的史観と、親鸞の終末的悲観的史観の相違をも問題にされたのである。

そういう問題の展望の下に、まず「三願転入」をめぐって、第十九・二十・十八願のそれぞれの段階の従来の解釈について、その難点が指摘され、そこから、とくに第二十願の段階と第十八願の段階とが、宗教的精神の本質的な自覚の両契機であるとして、その表裏相即の自覚が体験の事実であることが論じられる。それは同時に、「三願転入」が親鸞自身の実際に経歴した精神的過程として、その時期を、第十九願の段階が吉水入室以前、第二十願の段階をそれ以後、第十八願の段階を関東時代にあてるとする理解に結びついている。

そうした三願の段階の把握の後に、あらためて、まず第十九願の段階の精神の特色が詳しく解明される。そこで問題になることは、至心・発願・欲生の三心であり、その三心について、顕彰隠密という解釈の手続きの意味が検討され、それを通して観想・道徳の段階から罪の意識に至ることが明らかにされ、そこから第二十願の段階への転入が論じられる。

次に第二十願の段階の精神の本質が解明される。そこでは、遭遇・決断・他力といった概念を手がかりとしてその内容が検討されるが、とくに宗教的決断ということをめぐって、それを呼応的決断として、単なる汝と我との遭遇としてではなく、二つの深淵が響き合い接触することとみるところに、先生の独自な理解がみられる。しかも、この宗教的決断の自覚としては、第二十願の宗教的精神も第十八願の精神と同一であり、ただ下意識のうちに第十九願的な自力主義の残滓をとどめている点が、第十八願の精神と異なっているにすぎないとされる。それは、『恵信尼消息』によってよく知られるようになった親鸞の、越後から東国への移住の途上における夢の経験の綿密な分析をよりどころとして論じられるのであるが、そこに武内先生の「三願転入」の理解、さらには第十八願の段階として理解される、親鸞の宗教的生の理解の根本的な特色があると言えるであろう。

以上、武内義範著『教行信証の哲学』の内容を概観したが、先生がこの著作で考えられたことは、後に、理解が一層容易な形で説明されている。この著作の趣旨を明らかにするために、次にそれを紹介したい。それは、昭和四十九年に刊行された『日本仏教―この人と思想』（朝日新聞社刊）に収録された「親鸞」という文章（『武内義範著作集』第五巻所収）であり、そこにはこのように記されている。

親鸞の考えでは、宗教的な意識は第十九願から第二十願に移り、第二十願から第十八願に移って、三つの段階を終えてはじめてほんとうの宗教的な精神になるというのです。つまり弥陀の四十八願のうちの第十九願で誓われているような種類に応ずるような人間は、浄土としては化身土に生まれるべき人間である。そうしてまた第二十願の人も化身土に生まれることになる。しかしこの化身土で、さらに純粋でない宗教的自覚を悔い改めると、真の報土に転入することになる。そこは本来は、第十八願というものに対応する、純粋な信仰の主体が往生する真実の浄土である。（中略）報化二土の関連は、浄土の在り方として、浄土の一種の周辺のような化身土と、それからほんとうの浄土である、センターである報土というものとの関係である、一般にはこう考えるわけですが、親鸞は現実的な宗教的意識の転化だというふうに考えたわけです。第十九願的な宗教意識から第二十願的な宗教意識を経て第十八願的な宗教意識に、いかにしてたどってゆくかということを彼は三願転入という形で、現実的意識の過程として捉えました。報土と化土の問題というふうに恵心僧都以来教えられていた問題を、親鸞はそれを自分自身の自覚の展開の問題であると考えました。第十九願的な自分の宗教的意識は第二十願的な意識に転じ、第二十願的な意識は第十八願に転ずることによってほんとうの宗教的自覚、親鸞の考えている浄土宗の真の教え（浄土真宗というのはそういう意味であります）、そういうものに至るのだと彼は考えております。その第十九願から第二十願に行き、第二十願から第十八願に移ってゆくという三願転入のうちの第十九願と第二十願の部分を中心に論じたのが、『教行信証』の最後にあります「方便化身土巻」であります。（中略）ですから『教行信証』は二つに分けられて、一方は「浄土真実の教行信証」という形で論じられている部分、他方は「方便化身土」という形で論じられている部分とになります。（中略）そうしますと、「方便化身土巻」というのは第十九願から第二十願に移り、第二十願から第十八願にいかにして移っていったかという形で、親鸞自身の宗教的発展を、自分の履歴を普遍化して論じたものと言うことができます。（『武内義範著作集』第五巻―二七六頁）

武内義範先生が「三願転入の論理」として考えておられたことがどういう意味であったかということは、以上の引用で明らかになったと思われる。

さらに先生は、この「三願転入」ということがヘーゲルの『精神現象学』的構造をもつということについて、このように言われる。

ヘーゲルのやり方と、親鸞の第十九願から第二十願、第十八願という三願転入という意識の分析の仕方は非常に類似しています。その点でたいへんモダンな、すこぶる精神現象学的な立場に立っていると言うことができます。（中略）それで第十九願の在り方から第二十願の在り方へ、第二十願の在り方から第十八願の在り方へというふうに移る意識の発展は、第十九願の意識自体が、宗教的意識の最初の段階として自覚しているそのままの構造が次第に深められてゆくこと――それのもっていた真理への自負と努力精進が、経験の中で蹉跌するとか、あるいはいっそう高いところから見れば、はじめからもっていた自己矛盾というものが、経験のある時期から意識自体にも明白になることによって、この矛盾を超えた、いっそう新しい段階に高められ深められてゆくときの意識の形態の段階的発展となります。第十八願の方から廻光返照された光と、第十九願の意識自体がもっている内在の光、そういうものを交錯させながら親鸞は三願転入というものを考えております。その考え方はたいへん近代的といいますか、現代的なような、そういう意識の分析になっております。（同二八一頁）

「三願転入」がヘーゲルの精神現象学的構造をもつというのは、以上に述べられたような意味においてなのだが、さらに第二十願と第十八願との関係をめぐって展開される武内先生のユニークな理解は、親鸞の宗教的生についての次のような独自な理解に基づいている。

親鸞の場合に非常にむつかしいのは、親鸞は二十九歳のときにいっさいの雑行を捨てて念仏に帰した。そこで親鸞はほんとうの他力の信仰を得たというふうに言っていますのと、それからこの夢（引用者註、『恵信尼消息』に記された寛喜三年の夢）の物語のように、六十歳近くになるまで自分のうちに自力の心が取れなかったと言っていますす親鸞と、この二つがあることであります。この二つは矛盾していますが、実は両方とも正しいのです。といいますのは、自力の心といいますのは、実はほんとうに自分が全存在をかけて名号と出会って、名号というものを自分の生命としたときにはじめて自分の心の奥底から起こってくる他力に対する反動のようなものだというふうに私は考えたいと思いますから。（同二九八頁）

第二十願や第十八願の立場を、従来の多くの理解のように、固定的に捉えないで、人間の宗教的な在り方にとってのそれぞれのダイナミックな意味を見出そうとされる先生の考えは、諸宗教についての該博な知識に基づいた宗教的生一般の在り方の理解を背景としていることが窺われよう。
次に、やはり武内先生の親鸞思想理解の基本的態度を示すものとして重要な意味をもつ、「教行信証における教の概念」(『武内義範著作集』第一巻所収)という論文について触れておこう。『教行信証の哲学』は昭和十六年に単行本として刊行されたが、武内先生は、引き続いて昭和十八・十九年に、雑誌『哲学研究』に「教行信証における教の概念」という論文を発表され、そこであらためて「『教行信証』の論理」というテーマで、その哲学的解明の意味を論じられている。その論旨は、真宗教学の在り方を考える上で大きな示唆を与えるものと思われるので、それについて述べておきたい。

この論文で最初に先生が問題にされることは、『教行信証』の論理ということを考えることは、浄土真宗の信心が知識を否定するところに成立するとみる人々にとって、避けるべきことではないかとする疑問についてである。それについて先生は、法然上人や親鸞聖人が「愚者になる」ということを言われる場合、それは、「愚者である」ということと同じではないことを指摘される。

すなわち、先生は、「愚者になる」ということは、人間に本来的な有限性の自覚を、あくまでも自己一人のこととして実存的に、しかも普遍妥当的な問題として、超越者との関係において、知識の立場を(否定的に)媒介として把握することであり、その意味で形而上学の根本問題であるとされる。

ひるがえって『教行信証』の研究の現状を見るとき、従来の綿密な研究によって、この書の問題の註解や分析はほとんど余蘊なき状態であるが、その体系的把握、すなわち『教行信証』の論理を明らかにしようとする試みは十分ではなく、研究の全体は統一なきものであり、断片的な論題の解明に終わっているように思われることを指摘される。とくに、江戸時代の東西本願寺派における大きな紛争の後は、自由討究の立場は抑制され、仏教学全般との関連も考慮に容れず、ただ「別途不共」なる真宗教義の解明につとめたため、教義の根本問題は不問に付せられ、あるいは独断的に肯定され、真理の乏しい悪しき意味の神話とならざるをえず、『教行信証』の多くの註釈はこのような立場で講ぜられたとされる。そういう思考は、悟性の立場、分析論理の立場であって、そういう立場が『教行信証』の論理を解明することにほど遠いことは言を俟たない、と言うのである。そういう指摘は、真宗教学の現状についての痛烈な批判であると言えよう。

武内先生は、真宗教学をこのような状況に至らしめた原因の一つは、真宗学者が信仰の立場と学の立場との媒介を十分具体的に自覚せず、それが分離していたことに基づくとされている。言い換えれば、従来の真宗学者は、『教行信証』を与えられた権威として信受し、ただ悟性的解明が許される程度においてのみ自己の知性をはたらかせたために、『教行信証』を自己の内的体験において吟味し、この信仰の論理の創造的生命に触れて、親鸞聖人とともに『教行信証』を再構成しようとする大胆さがなかった、そして、その結果、真宗学が発達すればするほど、いよいよその煩瑣な学解の立場は、信の立場と離れてしまった、とされるのである。

こうした先生の真宗教学に対する批判は、鈴木大拙先生の批判と通じるものがあるように思われる。鈴木大拙先生はこう言われる。

浄土教だけの中の話にしても、先進の学者が編み出した体系に、吾等はどれだけ恵まれてゐるかわからぬと同時にどれだけまた禍せられてゐるかもわからぬ。正統派の学者達は出来上つた御膳立を味はふことに気をとられて、そのものがどうしてさう組み上げられねばならなかつたかといふことを問はないやうである。つまり自己の宗教的体験そのものを深く省みることはしないといふ傾向がありはしないだらうか。お経の上で、弥陀があり、本願があり、浄土があるので、それをその通りに信受して、自らは何故それを信受しなければならぬか、弥陀は何故に歴史性を超越してゐるのか、本願はどうして成立しなければならぬか、その成就と云ふのはどんな意味になるのか、浄土は何故に此の地上のものでなくて、而もこの地上と離るべからざるくみあはせになつてゐるのかといふやうな宗教体験の事実そのものにつきては、宗学者達は余り思ひを煩はさぬのではないか。浄土があり、娑婆があると云ふことになつてゐる。——これをその通りに受け入れる方に心をとられて、何故自らの心がこれを受け入れねばならぬかにつきて反省しないのが、彼等の議論の往往にして議論倒れになつて、どうも人の心に深く入りこまぬ所以なのではなからうか。始めから宗学の中に育つたものは、それでも然るべきであらうが、どうも外部に対しては徹底性を欠きはしないだらうか。(『鈴木大拙全集』第六巻―二八九頁)

武内先生はさらに、『教行信証』においては、時代精神が永遠の精神と固く結合し、両者が相互に補足し合い、その独自の深刻性と活動性とを、その実存の論理に結晶せしめているが、徳川時代近代の学僧たちには、この思想史的背景は全く看過され、まして親鸞の信仰をその時代精神と媒介することは彼等の念頭にはなかった、しかしわれわれは彼等と全く別個の新しい精神状況にあり、『教行信証』が新たなる時代の人生観・世界観の原理として、今日世界史的意義を担って、この時代に立ち現れつつある、と言われる。そして、将来の時代精神の創造的原理としての『教行信証』は、必然的にその論理（の解明）を要求しているとして、次に「三願転入と三諦円融」というテーマで、その独自の論理を追究されている。それは、先生の学問的研究としては完成されることはなかったが、こうした先生の問題の追究のしかたに、現代における『教行信証』の研究、さらには真宗教学の課題解明に、大きな示唆が与えられるのではないかと考えられる。

以上、著作『教行信証の哲学』、ならびに論文「教行信証における教の概念」に述べられた武内先生の親鸞理解の基本的態度をみてきたが、そこには、親鸞の宗教的生を宗教哲学的な見地から明らかにしようとする先生の努力がみられる。

先生はこのように言われる。「わが国の宗教哲学の課題の一つは、大乗仏教・浄土真宗の思想を西洋哲学的表現によってあらわすこととも言える。そのことによって、西洋哲学の行きづまりを大乗仏教や真宗の思想によって打ち開くことを企てるとともに、逆に大乗仏教の縁起とか空とか真宗の名号の宗教的真理に新しい表現力を与え、そして東西の文化がもっと新しい領域に高まることに努めることにあります。」（『武内義範著作集』第二巻―三六四頁）。こういう問題設定こそ、これからの親鸞思想解明の出発点になるべきものと考えられる。

三、武藤一雄先生の非神話化論をめぐって

次に、武内義範先生とともに、京都大学文学部哲学科で教鞭をとられ、キリスト教学の講座を担当されていた武藤一雄先生の宗教哲学に触れなければならない。武藤先生は、波多野精一先生・有賀鉄太郎先生を承けて、京大でキリスト教学講座を担当されたが、敬虔なキリスト教徒であるとともに、強靱な思索とすぐれた洞察によって、西田幾多郎・田邊元先生以来の東洋思想の伝統に肉薄され、それを媒介として、キリスト教を通じて、現代における普遍的な宗教性を明らかにしようとされた。先生の思想は、なお現在において十分正当な評価を得ているとは言えないように思われるが、キルケゴールの研究を基礎として形成されたその業績は、将来において、わが国の宗教哲学の分野に大きな影響をもたらすであろうと、私は考えている。ここでは、その業績の一端について紹介をしたい。

武藤先生の関心の一つは、新約聖書の解釈という問題にあった。この問題は、哲学と神学との関係という問題に深くつながっている。それはまた、「世俗化というものが広く深く浸透し、この世の生活の中で、聖別さるべき特別の場所・時間が見失われつつあるような時代すなわち現代にあって、キリスト教という宗教も、いや応なく、なんらかの仕方でこの世俗化された世界に適応しつつ、

しかも世俗主義を克服するような自己革新を遂げなければならないであろう。それは世俗に徹しながら、しかもその直中に全く非俗なるものを追求し発見してゆくということと別の事柄ではないように思われる。」（武藤一雄著『宗教哲学の新しい可能性』一七六頁。以下、この項での引用はこの書による）と言われ、現代におけるキリスト教の使命を強く自覚されていた先生の問題意識に直接結びつくものであり、また、「世俗化の直中にあって世俗主義に埋没せず、かえって、世俗化の極みにあって「聖なるもの」、「神秘的なもの」の力を発揮すべきキリスト教の宗教的生命に深く参徹すること」（同書、同頁）を目指され、今日の世俗化社会の中で、キリスト教がいかにあるべきかを常に考えようとされていた先生の学問的良心に、直ちに結びつくものであった。それがとりもなおさず「俗なる人間の言葉の中に聖なる神の言を模索すること」であり、「聖典解釈学」というものは、基本的には、かくあらねばならないというのが、先生の主張であった。

先生の問題意識は、現代における宗教の弁証という困難な問題につながるとともに、現代における仏教の理解という問題にもつながっている。『教行信証』の理解も、かくあらねばならないと思う。以下、先生の「解釈学的原理としての「中」について―「非神話化」論と関連して」（武藤一雄著『宗教哲学の新しい可能性』所収）という論文に沿って、その主張を紹介しよう。

先生はこの論文において、まず、ルドルフ・ブルトマン（一八八四～一九七六）の「非神話化」の提唱を取り上げられる。「非神話化」というのは、ブルトマンが一九四一年に発表した「啓示と救済の出来事」という論文に由来するものであり、「新約聖書の世界像は、神話的世界像であり、今日のキリスト教的宣教は、人間に信仰を求める場合、果たして、過去の神話的世界像の容認を求め得るかどうかという問の前に立たされている」（ブルトマン『新約聖書と神話論』山岡久男訳註より）というその問題提起をめぐって、キリスト教神学界、とくにプロテスタント神学界に多大の反響をまきおこしたテーマである。

ブルトマンは、今日においては神話的世界像の容認は不可能であるとして、「新約聖書の宣教は神話的世界像に依存しない真理をもっているかどうか」（同二九頁）を問い、さらに「そのような真理があるとすれば、その場合には、キリスト教的宣教を非神話化することが、神学の課題となる」（同頁）と言う。そこで、その「神話論を実存論的に解釈する」ことが試みられる。ここに、「非神話化」という問題が現代の問題として、大きくクローズアップされたのである。武藤先生は、ブルトマンの問題提起を受けて、「「非神話化」は、すくなくとも、「実存論的解釈」の主要な内容をなしており、また逆に「実存論的解釈」ということを抜きにして「非神話化」について語る事もできないと思われる」（同一五二頁）ことを指摘される。そして、「新約聖書の「実存論的解釈」というものがいかなるものとして考えられておるか、またいかにあるべきかを論究」しようとされる。

そこでまず、「新約聖書が解釈される、或いは解釈されなければならないということは、どういうことを意味するか」（同頁）が問われ、それについて、「解釈が必要であるということは、新約聖書のみならず、いかなる文献についてみても、その文書の中に書かれている事柄の意味―特にその文書を読んで理解しようとする読者にとってもつ意味―が、必ずしも自明的ではないが故に、それを明らかにする必要があるということにほかならない。特に、解釈ということは、当該文献の語ろうとしている事柄における最も中心的なものを読者の理解にもたらすということが必要であり、およそ解釈学というものは、そういう必要を充たすための能う限り普遍的な学的方法を提示することを課題とする学問であるということができるであろう。」(同一五三頁)と言われる。

かくして、新約聖書の解釈学は、「新約聖書の全体、およびその中に含まれるそれぞれの文書に述べられている事柄―なによりもその中心的な事柄―を明らかにする方法を提示するものでなければならない」(同頁)ことが主張され、その中心的な事柄を「A」(すなわち類的普遍)と表示し、これに対して、「B」は特殊または種、「E」は個別または個を表示するとすると、新約聖書に述べられている中心的にして普遍的な事柄「A」の普遍性は、あらゆる時代史的制約(すなわち「B」的なもの)を超えるという意味で普遍的なものであり、またそのことによって、それは、現代に生きるわれわれにとって、現実的な意義をもつものとして理解され得るものでなければならない、と言われる。

「解釈」ということは、「A」としての性格をもった「事柄」をあらわにするものでなければならないが、そのためには、そういう「事柄」を覆いかくしているような「おおい」が「取り除かれ」なければならないのであり、そのためには、述べられている「事柄」における「B」的な性格をもつものの意味が見究められると同時に、究極的には「B」的なものが止揚されなければならない。いわゆる新約聖書(とくに共観福音書)の様式史的研究は、叙述された言葉ないしは文章(文体)

が、そこから由来する「生活の座、生活環境」を明らかにすることによって、「B」的なもののもつ積極的意味を見究めると同時に、それの限界をも明らかにするものでもなければならない（同書取意）とされる。

要するに、「B」はなんらかの意味で「A」の担い手となり得ても、それ自身が直接的に「A」となることはできないのであって、「B」が「A」的性格をもつのは、「B」の「B」的性格をあらわにし、そのようにはたらくことによって、「B」を「A」に止揚する契機となるものが、「B」の内に内包されていることによるほかはない。そのような契機になるものが「E」である。かくして、「B」は「B」に否定的に対立する「E」を内包することによって、「A」的性格をもつのであり、このことは、「E」が「B」によって規制され抑圧されるにすぎないような存在ではなく、ある意味では「B」以上に「A」とつながりをもちうる個性的「実存」でありうることを意味している、と言われる。（同一五六頁）

以上のように考えられるとすると、「「A」「B」「E」」の関係は必ずしも単純ではない。「B」も「E」も、「A」の担い手であり、「A」とむすびつくことによって、一面においては、「E」はどこまでも「B」に奉仕しなければならないとともに、他面、「B」は「E」の「神の言」によるほかなにものによっても限定されない「E」的実存の個性を尊重し、その自由を生かさなければならない。そうであるとするならば、「B」と「E」との間にも、一種の交互循環的、回互的関係が見出され、両者は相依り相俟って「A」としての「神の言」に奉仕すると考えられる」（同頁）。解釈の課題は、「解釈さるべきそれぞれのテキスト自体の中に、種々の意味で、上述の如き「A」「B」「E」的構造が看取される、そういった点を明らかにすることによって、究極的に「A」をあらわにすることである」（同頁）と武藤先生は主張されるのである。

そこで先生は、パウロの「霊によって霊のことを解釈する」（第一コリント二・一三）という言葉を引いて、「新約聖書の解釈は、「霊的解釈」でなければならない。」と言われる。「しかしそのことは、当然ながら、解釈というものが解釈者の恣意にゆだねられたり、「主観的な熱狂主義」に陥ったりすることをよしとするものではなく、却ってそういったことを極力排するものでなければならない。」（同一五八頁）とされる。「霊によって霊のことが解釈されるべきであるとともに、どこまでも「理性」をもった「言葉」として、霊的な事柄が解釈されなければならない」（同一五九頁）と言われるのである。かくして、「解釈というものは、「霊から文字へ」であるとともに、逆に「文字から霊へ」という逆方向を含み、相互循環的であることによって、その深度を増し加えていくものであると考えられる。」（同一六二頁）

先生の解釈学についての考えは、「「霊から文字へ」、そしてまた「文字から霊へ」という循環的・回互的関係ということ」であるが、「そういう循環は、客観的に存在するというだけでなく、むしろ解釈者が主体的にそういう循環を行ずる、つまり反復することによって、絶えず新しく生起するものでなければならぬ。かくて解釈は絶えず新しく遂行されなければならないであろう。またそのようにして解釈は一層深められうると考えられる。」（同一六二頁）というのである。こうした「解釈」についての武藤先生の考えは、宗教的文献の理解という問題に、大きな示唆を与えるものである。

ここでは、新約聖書解釈学を背景にして言われていることである故に、浄土教の問題とは若干の相違はあろうが、事柄の本質的な面では共通するところが多いように思われる。「A」「B」「E」は、浄土教について言えば、それぞれ、「仏教的真理」「浄土教的伝統」「浄土教的実存」と考えることができる。

ここで問題になっていることは、別な角度から言えば、武藤先生の言われるように、新約聖書の解釈と、聖典ならざる俗典についての解釈とがいかに関係するか、いわゆる「聖典解釈学」と「俗典解釈学」の異同の問題（同一七二頁）にほかならない。両者の間に本来原理的な区別を設けるべきではないという考えが、両者の区別を堅持しようと欲する近代以前のキリスト教正統主義に対するシュライエルマッヘルから現代に至る近代的解釈学に一貫している。現代の解釈学が、多かれ少なかれこの近代解釈学の遺産を継承することは否定できない。ブルトマンについても、そのことは妥当する。しかしこのように言われるからといって、それぞれの文献のもつ特殊性が撥無されるわけではなく、また「聖典解釈学」と「俗典解釈学」とが全く無差別に帰するということでもない。否、両者の本来あるべき関係を改めて問題にするということが、極めて大切なことではないかと思われる、こういった問題は、実は、哲学と神学、思惟と信仰の問題に深く関わっている、と先生は言われるのである。

こうしたことを前提として、先生は解釈学的原理として考えられる「中」について、こう主張される。「解釈者は解釈さるべき文献に述べられ、そこに表現されようとしている「事柄」に対して「関心」をもつ者でなければならない。それに対して情熱的なかかわりをもつ者でなければならない。いわゆる実存論的な解釈といえども、実存的な関心に裏うちされ、またその解釈によって我々自身が実存的に覚醒されるということがなければならない。特に、聖典解釈学において、そういったことが重要な意味をもつであろう。「関心」とは、本来関心されている「事柄」の「中」にあるということにほかならない。その「中」にあって、その「中」における「中心的・中核的」な事柄においていささかも的をはずれず、正鵠を失しないということが、先にも述べた「的中」するということにほかならない。」（同一八五頁）。「究極的には、解釈は、解釈さるべき「事柄」、なかんずくその中心・中核に的中するということが目指されなければならない。しかも、そのような「的中することと」が、実は、真に実存的・実存論的な「自己理解」をもたらすということがなければならないーすくなくとも「新約聖書」の解釈においては、そういうことがなければならないーのであって、そのことは換言すれば、「事柄」に「的中すること」がすなわち自己が「事柄」に「的中されること」にほかならないことを意味している。「事柄」に的中することと、そのことがまた同時に自己に的中することとは、いわば、二にして一、不一不二である。「事柄」の中心・中核に的中することを目指すということと「本来的自己」の自覚に到達しようと求めることとは不可分に結合する。人間的実存の本来の面目を現じ、真人間としての自己に覚醒するということは、人生の究極的課題であって、そこに到るまでは、人間は人間にとって隠されており、「隠された人間」として生きているといわなければならない。真に神的啓示に照らされるということは「自己顕示」―自己が自己にとって顕わになること―であると考えられる所以である。」（同一八九頁）

かくして、「著者の開示する世界は、単に著者の開示する世界であるにとどまらず、同時に著者自身もそこに立たしめられている世界であり、そのゆえにこそ、その世界に、著者も解釈者として の読者も共属しうるのであるということ」（同一九〇頁）であり、「著者の開示する世界に同世界的になりつつ、その世界の中心・中核、またはそこで語られている「事柄」の中心・中核に的中すること」（同一九一頁）が、解釈ということの究極的な課題でなければならない、と言われるのである。

さらに先生は、「解釈的原理としての「中」は、解釈というものが絶えず、「神の言」への「途中」にあらざるをえないということを意味する」（同一九四頁）と言われる。それはどういう意味においてであるか。「例えば新約聖書が開示する世界は、その新約聖書の諸書の著者（ないし編者）の開示する世界であるには相違ないが、それとともに、ほかならぬそれらの著者（ないし編者）が、そのなかに立っており立たしめられている世界―その世界にわれわれもまた同世界的になりうるような世界―でもある。その意味で、それは極めて超時代的に実在的な世界であって、著者（ないし編者）の主観によって観念的に構想され構成された世界ではない。それゆえ、そこでは、著者または編者の主観的な思想や神学がそれ自身どれほど巨大な意味をもっているにしても、それは畢竟、その世界、そこで語られようとしている「事柄」に由来し、それに帰属しているにすぎないともいえる。」（同一九六頁）。したがって、「一面において、不朽のカノーンとしての聖書は、聖書自体がそれの解釈者として、いかなる人に対しても、それの恣意的な解釈を許容するものではない。聖書の世界を開示する聖書の諸書の著者たちの理解も、その理解のもとに彼らが証言しようとしている世界に不可欠に帰属している限り、先の問いは否定的に答えられなければならないであろう。しかし他面において、ガダマーがいっているように、聖書の著者たちに帰せられるべき栄誉は、彼らが彼ら自身の理解の地平を凌駕しているなにごとかを告知している点にあるとされるならば、そのなにごとかをあきらかにするのが解釈学であるとされなければならないであろう。そのためには著者自身の理解の地平を超えた新しい地平──新しい解釈学的地平──がひらかれなければならない。──以上の二面を徹底的にふまえたところに、実存的解釈としての「非神話化」ということが必然的になる。」（同一九七頁）と言われるのである。

こうした武藤先生の解釈をめぐる考察は、問題そのものは、確かにキリスト教の聖典解釈の問題に発するが、その視野は、東洋の思想的伝統に及び、そこから問題解決の手がかりを見出そうとするものと言える。しかしここでは、そうした先生の現代における宗教の問題についての思索に立ち入ることなしに、浄土教学についての示唆について考えることにしよう。

先にも触れたように、「A」「B」「E」の三つの契機は、「仏教的真理」と「浄土教的伝統」、「浄土教的実存」に対応する。先生の主張は、「解釈さるべきそれぞれのテキストの中に「A」「B」「E」的構造のあることを看取り、それを究極的に明らかにすることによって、「A」をあらわにすることが解釈の課題である」とすることにあった。われわれの場合について言えば、『教行信証』にも、三つの契機があることを看取り、それを取り上げることによって「仏教的真理」を明らかにすることが、『教行信証』の解釈でなければならない。それが浄土教の非神話化という問題にもつながるのである。真宗教学の課題を『教行信証』のこのような意味における解釈と考えるならば、現代の真宗教学のあるべきすがたは明らかであろう。武藤先生の宗教哲学に多くを負うと考える所以である。

四、真宗教学の課題について

次に問題になることは、今日に至る浄土真宗の教学（神学）についてである。親鸞は『教行信証』を中心とする多くの著作を残した。その理解はかならずしも容易なことではなかったが、親鸞の残した教団の継承者たちは、心血を注いでその理解を試みた。とくに仏教各宗派の宗学が奨励された江戸時代以降には、その研究が盛んになった。その成果が今日にもたらされ、現代の宗派の教学研究の基礎となっている。しかし問題は、その研究の方法にある。それは浄土真宗では、ふつう「論題研究」と言われる。それについて、まず考えるところを述べたい。

「論題」とは何であるか。『仏教大辞彙』には、「論義又は会読の主題を云ふ」とあり、「天台二百題・真宗百論題又は華厳手鏡等に提示せる題目」がそれであると記されている。この場合、「論義」とは「法門上の義理を問答分別すること」であり、「会読」とは「問者・答者が相対し、判者を定めて討究すること」である。浄土真宗本願寺派では、現在でも毎年、夏期の安居において「論題」を立てて「会読」が行われているが、それだけではなく、一般に「宗義を論ずる」ときに立てる題目を「論題」というと理解してよいであろう。

その初めは、本派僧侶牧野大周が、嘉永五年（一八五二）に論題を設けて講じたのが最初とされるが、その後広く行われ、それをまとめたものとしては、松島善譲（一八〇六～一八八六）の『真宗論要』、東陽円月（一八一八～一九〇二）の『宗要百論題』、足利義山（一八二四～一九一〇）の『真宗百題啓蒙』等が知られている。現在では『真宗叢書』に「百論題集」として、安心論題三十、教義論題七十、合計百の主要な論題が集大成されている。

本願寺派では、とくに三業惑乱（一七九七～一八〇六）以後、この論題、とくに「安心論題」を中心に宗義を研究することが宗学研鑽の肝要とされ、安居等において広く行われていることは周知の通りである。その意義は、何よりも宗義として伝承された教義理解の一貫性を確認するところにあると考えられる。

たとえば、「真宗百論題集」（『真宗叢書』一上所収）第十六の「称名報恩」については、労謙院（松島善譲）の説として、次のように論じられている。すなわち、①蓮師「此上の称名念仏は、如来我往生を定め給ひし御恩報尽の念仏」と、称名を以て報恩とのたまふこと何れの指南に依り給ふや、②高祖（親鸞）はいずれに依りたまふや、③初祖（法然）において六祖に通ずるとは、善導の上に云何が其義ありや、④経文いずれに依りたまふや、等の問いを立て、それぞれの問いに、①『最要鈔』『本願鈔』『口伝鈔』を引いて、これらはみな高祖の「唯能常称如来号」に依り給ふ、②七祖の中、まづ龍樹により給ふ、③『礼讃』『選択集』『黒谷伝』『和語灯』等を引いて、七祖各々報恩の称名なること明白なり、④成就文其依処なり、と答えて「称名報恩」が伝統の正義であることを主張している。

論題研究は、まさにそうした教団のアイデンティティを確立しようとする試みにほかならなかったのである。そのために、多くの宗学者はその論述や研究に心血を注いだのであり、それが従来の、真宗教団の布教伝道に生かされたことは言うまでもないであろう。

したがって論題の中には、かならずしも親鸞の思想には重要性をもたなかったものも、その後の教団の展開において、重要な意味をもつものとして取り上げられたものもある。たとえば、「歓喜初後」「二種深信」「称名報恩」等である。それらが浄土真宗の重要な問題として、宗学者たちは、その弁証に力を注いだのである。

しかし今日、教団の置かれている状況は大きく変わりつつある。それに伴って、論題研究についても新たな課題が生じているように思われる。それはどういうことであるか。

柳宗悦は次のようなことを言っている（岩波文庫『柳宗悦妙好人論集』所収「真宗の説教」より取意）。

日本の仏教はいろいろの宗派に分かれるが、説教に熱心なのは、独り真宗のみであろう。真宗が今日、在俗の者と最も密なつながりを持ち得ているのも、説教のお蔭だと思える。……今日、日本で最も盛んに説教を企てるのは、仏教の真宗と、キリスト教の新教（プロテスタント）とである。ところが同じ説教といっても、両者の性質には大変な違いが見られる。プロテスタントの説教は極めて自由で、その牧師が信ずる考えを、自分自身の体験から述べる。この説教には理知的な性質が濃く、これが、知識欲のある若い人々の要求に適うことになる。……真宗の説教は、これとはおよそかけ離れたものである。真宗の説教は個人的主観によらず、客観的に述べねばならない。新教のほうは、人の如何により、真宗のほうは、教えの如何によると言ってよい。「人に依らず法に依る」という考えがあるが、真宗の説教は正にそれである。信者は語られる「真理」を聞きに行くので、「人」の品定めに行くのではない。ここに真宗の説教の著しい面目がある。……真宗の説教者たちは、かならずしも偉くなくても、また同じことを毎度繰り返すような退屈さがあっても、教えが法に適ってさえいれば、信者はこれを有り難く受け取ってしまうのである。……だが、これだけが真宗の説教の特色ではない。もっと異彩を放っている点がある。それは真宗の説教は、話が高潮してくるといつも韻律を帯びてきて、節付けになることである。つまり、説教節とでもいうものになってくる。説教は、それが個人的な自由な性質でなく、正脈の教えを説く場合、公的な客観的な性質を要求するゆえ、語り方も様式化されてくるのである。その様式化が節付けとなるのである。真宗の説教場は、ただ納得する理屈を冷静に聞きに行く場所ではなく、その説教節に自らも乗り、感動し、感謝し、深く宗教的情緒に浸りに行く場所なのである。……知的批判で説いたり聞いたりするようになると、おそらく今後の真宗の信仰は、大変異なったものとなろう。知的世代になってわが知恵をはたらかすことになると、私なき聴聞はできなくなろう。つまり、他力的な世界に素直には入り難くなる……。

以上、柳の説の概略を述べたが、それには首肯すべき点が多い。確かに、従来の真宗の説教は説教者の個性によらず、教えを正しく伝えるところにその本領があったと言える。客観的に述べられた教えを聞いて、門信徒たちは宗教的真実に触れたのである。その様式化された客観的真理を伝えるのに、宗学は大きな役割を果したと言えよう。論題研究の意味もそこにあったと考えられる。論題というかたちで様式化された教えを学び、それをわかりやすく門信徒に伝える。それが真宗僧侶のつとめであった。説教者の主観的な見解や教義解釈を論じるのが説教の目的ではない。親鸞・覚如・蓮如と伝承された宗義理解を守り、その線に沿って教えを伝えるのが真宗説教の基本だったのである。

しかしその伝統が、今日大きく揺らいでいるように思われる。その理由として、何よりもまず、一般の人々の知識水準の向上が指摘されよう。その知識の確立は、近代の学校教育（その内容は科学教育）の普及による。現代の人々に「一文不知の尼入道」はいないと言ってよい。そしてその知識を得る方法についても、またその内容についても、宗教的な知識伝達の方法やその内容と、著しく相違するところがあるのである。

たとえば、現代の宇宙観は、常識的な場合でも地動説が基本である。天動説、すなわち、この大地は不動でその周囲を太陽や月が回っているとは、ほとんど誰も考えていない。太陽を中心として、太陽系の惑星が軌道上を回転しているというのが正しい一般的な知識である。地球はその惑星の一つであり、月は地球の衛星である。そういう世界観は、十六世紀以降、西洋で形成され、現代では常識化している。

これに対して、仏教でもキリスト教でも、その教義体系の背景となっている宇宙観は天動説である。大地は不動であり、天空を太陽や月が動いている。そういう大地・地下・天上という三層の構造を基本とする。仏教の場合は須弥山説が共通であり、それを基礎として六道輪廻や迷悟十界が説かれる。キリスト教でも、神は天上にあり、煉獄や地獄は地下界にある。新約・旧約の聖書はもとより、ダンテの神曲やミルトンの失楽園もそうした表象を前提としている。

こうした知識について、その信憑性はいずれにあるかと言えば、科学的宇宙観にあることは言うまでもないであろう。科学的宇宙観と同じレベルで宗教的宇宙観を主張する者は、いないのではあるまいか。そうすると、地獄や浄土という表象はどうなるのか。「地獄は一定すみかぞかし」(『浄土真宗聖典』(註釈版)八三三頁)という表現も、かつてのようなリアリティをもったものとして、人々に迫るということはなくなってくる。そこに何らかの解釈を加えて、初めて語られるということになろう。その解釈は誰がするのか。それは、教えを説くもの以外にはない。そこに真宗の説教も、キリスト教と同じように、僧侶が自ら理解し解釈を加え、体験を交えて説くということにならざるを得ない理由がある。

そういう場合に、いくつかの論題はその意味を失うことになるのではないか。たとえば、教義論題三十七の「指方立相」という論題について、『真宗百論題集』下にはこのように説かれている。「指方立相」というのは、指は指示、方は方処、立は弁立、相は相状を言うのであり、『阿弥陀経』には「これより西方に、十万億の仏土を過ぎて世界あり、名づけて極楽といふ」とあり、浄土は西の方角にあり、そこに国土荘厳・仏荘厳・菩薩荘厳の三荘厳の相を成立させていると説いている。その浄土へ生まれようと願うことが、浄土教徒の基本的な態度であるとされる。

これについて、『論題集』に記載されている多くの論者は、この「指方立相」と、『浄土論』に「究竟如虚空、広大無辺際」とあることと矛盾しないかという問いを立て、それについて、浄土は辺と無辺が不二であるといい、また慈悲門に約するとき、あるいは仏の権智の照らすところによれば指方立相であり、智慧門に約するとき、あるいは実智の覚るところにつけば無辺際であるといった説明を試みている。

たとえば願海院（足利義山）は、「指方立相」について、「地球動転の説に依らば、晨朝の東方即暮夕の西方にして同一処なるべし、しかれば極楽は日出東方にありとも云ふべくして、必ずしも日没西方にありとは云ふべからずとなすか。」（『真宗百論題集』下、二一一頁）という問いを立て、それについて「経説は蓋し天動の須弥説に依り給ふならん、今地動説に依つて試みに之を会せば、仏権智所照の西方は実に一定の地方あるべくも、凡夫所謂の西方は或は此に異なりて東方南方を西方と認むるやも知るべからざれども、仏力を以て其誤認の儘を実に契はしめ給ふなり、実の生を認めて願生するを即ち無生に契はしめ給ふと一般なり、是れ仏には不二平等の知見力あるが故に、東をして即ち西となさしむべきなり、……仮令南北方に向ふとも、是れ西なりと想念すれば、南北をして即ち西ならしむる仏力なる故なり、……乃ち凡愚の妄想を即ち真理の実義に契はしむる、是れ弥陀の諸仏に超出する所以なればなり、……因みに弁ず、須弥界と云ふも一の妄想所現なり、地球また然り、仏の知見は須弥に非ず地球に非ず、足指按地の厳浄なるが如し、其厳浄また不可得なるものにして、実なりと執せば、即ち亦妄想なり、故に仏は妄想と妄想の是非は此を判ずるの必要ましまさざる故、強ひて須弥を立して地球を壊せんともし給はざるべし、但我等妄想ながらも西方の弥陀を念ぜば、弥陀能く妄を転じて真に契入せしめ給ふべきなり。」と言っている。

要するに、義山は、地動説によれば東と言っても西と言っても同じ所で、浄土を東にあると言っても西にあると言っても同じではないかという疑問に対して、経典は須弥山説（天動説）によっているから「西方浄土」と言うが、それは『論註』の「生即無生」と同じことで、仏は凡夫の妄想をそのまま真理に契うものとされるのであって、仏の知見からすれば天動説も地動説もなく娑婆即寂光土であって、両説のどちらを正しいとされるわけではなく、凡夫が西方の阿弥陀仏を念じるならば、それをそのまま真実に契うものとされるのである、と言うのである。

これは、宗教的世界観は、一般の宇宙観とは異なるものであることを言おうとするものであり、その点では適切な説明ということができる。しかし今日においては、その宗教的世界観と一般の宇宙観との相違、さらにはその意味を明らかにすることなくしては、伝道に十分な説得力を欠くことにならないであろうか。科学的宇宙観を現代の実証的な宇宙観として理解した上で、過去の宗教的世界観に基づいた「指方立相」がいかなる意味を持ち得るかを論じ得て、初めてそのことの意味が解明されよう。プロテスタントの神学者、ブルトマンが「非神話化」を提唱したのも、そこに理由があるのである。

ブルトマンは、新約聖書の世界像は神話的世界像であると言い、現代のわれわれの思惟が科学によってかたちづくられている以上、それを受容せよという要求を信仰の要求とすることは、知性の犠牲を強いることになるとして退け、神話の意義は、客観的世界像を与えることにあるのではなく、人間自身が自らをいかに理解しているかを表現するところにあるとして、神話の実存論的解釈を提起している。

そうした考え方によれば、「指方立相」についても、西方十万億土の極楽世界という表象によって何が語られようとしているかを明らかにすることによって、初めてその表象が、宗教的表象として意義をもつものとなるであろう。その解釈の試みなしには、現代においては宗教的表象の存在理由は失われると言わなければなるまい。今日の論題研究の意義は、まさにそこにあるのではないであろうか。

論題としては教義論題よりも一層重要な意味をもつ安心論題についても、別な角度からではあるが、過去の議論では尽くされぬ困難な問題が生じている。たとえば、「三心一心」という論題について考えてみよう。

「三心一心」とは、『教行信証』「信巻」の「問ふ、如来の本願（第十八願）、すでに至心・信楽・

欲生の誓を発したまへり。なにをもつてのゆゑに、論主（天親）一心といふや。答ふ。愚鈍の衆生、解了易からしめんがために、弥陀如来、三心を発したまふといへども、涅槃の真因はただ信心をもつてす。このゆゑに論主、三を合して一とせるか。」（『浄土真宗聖典』（註釈版）二二九頁）という文によって立てられた論題である。この論題は、第十八願の至心・信楽・欲生の三心が、信楽一心に摂まる所以を『浄土論』「願生偈」の「一心」との対応で論ずる「信巻」の議論を承けるものであり、安心論題の初めに置かれるほど宗義上重要な論題である。

しかし親鸞は、第十八願に誓われた至心や欲生心の意味を詳しく詮議し、その結果、それが信楽に摂まると理解して、信心正因を説いたわけではあるまい。むしろ法然の教えに信順した自らの宗教的経験の意味を顧みたときに、その信心の開発こそが『浄土論』に言う「一心」であり、第十八願の信楽にほかならないことに気づき、その論証を「三心一心」の釈を通して試みたのであろう。その意味で、「三心一心」論は、『教行信証』に関する限り、親鸞の宗教的経験の反省的自己理解・理論的回顧（波多野精一著『宗教哲学序説』）と言えよう。しかし従来の論題研究においては、そういう親鸞の宗教経験に即した解明は試みられず、もっぱら『教行信証』の叙述によって、三心がいかなる理由で一心であるかという議論を展開する。

たとえば、甘露院慧海（一七九八〜一八五四）は、凡夫往生の正因は一信で十分であるのに、どうして三信が誓われているかという問いを立て、その理由を、『尊号真像銘文』の文を引いて、仏願には三信が誓われているが機受は一心であり、世親が合三為一するのは愚鈍の衆生にわかりやすくするためであるとして、さらに約機・約法・約機法両実といった説明をしている。

こうした「三心一心」論が、宗学においてとくに重要視されたのは、「三業惑乱」における「願生帰命説」に対する批判から発するのであろう。すなわち、学林第六代・能化功存は、無帰命安心の異義に対して、『願生帰命弁』（一七六二）を著して願生帰命を主張したが、その主眼とするところは、身・口・意の三業をあげて仏に帰依し、浄土に生まれんと願うところに帰命の意味を見出そうとするものであった。それは同時に、蓮如の「たすけたまえと弥陀をたのむ」という表現を、文字通り祈願請求の意味に取ろうとするものでもあった。これに対して、浄土真宗の本義は信楽帰命にあり、その信楽は衆生の三業を運ぶものではなく、如来によって回向されるものであることを明らかにしようとしたのが、安芸の大瀛による『浄土真宗金剛碑』（一七九七）である。この二説が激しく対立し、政治権力の介入をまって後者の正義なることが認められ、ようやく終結したのが「三業惑乱」という事件であった。

願生帰命説は、三心中の欲生心（それは成就文の願生心と理解されるが）を衆生の発起すべきものと理解する説であり、そこに自力心の残滓をとどめ、その点が宗義に反するとして激しい反対を引き起こしたのである。そこから当然、欲生心は衆生の発するものではなく、信楽にほかならないとする理解が強調されるのであり、それが、欲生は信楽の義別という表現で表される。「三心一心」の論題は、まさにそうした「三業惑乱」における宗義理解の対立を背景として成立していると言うことができよう。そのことは、「三心一心」、あるいはそれと同様な意味を担う「三心即一」や

「三心本末」、「合三為一」といった論題の論者が、いずれも「三業惑乱」の終結以後の人たちであることからも推測できる。西本願寺教団は、あげて信楽帰命説が親鸞の教えであることを明らかにしようとしたのである。

本来、「三心一心」の問題は、経典（『大無量寿経』）と論書（『浄土論』）の真理性を前提として初めて成立する問題である。宗教的真理の問題は、現代の文献学的検討を超えたところにあるということができるが、しかしここではそれについての議論はさておき、この場合、経典そのものの論じるところと、論書の論じるところとはかならずしも同じではない。経典は、法蔵菩薩の願文として、浄土に生まれようとする衆生は、まごころを以て（至心）仏の願いを信じ喜び（信楽）、浄土に生まれたいと願う（欲生）ことを求めているのであり、論書は世親が釈尊に向かって、私はふたごころなく（一心に）尽十方無碍光如来に帰依したてまつると表明しているのである。その当面の意味は、いずれも浄土往生の真因が、如来回向の信心であるということを言おうとするものではない。『大経』所説の三心が『浄土論』「願生偈」の一心であり、その一心が信心にほかならないということは、親鸞の己証である。したがって、問題は、第十八願の至心・信楽・欲生の三心が「世尊我一心」の一心でありそれが信心である、と言うことによって、親鸞が何を明らかにしようとしたかという点にある。それを解明するところに、初めて「三心一心」という論題の意義があると言えよう。

しかし従来の論題研究では、先述のように、約機・約法・約機法両実等の解釈が示され、たとえば約機釈では至心の体は名号、信楽の体は至心、欲生の体は信楽として、要するに名号が衆生の心中に届いて衆生の三心となるという説明がなされているが、それは親鸞の三心一心説を、「信巻」の字訓釈や法義釈によって敷衍しているにすぎない。そのことによって、親鸞の教えについての誤解は防げたであろうが、しかしそれは単なる教えの説明であって、親鸞がなぜ三心一心説を述べて信心正因を明らかにしようとしたかという思想的意味は、十分に解明され得ないのではないかと思われる。それでは親鸞は、三心は一心にほかならないと言うことによって、何を言おうとしたのか。

親鸞の理解の核心は、第十八願には確かに至心・信楽・欲生の三心が求められているが、その三心のいずれも凡夫の起こし得るものではないとするところにある。それはすでに、『教行信証』の「三心一心」問答に先立つ『観経疏』の三心釈、とくに至誠心釈についての親鸞の訓点からも明らかである。すなわち、善導の言うところによれば、至誠心については、「一切衆生の身口意業の所修の解行、かならず真実心のうちになすべきことを明かさんと欲す。外に賢善精進の相を現じ、内に虚仮を懐くことを得ざれ、貪瞋邪偽、奸詐百端にして悪性侵めがたし、事、蛇蝎に同じ。三業を起すといへども、名づけて雑毒の善とす、また虚仮の行と名づく、真実の業と名づけざるなり。」とある。親鸞はそれを、「一切衆生の身口意業の所修の解行、かならず真実心のうちになしたまへるを須ゐんことを明かさんと欲ふ。外に賢善精進の相を現ずることを得ざれ、内に虚仮を懐いて、貪瞋・邪偽・奸詐百端にして悪性侵めがたし、事、蛇蝎に同じ。……」（『浄土真宗聖典』（註釈版）二一六頁）と訓じている。善導は、衆生のなす行為は、内外ともに、かならず真実のものでなければならない、外に現れた態度と内心との齟齬があってはならないというのに対して、親鸞は、衆生は仏が真実心において為された行をいただくのであり、内心に虚仮をいだいているのに外に立派な姿をとってはならない、と読むのである。また、「かならずすべからく決定の真実心のうちに回向し願じて得生の想をなすべし」という回向発願心釈を、「かならず決定して真実心のうちに回向したまへる願を須ゐて得生の想をなせ」と訓ずる趣旨も同様である。

要するに、親鸞は、至誠心も回向発願心も衆生の起こす心ではなく、仏より回向された真実心でなければならないとする。そこから第十八願の至心・信楽・欲生の三心についても、それぞれが真実心である以上、衆生の発起する心ではなく、仏より与えられる心であると言うのである。その意味で三心は一心であり、それが真実信心であると言う。親鸞は、生死出離に必要な「まことの心」は、私たちが起こそうとして起こし得るものではなく、まさに仏より回向されて与えられるものであり、それは「南無阿弥陀仏」という名号を聞信するところに開かれるということを、自らの体験に即して言おうとしたのである。「三心一心」という論題は、それを明らかにするところに意味があるのであって、それを抜きにして、至心の体は名号、信楽の体は至心、欲生の体は信楽と言っても、それは親鸞の経典についての説明を整理したにすぎない。第十八願に三心が誓われているとしても、それはわれわれが自らその三心を起こすのではなく、仏のはたらきによってわれわれの心に真実信心が開かれることを言うのであって、それを明らかにすることが、親鸞の『教行信証』著作の根本の目的であったと言えよう。『摧邪輪』における「菩提心」をめぐる明慧の論難に対して、親鸞が『教行信証』において「願力回向の信楽」を「横超の菩提心」と言ったのも、そのことを明らかにしようとしたのである。そこに「発菩提心」を出発点とする従来の仏教の理解について、全く新しい理解を開いた親鸞思想の画期的意味がある。論題研究は、そのことを論じることが中心課題でなければならない。

こうしたことは、「三心一心」の論題に限らない。「聞信義相」「信願交際」「信心正因」「信一念義」「帰命義趣」等の論題は、いずれもそうした親鸞の信心についての理解と密接につながっている。しかしそれらの論題が、親鸞の宗教的反省と有機的に連関していることが、従来は十分に解明されなかったのではないであろうか。そこに論題研究が複雑で空疎な議論に終始して、次第にその重要性が見失われてきた理由があるように思われる。

「三心一心」等の論題に対して、「二種深信」という論題はやや異なった意味をもつ。「二種深信」とは、信心の相状を明らかにするものであり、善導の『観経疏』の「深心釈」によるものである。そこには『観経』の三心（至誠心・深心・回向発願心）の中、第二の「深心」について、「深心といふは、すなはちこれ深信の心なり」（同二一七頁）と言い、それに二種ありとして「機の深信」と「法の深信」が説かれている。「機の深信」とは、「決定して深く、自身は現にこれ罪悪生死の凡夫、曠劫よりこのかたつねに没し、つねに流転して、出離の縁あることなしと信ず」ということであり、衆生のありのままのありさまを言い、「法の深信」とは、「決定して深く、かの阿弥陀仏の四十八願は衆生を摂取して、疑なく慮りなく、かの願力に乗じて、定めて往生を得と信ず」とあり、衆生を摂取する教法を言うとされる。この二種の深信は、信心の相状を言うものにほかならず、一般的に言えば、浄土教における「信心」という宗教的意識の内容を示すものと言える。

『教行信証』では、「信巻」に、大信釈として善導の三心釈の一つとしての深心釈が七深信として引用され、その初めに「二種深信」があるが、ここでは至誠心釈や回向発願心釈のように、親鸞独自の訓点が施され解釈が試みられることはない。親鸞の問題意識としては、それほど大きな意味はもたなかったと考えられる。しかし宗学では「二種深信」は重要な論題として、多くの論者によって慎重に論じられている。それは、この二種深信こそが浄土真宗における「信心」ということの独自性を表していると考えられているからであろう。その意味では、「二種深信」を論題としたことは、宗学の大きな寄与と言える。その主眼とするところは、二種の深信といっても別々のものではなく、二種は一具であり、一深心、すなわち真実信心にほかならないとするところにある。たとえば、甘露院慧海（一七九八～一八五四）は、「この深信と云ふは、本来弥陀の仏智を見きはめ給へる機法両実が、われらが心中に印現したる相を信機信法と云ふ、弥陀は無有出離之縁の機の為に他力法を成じ給ふ、依つて本願には十方衆生、成就には諸有衆生と云うて、所被の機をあらはす、この機の為に成じ給へる本願なれば、之を高祖は本願の生起本末との給ふ、生起とは無有出離之縁の機なり、本末とは他力摂生なり、すなはち是が六字の由なり、之を心得たが機法二種の信なり、われらが信体即機法両実を照らし給へる仏智なれば、信法も亦機法両実なり、かく談ずるときは、信機信法は一具にして離るべきものにあらず」（『真宗百論題集』上、一四七頁）という。また労謙院善譲は、「此二種は即ち弘願信楽にして一心中の二義、二而不一なり、信機は乃ち自力を捨つることを顕し、信法は乃ち他力に帰する事を示す。……当流的伝の深信は明了決択、堅固不動、機法の信相全うじて無碍光の仏智なり、仏智を以て機を照す、是れ信機、仏智を以て法を照す、是信法、能所不二信即仏智の故に、一点の疑なく、所謂〈聞も他力よりきき、思ひさだむるも他力よりさだまるなれば、ともにもつて自力のはからひちりばかりもよりつかざるなり〉と、是れなり」（同一五〇頁）と言っている。あるいは浄満院圓月（一八一八〜一九〇二）は、「他力回向の信心なれば二種なくんばあるべからず、此二種の信は只是れ一信心の妙味なり、自力を捨つる時は必ず信機具する、他力に帰するは即ち信法なり」（同一五一頁）と言い、願海院義山は、「深心とは本願の信楽なり、故に仏願の生起本末を聞いて疑心あることなき、是れ深信二種といふ所以なり、生起を信ずるを信機といひ本末を信ずるを信法とす」（同一六〇頁）と論じ、またその信相について、「自力を捨つるを信機といひ、他力に帰するを信法といふなり、……信機とは我が身心の出要に於て毫も用に立たざるを信知するの謂いなるが故に……信法の帰他力なることは蓋し弁を俟たざるべし、此義に由つて古老は信機信法とは捨機托法の謂なりと云ひ、或は捨自帰他とす、或は捨情帰法の相なりと記し遺さるるなり」（同一六二頁）と述べている。

いずれも、「二種深信」という場合、とくに「機の深信」のみを立てて、それが衆生の起こすべき罪の自覚というように誤解されることをおそれて、あくまで捨機托法をいうものにほかならないことを強調し、二種一具の深信として一信心の相状をいうことを説くのである。その意味で「二種深信」は、「信機自力」の異安心に対して、浄土真宗の「信心」は、自ら罪悪生死の凡夫と思い込むことではなく、また衆生救済の教法を理解するということにとどまるものでもなく、捨機托法として、自己を捨てて全面的に仏願に帰することをいうことを明らかにしようとするものである。

このことは、浄土真宗における「信心」の独自な意味を明らかにするものと考えられる。そこに、「二種深信」が論題として立てられる意味があると言えよう。しかし同時に他方では、「二種深信」は、後に示すように、一般に「信」ということの在り方についての深い洞察を示しているように思われる。しかし、そういう点に着目せず、論題としてのみそれを論じ、真宗教学の中に位置づけようとしたところに、論題研究そのものの問題点があり、親鸞の宗教思想全般に対する寄与を明らかにし得なかった理由があると考えられる。それについては、後に『教行信証』各巻をめぐって考えるときに、改めて論じることにしたい。

ここでは、そうした論題研究が、親鸞において明らかにされた人間の宗教的精神についての理解を深めることにならず、かえって、浄土真宗の考え方の特殊性を強調することになったことを指摘するにとどめたい。それをいかに打破するかが、現代の教学の課題であるということができよう。

第一章　宗教的要求

――「総序」の根本問題――

ひそかにおもんみれば、難思の弘誓は難度海を度する大船、無礙の光明は無明の闇を破する恵日なり。しかればすなはち、浄邦縁熟して、調達（提婆達多）、闍世（阿闍世）をして逆害を興ぜしむ。浄業機彰れて、釈迦、韋提をして安養を選ばしめたまへり。これすなはち権化の仁斉しく苦悩の群萌を救済し、世雄の悲まさしく逆謗闡提を恵まんと欲す。ゆゑに知んぬ、円融至徳の嘉号は悪を転じて徳を成す正智、難信金剛の信楽は疑を除き証を獲しむる真理なりと。

しかれば凡小修し易き真教、愚鈍往き易き捷径なり。大聖一代の教、この徳海にしくなし。穢を捨て浄を欣ひ、行に迷ひ信に惑ひ、心昏く識寡なく、悪重く障多きもの、ことに如来（釈尊）の発遣を仰ぎ、かならず最勝の直道に帰して、もつぱらこの行に奉へ、ただこの信を崇めよ。ああ、弘誓の強縁、多生にも値ひがたく、真実の浄信、億劫にも獲がたし。たまたま行信を獲ば、遠く宿縁を慶べ。もしまたこのたび疑網に覆蔽せられば、かへつてまた曠劫を経歴せん。誠なるかな、摂取不捨の真言、超世希有の正法、聞思して遅慮することなかれ。

（本願寺出版社『浄土真宗聖典』（註釈版）第二版、一三一頁。以下、浄土三部経および親鸞の著作の引用はこの書による）

一、宗教的要求について

『教行信証』の冒頭をかざるこの序文は、その真意として、人間の宗教的要求の発起を語るものと言える。それは何処に見られるか。ここに引用される『観無量寿経』序分の発起序の内容がそれを示している。

『観無量寿経』にはこのように記されている。王舎城の太子阿闍世のために夫君頻婆娑羅王が幽閉され、また自らも殺害されんとした韋提希夫人は、耆闍崛山より現れた世尊釈迦牟尼仏に身を挙げて地に投げ、号泣して言う。「世尊、われ宿《むかし》、なんの罪ありてか、この悪子を生ずる。世尊また、なんらの因縁ましましてか、提婆達多とともに眷属たる。やや、願はくは世尊、わがために広く憂悩なき処を説きたまへ。われまさに往生すべし。閻浮提の濁悪の世をば楽はざるなり。この濁悪の処は地獄・餓鬼・畜生盈満《ようまん》し、不善の聚多し。願はくは、われ未来に悪の声を聞かじ、悪人を見じ。いま世尊に向かひて、五体を地に投げ、哀れみを求めて懺悔す。やや、願はくは仏日、われに教へて清浄業処を観ぜしめたまへ」（同九〇頁）と。この「総序」に言われる「浄邦縁熟して、調達、闍世をして逆害を興ぜしむ。浄業機彰れて、釈迦、韋提をして安養を選ばしめたまへり」という言葉は、このことを踏まえている。

人間は、日常の生活の中では、容易に自らの心の底深くに宗教的要求が宿っていることに気づかない。それがあらわになるのは、日常の秩序が根底から破られるときである。韋提希夫人の言葉はそれを示している。

親鸞はそうした要求が究極的に満たされるのは、本願念仏の教えしかないと考えている。その教えの筋道をこれから説こうとする。そのための序として、この文を記すのである。

「発菩提心」は仏教の通規である。今日、宗教的要求というのは、仏教で言う「発菩提心」にほかならない。しかし浄土教は、「発菩提心」を退ける。それについて、武内義範先生はこう言われている。

法然は『選択集』の中で、往生のためには念仏のほかにはいっさいのものは要らないというふうに教えました。その結果菩提心というものも、自力として否定するに至りました。その菩提心を否定したというのがまず第一にけしからんというのが、明恵の法然に対する批判であります。彼は、菩提心というのは、通仏教的な原理で、いかなる宗派に属するにしても、仏教の立場というものが、そもそも成立するためには菩提心というものがなければならないと主張します。もしもその菩提心を否定してしまったならば、それはたとえ浄土教であろうと何であろうところはもう外道だ、天魔だ。そういうのが『摧邪輪』における明恵の法然批判の一番根本のところであります。

それに対して、親鸞の『教行信証』は、法然の死後大体十二年ぐらいになりますが（中略）時代の移り変わりとともに問題意識も発展して、新しい角度からこの問題に接近します。さらに晩年の親鸞は、「菩提心」を否定したのちに、浄土の菩提心、横超他力の菩提心というものを新しく出してくるわけです。法然の否定した自力の菩提心とは、いわゆる理想主義的な自心建立（自己定立）であって、そのような菩提心というものが無力であることが自覚せられ、理想的人間が挫折したのちに、親鸞が考えている横超他力の菩提心というのがはじめて出てくるものだと、そう考えます。（『武内義範著作集』第五巻―二七八頁）

武内先生が言われるように、親鸞は、菩提心について、法然とはやや異なる見解をもったのではないかと思われる。そのことは、『方便化身土巻』における第十九願の願文の引用にみられる。願文は、「たとひわれ仏を得たらんに、十方の衆生、菩提心を発し、もろもろの功徳を修し、心を至し発願して、わが国に生ぜんと欲はん。寿終のときに臨んで、たとひ大衆と囲繞してその人の前に現ぜずは、正覚を取らじ」（『浄土真宗聖典』（註釈版）三七六頁）と言う。宗教的精神の向上過程の第一の段階、第十九願の精神は、菩提心を発し、諸功徳を修し、至心に発願して浄土往生を願うのである。ここには、「発菩提心」が積極的に肯定されている。親鸞が比叡山で二十年の修行をしたのも、「生死出づべき道」（同八一一頁）を求めてであったことは言うまでもない。しかし、結果として、比叡山ではその願いは満たされなかった。そこで、洛中の六角堂に参籠し、救世観音に後世を祈ったのである。その九十五日目、聖徳太子の示現を受け、法然上人の庵室におもむき、「ただ念仏して弥陀にたすけられまゐらすべし」（同八三二頁）という言葉を聞いた。それからまた百日間、法然の教えを聞いて「うけたまはりさだめた」のである。その内容は、「願力回向の信楽」（同二四六頁）ということであった。その「信心」以外には菩提心はないという確信が、後に、「横（超）の大菩提心」（同二四六頁）という理解を生む。真の宗教的要求は、彼方からさしむけられたものであるという理解である。

法然は、「専修念仏」という立場から菩提心の発起を否定した。それは、念仏に宗教的関心を集中するという意味をもった。しかしそれに対する最も厳しい批判は、明恵の『摧邪輪』であった。それが親鸞の『教行信証』撰述の一契機であると言われる。親鸞は、念仏の行さえも、弥陀の回向によると言った。そして、その念仏の行と不離に信心も如来から与えられると言い、その信こそ菩提心であると言ったのである。それが「横超の菩提心」にほかならない。

しかし人間は、その本質的要求として、宗教的要求をもつ。そのことを最も明確に明らかにしたのは、西田幾多郎博士である。その要求は、一見、自らの内から現れるかにみえながら、実は彼方からさしむけられたものである。法然や親鸞は、そのように理解した。そのことを西田先生は十分承知されている。

宗教的要求は自己に対する要求である、自己の生命に就いての要求である。我々の自己がその相対的にして有限なることを覚知すると共に、絶対無限の力に合一して之に由りて永遠の真生命を得んと欲するの要求である。（『西田幾多郎全集』第一巻一一六九頁）

真正の宗教は自己の変換、生命の革新を求めるのである。基督が十字架を取りて我に従はざる者は我に協はざる者なりといった様に、一点尚自己を信ずるの念ある間は未だ真正の宗教心とはいはれないのである。（同一六九頁）

我々は自己の安心の為に宗教を求めるのではない、安心は宗教より来る結果にすぎない。宗教的要求は我々の已まんと欲して已む能はざる大なる生命の要求である、厳粛なる意志の要求である。宗教は人間の目的其者であつて、決して他の手段とすべき者ではないのである。（同一七〇頁）

こうした意味での宗教的要求についての考えを、従来の浄土教徒は積極的に受け取らなかった。それが、現在の浄土教についての理解を大きくゆがめているように思われる。たとえば、山辺・赤沼共著の『教行信証講義』には、この「総序」の、「穢を捨て浄を欣ひ、行に迷ひ信に惑ひ、心昏く識寡く、悪重く障多きもの、ことに如来の発遣を仰ぎ、かならず最勝の直道に帰して、もつぱらこの行に奉へ、ただこの信を崇めよ」という文をめぐって、このように説明している。①およそ、すべての宗教に、厭離と欣求の二面があることは言うまでもない。②しかし、この二面のうち、いずれが前に現れるかは、教門によって異なる。聖道門においては、厭離が先で、欣求が後になる。浄土門では、欣求が先になり、厭離が後である。③なぜなら、聖道門では、自分の力で修行するから、現在ただ今の境遇に気がついて、この生死を離れたいという望みがまず第一に起こらなければ、涅槃を求める心にならないし、修行もしない。だから生死のありさまを見て厭離し、次いで涅槃を求めるというのである。④ところが、浄土門は他力の教えであって、生死を厭い涅槃を欣うことができない愚痴無知の私たちが相手であるから、如来の力で厭離欣浄の心を与えてくださる。そこで、まず浄土の欣ぶべきことを教え、それから顧みて穢土を厭う心を起こさせてくださる。それで浄土門では、欣浄厭穢の次第である。⑤しかし浄土門でも、衆生を策励するときは、捨穢欣浄の順序になる。この「総序」の文の「穢を捨て浄を欣ひ」というのは、浄土要門（第十九願の機）をいざのうて弘願門（第十八願の段階）に入れよと策励するのである。⑥なお、捨穢欣浄の順になっているからといって聖道門の機を誘引すると解釈するより、浄土の要門の機を指すとしたほうがよい、といった解釈をしている。（山辺・赤沼共著『教行信証講義』七二頁取意）

また、『教行信証講義集成』第一巻にも、円乗院（宣明）は、この「総序」の文の解釈として、「上の二句は定散の機類。下の二句は逆悪の機類なり。」（『教行信証講義集成』第一巻―一四二頁）と言っている。「穢を捨て浄を欣ひ、行に迷ひ信に惑ひ」というのは、『観経』に説く定善・散善を修する機類、「心昏く識寡く、悪重く障多きもの」というのは、五逆十悪の機類であると言うのである。しかし、こうした理解では、今日の浄土の教えを受け取る条件の失われた状況を打開することはできないように思われる。

厭離と欣求とを先後に区別することが、そもそも問題である。人間にとって、厭うべきは現世であって、その因は限りなくある。欣求といっても、何を求めるのか。浄土といっても、そのリアリティが失われた今日、浄土願生ということは現実性をもたない。そこにあらためて、宗教的要求を考えざるを得ない状況が生まれているのである。

西田先生は、宗教的要求というものを、人間の精神的な関心を推進する根源的な要求とみている。それはどこから出てくるか。それを先生は、人間の意識成立のはじめに見出そうとされる。


凡て最初の感覚は小児に取りては直に宇宙其者でなければならぬ。この境涯に於ては未だ主客の分離なく、物我一体、唯、一事実あるのみである。我と物と一なるが故に更に真理の求むべき者なく、欲望の満たすべき者もない。人は神と共にあり、エデンの花園とはかくの如き者をいふのであらう。然るに意識の分化発展するに従ひ主客相対立し、物我相背き、人生是に於て要求あり、苦悩あり、人は神より離れ、楽園は長へにアダムの子孫より鎖されるやうになるのである。併し意識はいかに分化発展するにしても到底主客合一の統一より離れることはできぬ、我々は知識に於て意志に於て始終この統一を求めて居るのである。意識の分化発展は統一の他面であつてやはり意識成立の要件である。意識の分化発展するのは反つて一層大なる統一を求めるのである。統一は実に意識のアルファでありオメガであるといはねばならぬ。宗教的要求はかくの如き意味における意識統一の要求であつて、兼ねて宇宙と合一の要求である。かくして宗教的要求は人心の最深最大なる要求である。我々は種々の肉体的要求や又精神的要求をもつて居る。併しそは皆自己の一部の要求にすぎない、独り宗教は自己其者の解決である。我々は知識に於て又意志に於て意識の統一を求め主客の合一を求める、併しこは尚半面の統一にすぎない、宗教は此等の統一の背後に於ける最深の統一を求めるのである、知意未分以前の統一を求めるのである。我々の凡ての要求は宗教的要求より分化したもので、又その発展の結果之に帰着するといつてよい。（『西田幾多郎全集』第一巻―一七二頁）

真摯に考へ真摯に生きんと欲する者は必ず熱烈なる宗教的要求を感ぜずには居られないのである。（同一七三頁）

人は必ずしも芸術家ではない。併し或程度までは、誰も芸術と云ふものを理解することができる。人は宗教家ではない、入信の人は稀である。併し人は或程度までは、宗教を理解することができる。入信者の熱烈なる告白、偉大なる宗教家の信念の表現を読めば、何人も犇々と己が心の底までも鞭打たるるを感ぜないものはなからう。加之、自己が一旦極度の不幸にでも陥つた場合、自己の心の奥底から、所謂宗教心なるものの湧き上るのを感ぜないものはないであらう。宗教は心霊上の事実である。（同第十一巻―三七一頁）

如何なる場合に、我々に宗教問題と云ふものが起るのであるか。宗教心と云ふものは、如何なる場合に、意識せられるのであるか。宗教の問題は、価値の問題ではない。我々が、我々の自己の根柢に、深き自己矛盾を意識した時、我々が自己の自己矛盾的存在たることを自覚した時、我々の自己の存在そのものが問題となるのである。人生の悲哀、その自己矛盾と云ふことは、古来言旧された常套語である。併し多くの人は深く此の事実を見詰めて居ない。何処までも此の事実を見詰めて行く時、我々に宗教の問題と云ふものが起つて来なければならないのである。(中略)私は我々の自己存在の根本的な自己矛盾の事実は、死の自覚にあると考へるものである。(同三九三頁)

自己の永遠の死を自覚すると云ふのは、我々の自己が絶対無限なるもの、即ち絶対者に対する時であらう。絶対否定に面することによつて、我々は自己の永遠の死を知るのである。併し単にそれだけなら、私は未だそれが絶対矛盾の事実とは云はない。然るに、斯く自己の永遠の死を知ることが、自己存在の根本的理由であるのである。何となれば、自己の永遠の死を知るもののみが、真に自己の個たることを知るものなるが故である。それのみが真の個である、真の人格であるのである。死せざるものは、一度的なものではない。繰り返される、一度的ならざるものは、個ではない。永遠の否定に面することによつて、我々の自己は、真に自己の一度的なることを知るのである。故に我々は自己の永遠の死を知る時、始めて真に自覚するのである。(中略)斯く自己が自己の永遠の死を知る時、自己の永遠の無を知る時、自己が真に自覚する。そこに自己があると云ふことは、絶対矛盾でなければならない。自己の無を知ると云ふことは、単に自己を無と判断することではない。爾判断するものがなければならない。自己の永遠の死を知るものは、永遠の死を越えたものでなければならない、永遠に生きるものでなければならない。而も単に死を越えたものは、生きたものでもない。生きるものは、死するものでなければならない。それは実に矛盾である。併しそこに我々の自己の存在があるのである。私が宗教の心霊的事実と云つたものは、此にあるのである。（同三九五頁）

相対的なるものが、絶対的なるものに対すると云ふことが、死である。（中略）相対が絶対に対するといふ時、そこに死がなければならない。それは無となることでなければならない。我々の自己は、唯、死によつてのみ、逆対応的に神に接するのである、神に繋がると云ふことができるのである。（同三九六頁）

以上、『西田幾多郎全集』の第一巻に収録されている著書『善の研究』第四篇「宗教」に見られる「宗教論」と、第十一巻に収録されている論文「場所的論理と宗教的世界観」の「宗教論」をめぐって、西田先生の宗教についての考えの基本的なものを紹介したが、いずれも宗教的要求について、その人間にとって不可欠なる所以を明らかにしている。こうした要求が、私たちの心の根底に宿っているということを自覚にのぼせることによって、初めて現代における宗教の存在理由というものも、考えることができよう。

それに、『教行信証』「総序」の「浄邦縁熟して、調達、闍世をして逆害を興ぜしむ。浄業機彰れて、釈迦、韋提をして安養を選ばしめたまへり」という言葉は、西田先生の「自己が一旦極度の不幸にでも陥つた場合、自己の心の奥底から、所謂宗教心なるものが湧き上るのを感ぜないものはないであろう。」（同三七一頁）という言葉に深く応じるものと言えよう。こうした西田先生の宗教的要求についての考察をあらためて取り上げることによって、初めて親鸞の思想の意味を考えることができると考えられる。

二、「権化の仁」について

次に、序文にある「権化の仁」という表現について、考えるところを述べたい。直ちに知り得るように、この序文の「浄邦縁熟して、調達、闍世をして逆害を興ぜしむ。浄業機彰れて、釈迦、韋提をして安養を選ばしめたまへり」という一節は、『浄土和讃』の「弥陀・釈迦方便して　阿難・目連・富楼那・韋提　達多・闍王・頻婆娑羅　耆婆・月光・行雨等」「大聖おのおのもろともに凡愚底下のつみびとを　逆悪もらさぬ誓願に　方便引入せしめけり」（『浄土真宗聖典』（註釈版）五七〇頁）の句に応じ、また、「方便化身土巻」の「達多（提婆達多）・闍世（阿闍世）の悪逆によりて、釈迦微笑の素懐を彰す。韋提別選の正意によりて、弥陀大悲の本願を開闡す。」（同三八二頁）という文意につながるものである。

言うまでもなく、一切の衆生を摂取する阿弥陀仏の本願は成就したとしても、それがただ成就したというところでは、単に衆生を超えてある「法」であるにすぎない。それが衆生において生きた

「法」としてあるためには、具体的に現実の中に表現されてこなければならない。そして本願が現実の中に実現され来たるということは、この五濁の世の真実相を明らかにし、そこで苦悩する衆生を救済するということ以外にない。それを示すのが、先に述べた『観無量寿経』に説かれる王舎城の悲劇と、それを機縁とする浄土教の開顕である。かくして、父を殺し権力を奪取するという事件が、本願現前の機会として取り上げられ、そこに登場する人たちが、衆生を清浄真実の世界へ導き入れる善知識として仰がれる。このことの意味を、ここであらためて考えてみよう。

「王舎城の悲劇」と称される阿闍世王の逆悪の事件とは、先にも触れたように、『観無量寿経』の発起序に説かれる説話をいうのである。すなわち、王舎城の太子阿闍世が、悪友調達の教唆に従って、父王頻婆娑羅を七重の牢獄に幽閉し餓死させようとしたので、母后韋提希が日々牢に通い、ひそかに食物を運んで王に供した。これを知った太子は、怒って母后を斬ろうとしたが、重臣たちに制せられて思いとどまり、母后を宮殿の奥に閉じこめた。そこで韋提希は深く歎いて、自らの苦難とこの濁悪世を厭うことを釈尊に訴え、かくして釈尊が、阿弥陀仏の極楽世界に生まれるための観法を説かれることになるのである。

この説話は、状況の設定としては、世代の交代と権力争奪の問題を肉親の愛憎とからませて捉えるものであり、そこには、さまざまのバリエーションで古今東西の悲劇において取り上げられるテーマと共通のものがある。たとえば、阿闍世の出生と命名の物語は、ギリシャ悲劇のエディプスのそれと似た内容をもっている。

阿闍世とエディプスの説話に共通のテーマは、嬰児殺しの失敗とそれに起因する父殺しの予言の成就である。しかし、エディプスの物語を支配するのは、人間のいかなる配慮も努力も空しくする運命の厳しさであり、力を尽くしてそれを回避しようとするエディプスも、その必然性の前には全く無力である。だが、阿闍世を動かして逆悪の行為に導くのは、彼の内なる報復の暗い衝動であり、我意である。一方は、誠心誠意正しくあろうとする者の不条理な挫折であり、他方は、激しい自我の主張である。前者は、その不条理の中へ自ら身を投じ、没落することにおいて救済を求めるのに対して、後者は、自らを駆り立てる内なる自我そのものを照らし出されることによって、初めてそれから脱却する道を見出す。また前者は、苛酷な運命に翻弄されてもなお自らの誠実を頼みとするが、後者は、全身に瘡を生ずるまでに自らの罪の意識に責めさいなまれる。同様な素材を取り上げつつ、その登場人物の在り方が異なるのは、その背後にある人間観などが異なることによるのは言うまでもないが、そのことが、人間の宗教的な在り方をどう考えるかという問題にもつながってくるように思われる。

それはともかく、この王舎城の事件に登場する人々をめぐって、古来解釈が分かれており、いわゆる「韋提権実論」が成立している（山辺・赤沼共著『教行信証講義』六五頁以下参照）。その要点は、韋提希・阿闍世・調達等の人たちを、修行中の聖者と見るか、あるいは機根の劣った凡夫と見るかということであり、それによって『観無量寿経』の理解も自ずから変わるのである。天台の智顗、浄影寺の慧遠などは、『観経』以外の経典によってこれらの人々を菩薩と見るが、善導はとくに韋提希を、『観経』の記載によって「心想羸劣」の凡夫と見る。善導の見かたは、浄土教が聖賢のためのものではなく、凡夫のための教えであることを明らかにしようとする限り、当然の見かたであろう。併し親鸞は、これらの人々を「権化」、すなわち菩薩の仮の姿と見る。このことは一体、どういう意味をもつのであろうか。

智顗などが韋提希たちを聖者と見るということはどういうことか。その背景にはどういう問題があるのか。それは、簡単に言えば、この説話があくまで一つの説話として受け取られ、そこで説かれている教えも、仏教の多くの教えの中の一つとして見られているということである。韋提希が無生法忍のさとりを得たという『観無量寿経』の記事に依拠して、この王舎城の事件を、ついにはすぐれたさとりに達する聖者たちの発心のきっかけになった事件と捉え、その記述は、それらの人々がさとりに至るまでの道程を語るものと理解される。いわば、菩薩の求道と得道の物語の一つと考えられるのである。したがって、『観無量寿経』の教えも仏教の無量の法門の一つであり、そこに説かれる定善・散善の行も、数多き修行の方法の一つである。それゆえ、阿弥陀仏の衆生救済の教えも、他の諸々の教えと同様に、人間にとっての一つの可能性を示すものにすぎない。

これに対して善導は、阿弥陀如来の本願による念仏の教えを信受すべき極悪底下の衆生の存在を強調する。すなわち、浄土の教えは聖人賢者のためのものではなく、生死の大海に流転する凡夫のための教えであり、如来の大悲は、濁悪世の衆生を救済するのが目的であることを明らかにしようとする。『観経疏』に、「諸仏の大悲は苦あるひとにおいてす、心ひとへに常没の衆生を愍念したまふ。ここをもつて勧めて浄土に帰せしむ。また水に溺れたる人のごときは、すみやかにすべからくひとへに救ふべし、岸上のひと、なんぞ済ふを用ゐるをなさん。」（『浄土真宗聖典』七祖篇（註釈版）三一二頁）とあるのは、そのことをよく示している。

かくして善導においては、救済の「法」に対する「機（対象）」の存在が明らかになり、そしてそれによってかえって「法」のはたらきが明らかになる。先に述べたように、衆生を救う阿弥陀仏の本願が成就したとしても、それがただ成就したというところでは、真の意味で成就したとは言えない。本願が本願力（救済のはたらき）としてあるならば、当然その固有の対象を見出さねばならない。その固有の対象の発見こそ、本願が本願として成就する所以であり、それによって、本願は本願力として発動し得るものとなるのである。因位の法蔵菩薩が願行成就によって阿弥陀如来になるということは、すでにその根本の在り方において、救済のはたらきへの必然性を自らの内にもつということである。果位に安住し自足するということは、願成就の如来としてはあり得ぬことなのである。その救済のはたらきへの必然性が、願の本質でなければならぬ。それが本願力ということである。そしてその願の発動は、何よりもまず、自らの固有の対象の発見とその救済として実現される。善導は、その願の実現を『観無量寿経』発起序に見たのである。

しかし、極悪底下の凡夫（韋提希）が、阿弥陀仏の本願として具体化された「法」によって救済されることを、『観無量寿経』の説話において読み取るとき、その読み取る自己は、いわばその救済のドラマを見る観客としてドラマの外にある。そして、そのドラマにおいて凡夫の救済を実現する「法」も、その対象たる凡夫にとってあくまで他在としてあり、また凡夫も「法」にとって他者としてある。その意味で、そこにはなお、「法」と「機」との深い分裂がある。そのような関係が克服されて、そこで真に救済が実現されるためには、「法」は、凡夫において生きるものとならなければならないし、また凡夫は、罪悪深重の自覚に基づいて、「法」によって生かされていることに目覚めなければならない。

しかしそのような立場に到達するためには、ドラマはもはやドラマであることをやめ、観客たる自己は、見る立場を捨てて自ら煩悩具足の凡夫として教えに参じ、定散の二善を修め、三心を具える努力をしなければならないであろう。韋提希を凡夫と見ていた自己が、転じて自らを韋提希と等しい凡愚と自覚し、浄土往生のための行業をおさめねばならぬのである。このとき初めて「法」は凡夫において生きるものとなる。だが韋提希たちは、ここではもはや単に「法」を顕在化する機縁にすぎぬものとなり、その現実性を失い、また「法」を「法」たらしめる存在であることをやめてしまう。観客たる自己が自らドラマに参加するとき、ドラマはもはやドラマであることをやめ、またそのドラマの登場人物はドラマの遂行者ではなくなって、その存在の意味を失ってしまうのである。かくして、韋提希の到達した無生法忍の証も、その現実性を失うことになる。善導の見かたには、なおこのような問題があると考えてよいであろう。

親鸞が韋提希たちを「権化」と見るということは、このような見かたを根本的に転換していると ころがあると考えることができる。親鸞にとっては、『観無量寿経』のドラマは、あくまでドラマでありつつ同時に自らの参加する現実である。観客としての自己は、凡愚の衆生としてドラマを遂行している登場人物と一体になり、それによって登場人物にはたらきかける「法」に摂取される。韋提希の一挙手一投足はそのまま自己の一挙手一投足であるが故に、その苦悩は自らの苦悩であり、またそこでひらかれる無生法忍のさとりも、自らのさとりとなり得るのである。そこでの事件は、ドラマとして受け止められる故に、もはや過去に生起した事件であるにとどまらず、現在の自己に関わる事件として受け止められる。韋提希は「権化」であるから、「普遍」の特殊的限定として、本願の自己実現でありその顕現にほかならぬが、同時にその韋提希が煩悩具足の凡夫であることにおいて、自己と同一の場にあり、むしろ自己そのものでもあるのである。かくして韋提希たちは、罪悪深重の凡夫である自己を普遍なる「法」に媒介するものとして、独自の意義を担う存在となる。「権化」という表現は、まさにそういう意味を担っているのである。

こうした「韋提権実論」の展開に見られる論理構造は、ヘーゲルの『精神現象学』における自然宗教・芸術宗教・啓示宗教の三段階に対応する面をもっており、いわば、浄土教思想が次第に深まってゆく過程を語るものと言えよう。もとよりここでは、ヘーゲルのように、三段階を弁証法的に捉えているわけではないが、智顗・善導・親鸞の三者の理解を問題史的にみるならば、親鸞において、一つの総合的な視野がひらかれているとみることができるのである。

親鸞がこのように、韋提希たちを「権化の仁」と仰ぐ気持ちは、そのまま『歎異抄』の「弥陀の五劫思惟の願をよくよく案ずれば、ひとへに親鸞一人がためなりけり」(『浄土真宗聖典』(註釈版)

八五三頁）という気持ちと一つであり、それは、「多生にも値ひがた」い本願に遇い、「億劫にも獲がた」い真実の浄信を獲た喜びにつながっていることは、言うまでもないであろう。

「権化」という表現は、わが国においてかなり多くの場合に用いられる言葉である。一般的には、神仏が衆生済度のためにこの世に仮の姿をとって現れてくることを意味し、また逆に、ある特定の存在が死後、あるいは姿を消した後、それが神仏の仮の現れ（権化・権現）であったとして尊崇される場合もある。特別の場合には、現実の存在そのものが、神仏の現れとして「権化」とされることもないではない。

しかし親鸞が「権化」という場合、そこには「親鸞一人」といわれる徹底した個の立場というものがある。その個の立場から、特殊者が普遍者の自己限定として見出されているのである。そこでは、個が直ちに特殊ではないし、また特殊が直ちに普遍に転ずるのでもない。特殊はあくまで個に対する特殊としてあるとともに、また普遍の特殊的限定としてある。親鸞においてはこのような意味で、韋提希が、普遍的な如来の救済のはたらきである本願力の具体的な実現たる「権化」として、個としての自己に受け取られているのである。

このことは、親鸞が師の法然を勢至菩薩の化身と仰ぎ、また「智慧光のちからより　本師源空あらはれて　浄土真宗をひらきつつ　選択本願のべたまふ」（同五九五頁）、「阿弥陀如来化してこそ　本師源空としめしけれ　化縁すでにつきぬれば　浄土にかへりたまひにき」（同五九八頁）と和讃にうたって讃仰する場合も同様である。それは単に、「特定個人に対する絶対的随順の態度」（中村元選集第三巻『東洋人の思惟方法』一六四頁）といったものではないように思われる。『歎異抄』の「たとひ法然聖人にすかされまゐらせて、念仏して地獄におちたりとも、さらに後悔すべからず候ふ。」（『浄土真宗聖典』（註釈版）八三二頁）という文や、またそれに続く「弥陀の本願まことにおはしまさば、釈尊の説教虚言なるべからず。仏説まことにおはしまさば、善導の御釈虚言したまふべからず。善導の御釈まことならば、法然の仰せそらごとならんや。」（同八三三頁）といった表現も、「個人的権威に対する絶対的随順」というようなことから出てきているのではない。同じ条の「いづれの行もおよびがたき身なれば、とても地獄は一定すみかぞかし。」とか、「詮ずるところ、愚身の信心におきてはかくのごとし。」という言葉が端的に示しているように、その帰依随順の成立する場は、常に個としての「親鸞一人」であり、そこでは法然は、生きた宗教的人格であると同時に、衆生済度のために願海から化現した菩薩として受け取られているのである。

師法然は、この場合、自己にとって本願の具体的実現であるからこそ意味をもつ。師は、それ自身絶対的権威であるように見えつつ、実は普遍的真理の特殊的限定にほかならない。その故に、師の教えに生きることは、その限定を超えることでもあるという逆説が成立し得るのである。教えの理解において、「念仏為先」が「信心正因」に展開し得たのは、こうした親鸞の基本的な受け取り方に基づいていると言えよう。親鸞においては、むしろ特定の個人に対する全面的帰依といった態度を、根本的に破るような立場が開かれていたと言ってよいのではないかと思われる。だからこそ、「親鸞は弟子一人ももたず候ふ」（同八三五頁）と言うこともできたのである。

要するに、「権化の仁」という表現に、親鸞が「釈迦・弥陀は慈悲の父母　種々に善巧方便し　われらが無上の信心を　発起せしめたまひけり」（同五九一頁）とうたう気持ちがこめられていると見ることができよう。それが「総序」のテーマの一つである。

三、「遠慶宿縁」について

「総序」をめぐって、次に取り上げるべき問題は、「宿縁」ということについてである。

「宿縁」という表現の背後には、親鸞の生きた時代の、というより、その時代に至るまでに形成された、仏教的な世界観に基づく時間の捉え方がある。いわゆる過去・現在・未来の三世にわたる善因楽果・悪因苦果のつながりという因果の考え方を踏まえて、「宿縁」、すなわち「宿世の因縁」（過去の世の生における因縁）という表現がなされていることは明らかである。しかし、一切の人間の行為を「雑毒の善・虚仮の行」として退け、ひたすら「如来回向の真実信心」によって新たに蘇ることを教えようとする親鸞が、何故ここで人間の認識の限界を超える過去世の縁といったことを問題にしなければならぬのか。たとえ当時の人々が、現世に先んずる過去世の自己の存在を動かし難い事実として信じていたにせよ、そのことと、「宿世の因縁」を信心獲得との関連において結びつけることとは、かならずしもつながらない。なぜなら親鸞においては、「信巻」の「断四流釈」に、「断といふは、往相の一心を発起するがゆゑに、生としてまさに受くべき生なし。趣としてまた到るべき趣なし。すでに六趣・四生、因亡じ果滅す。ゆゑにすなはち頓に三有の生死を断絶す。ゆゑに断といふなり。」(同二五五頁)とあることから知られるように、信心獲得は、過去からの制約から解き放たれ、それ以前の自己の生とは全く異なった生の次元が、新たに開かれることとして語られているからである。それにもかかわらず、ここで獲信をめぐって「遠く宿縁を慶べ」と言われる以上、その「宿縁」という表現に深い洞察がこめられていると考えなければならない。それはどういうことか。

この点についての従来の解釈には、十分に的確なものはないように思われる。たとえば、『真宗百論題集』下(『真宗叢書』二)の「宿善義相」という項には、専精院(鮮妙)の説として、「宿習の善が他力の信を得るの縁となる故に宿縁と云ふ」として、『正像末和讃』の「三恒河沙の諸仏の出世のみもとにありしとき　大菩提心おこせども　自力かなはで流転せり」(同六〇三頁)の句を引いて、この発菩提心が獲信のための宿善であると言っている。そして、無宿善往生の問題を取り上げ、「因縁なくして其法の成ぜざることは仏法の大道理なり」とする見地からそれを否定し、一般的な因果律に則って説明している。これに比較すれば、見敬院(針水)の引いている『山科連署記』の、「遠く宿縁を慶ぶといふは、今始めて得るにはあらず、過去遠々の昔より以来の御慈悲にて今うる信心なり。さればこそ今うることは申すに及ばず、遠く宿縁を慶べといふこと、実に不思議のこころなり」という言葉のほうが、親鸞の真意に近いように思われる。

それはともかく、「宿縁」ということは、論題「宿善義相」に言われる「宿善」とは異なる意味をもつものであり（それについては後に触れたい）、むしろ「宿業」あるいは「業縁」という概念につながるものと考えられる。

「宿業」という語は、親鸞自身の著作には見られないが、『歎異抄』の第十三条に出ているもので、そこには「故聖人の仰せ」として、「卯毛・羊毛のさきにゐるちりばかりもつくる罪の、宿業にあらずといふことなしとしるべし」（同八四二頁）と記され、また「さるべき業縁のもよほさば、いかなるふるまひもすべし」（同八四四頁）とも記されている。そういう言葉から考えると、「宿業」ということはあたかも過去世からの動かしがたい拘束力として、現在および未来の人間の行為を規定するものとしてあるように受け取れる。そこに「宿業」という表現が、一種の運命論・決定論をいうものとして批判される理由がある（それについては、後に『歎異抄』第十三条について論じるときに、あらためて問題にするであろう）。

しかし、親鸞の思想全体との関連において考えるとき、「宿業」とは、そうした運命的な拘束力として人間を外から規定するものではなく、むしろ人間が現実の生において直面せざるを得ない原事実、あるいは原自然性として言われているように思われる。すなわち、「宿業」は、人間が現在の自己の生において直面せざるを得ない制約された在り方、自己の存在そのものの根底にあって自己を制約するはたらきによって自分が捉えられているという実感、その意味で、自己を超えているがそれでもやはり自己の在り方にほかならぬ在り方、そういったことを表現していると考えられる。その意味で、「宿業」は、自己を離れたものではなく、自己自身の在り方そのものにほかならぬのである。

そうした意味での「宿業」と同じく、「宿縁」も自己から遠く離れた過去世の善根といったものではなく、あくまで現在の自己に結びついたこととして言われているように思われる。「宿縁」を喜ぶ場は、信楽開発の場であり、信心獲得の場である。その信楽開発の場において自覚にのぼる本願力の持続性が、「宿縁」と表現されるのである。「多生にも値ひがたく」「億劫にも獲がたい」真実の浄信を今ここに獲得したという喜びは、そのまま過去・現在・未来を貫く喜びである。現在における本願力との出遇いは、限りなく遠い過去ともつながっており、また限りなくはるかな未来ともつながっている。それは決して今はじめてのことではなく、また今だけのことではないという気持ちが、「宿縁」という表現にこめられているのである。そこでの時間は、直線的に横に広がる時間ではなく、むしろ縦に深まり、また高まる時間であるとも言えよう。

この「宿縁」を喜ぶ気持ちは、その源を善導の言う「法の深信」、すなわち「決定して深く、かの阿弥陀仏の四十八願は衆生を摂受して、疑なく慮りなくかの願力に乗じて、さだめて往生を得と信ず。」(同二一八頁)に発する。「宿業」の自覚が人間存在の根底にある原自然性の自覚であり、「機の深信」、すなわち「決定して深く、自身は現にこれ罪悪生死の凡夫、曠劫よりこのかたつねに没し、つねに流転して、出離の縁あることなしと信ず。」(同頁)にほかならぬと同様に、遠く「宿縁」を喜ぶことは、人間存在を貫通する永遠性の発見であり、「法の深信」にほかならぬのである。

そして、「法の深信」と「機の深信」とが二種一具としての「深心」である以上、「宿業」の自覚と

「宿縁」の喜びも実は同じ場における一つの事実でなければならない。自己の存在の根底における原自然性の発見は、同時に自己を貫通する永遠性の発見なのである。自己を深くつき動かす原自然性は、そのまま願力のはたらきのあらわになる場であるとも言えようか。それが「衆生の貪瞋煩悩のなかに、よく清浄願往生の心を生ぜしむる」（同二二五頁）ということであろう。

一体、「三世因果」ということは、何を意味するのであろうか。もとより、過去・現在・未来という展望を開く時間の捉え方は、一般的な直線的時間の観念とは異なったものと言えよう。しかし、その過去・現在・未来の三世が、「善因楽果・悪因苦果」という道徳律としての因果関係によって結びつけられ固定されると、現在の生が過去の行為によって決定されると考えるにせよ、また未来の生が現在の行為によって規定されると考えるにせよ、いずれにしても現実の人間の在り方が強く制約されることになる。それは、いわば「死せる循環」を意味するものとして、創造的な人間の生き方を否定するものとならざるを得ない（その点が差別の問題につながるとして、強く批判される所以である）。親鸞の言う「宿縁」、あるいは「宿業」という概念が、果たしてこのような見かたに基づいているのであろうか。

「宿縁」という語は、『大無量寿経』の「もし人、善本なければ、この経を聞くことを得ず。清浄に戒を有てるもの、いまし正法を聞くことを獲。むかし世尊を見たてまつりしものは、すなはちよくこの事を信じ、謙敬にして聞きて奉行し、踊躍して大きに歓喜す。」（同四六頁）、ならびに「宿世に諸仏を見たてまつりしものは、楽んでかくのごときの教を聴かん。」（同頁）に由来しており、また親鸞も『唯信鈔文意』に、「おほよそ過去久遠に三恒河沙の諸仏の世に出でたまひしみもとにして、自力の菩提心をおこしき。恒沙の善根を修せしによりて、いま願力にまうあふことを得たり。」（同七一三頁）と言っている。これらの文意からしても、それは、過去世の善縁を因として真実の教法に遇うことをいうと理解できる。しかし、親鸞においては、そこで持戒・見仏・発菩提心等のことが言われても、その行為そのものの意義については、先にもあげた『正像末和讃』に「大菩提心おこせども　自力かなはで流転せり」（同六〇三頁）とあるように否定的であり、ただ聞法や本願との出遇いの機縁として言われているにすぎない。ということは、過去の一々の行為について、それが信心獲得の因となることを言うのではないことは明らかである。したがってそれは、後に「宿善」と言われるものとは区別されるべきものと考えなければならぬであろう。

親鸞以後、「宿縁」よりも「宿善」という語が次第に大きな位置を占めるようになるのは、教団の形成発展という問題と深く結びついているように思われる。たとえば、覚如は『口伝鈔』に、「過去の宿善あつきものは今生にこの教にあうてまさに信楽す。」（同八七四頁）と言っている。それは、仏教一般の考え方として受け取られていた三世因果の道徳律と、ある意味ではそれをくつがえす凡夫往生の教えとの調和をはかるためには、ただ仏因仏果という本願力によるという説明だけでは不十分で、人間の認識の領域を超える過去世の宿善・宿福を、凡夫往生の根拠として持ち出さざるを得なかったのではないかと考えられる。

これに対して、親鸞においては、そうした過去世における自己の善根を表す「宿善」といった語は用いる必要はなく、ただ時を貫通する如来の本願力を表す「宿縁」という語が意味をもつものとして捉えられたのであろう。「宿善」という語が親鸞の著作で出ているのは、書写して門弟に与えたとされる聖覚の『唯信鈔』の中に、「五逆と宿善」について述べているところ（同一三五三頁）と、『歎異抄』の編者による「よきこころのおこるも、宿善のもよほすゆゑなり。」（同八四二頁）という程度で、親鸞自身のものではない。このことは、「信心獲得」がただ、「如来選択の願心より発起す。」（同二〇九頁）とする親鸞の基本的立場に基づくことは言うまでもないが、他方では、やはり「宿善」という考え方そのものが、「機の深信」と矛盾することが鋭く洞察されていたことによるものであろう。親鸞にとっては、因果の道理に抵触するということよりも、真実の信心の獲得を、時間・空間を超えた喜びとして受け止めるということのほうが、より大きなウエイトを占めていたのである。

このことは、もとより親鸞が因果の道理を否定していたということを意味するのではない。ただ親鸞は、いかなる意味にせよ、人間の善根功徳を浄土往生の因として考えることを徹底的に退け、如来回向の信心のみがその正因であると考えていたのであり、それは「信巻」の「もしは行、もしは信、一事として阿弥陀如来の清浄願心の回向成就したまふところにあらざることあることなし。因なくして他の因のあるにはあらざるなりと」（同二二九頁）といった文からも知ることができる。そうした立場からは、教法に遇う機縁としての「宿善」といったことは重要な問題とはならなかったのであり、そういうことを問題にすること自体が、教法と遇う場から離れていると言わざるを得なかったのであろう。

以上、「総序」の「権化」と「宿縁」という二つの語をめぐって考えるところを述べたが、それらはいずれも、時間の彼方から現在の自己にさしかけられている如来のはたらきを示していると見ることができる。そこに、親鸞の浄土教理解の根本的な特色の一つがあらわれていると言えるのではないだろうか。そのことが一層明確に語られているのは、次にあげる最後の一節である。

ここに愚禿釈の親鸞、慶ばしいかな、西蕃・月支の聖典、東夏（中国）**・日域**（日本）**の師釈に、遇ひがたくしていま遇ふことを得たり、聞きがたくしてすでに聞くことを得たり。真宗の教行証を敬信して、ことに如来の恩徳の深きことを知んぬ。ここをもつて聞くところを慶び、獲るところを嘆ずるなりと。**（同一三二頁）

親鸞の宗教的感懐には、深く如来の本願に「遇ひがたくしていま遇ふことを獲たり、聞きがたくしてすでに聞くことを得たり」という喜びがあることは、たとえば『歎異抄』の「弥陀の五劫思惟の願をよくよく案ずれば、ひとへに親鸞一人がためなりけり」（同八五三頁）という言葉とも、相応じてよく理解できる。しかしその喜びは、単に個人としての感懐ではなく、人間の歴史全体を貫くものとして受け取られていることに注意しなければならない。そのことが最も明快に語られているのがこの文である。ここでは親鸞は、インド・中国・日本と伝来した教えの、歴史的伝統というものを記している。ここには、親鸞の歴史観というものがあらわれているとみなければならない。

それについて西谷啓治先生は、このように言われる。

歴史の問題については、たとへば一つのてがかりとして、『歎異抄』第二条の有名な言葉を考へることができるであらう。

弥陀の本願まことにおはしまさば、釈尊の説教虚言なるべからず。仏説まことのはしまさば、善導の御釈虚言したまふべからず。善導の御釈まことならば、法然の仰せそらごとならんや。法然の仰せまことならば、親鸞がまをす旨、またもて虚しかるべからず候歟。詮ずるところ、愚身の信心におきてはかくの如し。この上は念仏をとりて信じたてまつらんとも、また棄てんとも、面々の御計なりと。

ここではあきらかに歴史といふものに信仰の基礎がおかれている。同時にこの言葉一つからみても、そこにいろいろな問題が結びついてゐることがわかる。例へば、「まこと」といふことが繰返し言はれている。（中略）「まこと」といふことが歴史を貫いて言はれている。歴史を貫く信を基礎づけるものとして言はれる「まこと」とはどういうものか。また「愚身の信心におきてはかくの如し」といはれる。自分の信心はこれだけだといふ、自分の信心のギリギリのところが、歴史といふものを背景にして投げだされている。と同時に、またそこに「面々の御計」とある。つまり、念仏をとるか棄てるかは、めいめいの決断である。外からかれこれ言へることではない。しかし、かう突き放したのは、他の者のことはどうでもいいといふことではもちろんない。むしろ他に他自身の決断を迫る機鋒である。その場合、決断を迫つてくるものは畢竟何か。それは親鸞にとつて信の歴史的伝統を形成してきた力であると同時に、その信の対象でもあつたところの「まこと」である。

「まこと」は、その「まこと」自身への信といふものの伝統を創造しながら、自らの創造したその伝統を通して歴史的に自らを実現し、自らを伝へる。しかしその伝へ方は、いろいろな国、いろいろな時代にあらはれた人を通してである。「まこと」は人を通して伝へられていく。しかも「詮ずるところ、愚身の信心におきてはかくの如し」といふ、人のギリギリの決断を通してのみ伝へられていく。外からはかれこれ手出しはできないやうなものとして、またさういふやうな仕方においてのみである。したがつて、その「まこと」とは数学や自然科学のやうな、総じて学問の真理とは、非常に性質が違つてゐることがわかる。学問の真理であれば、どんなにむつかしいものでも、人から人に教へられうる。それを知るのに各人ギリギリの決断といふやうなものは不可欠条件ではない。「信」は必要ではない。それからまた、その「まこと」の力によつて形成され、かつその「まこと」を伝へていく歴史の場といふものも、例へば数学の真理が人から人へ伝へられていく場合の歴史の場といふものと、性質の全く違つた場であることもわかる。歴史といふものが、同質的な一様性の次元ではなくて、それぞれ異質的なさまざまの次元を含んでゐるといふことがわかる。さういふ「まこと」、またさういふ歴史の次元とは一体どういふものなのであるか。人を通してとは、何を意味するか。

今は問題だけを取出してゐるわけであるが、今いつたやうに、人が他の人に教へられない「こと」が、しかも歴史的に教へられてきてゐる。「ま―こと」は「教」といふ形で伝統されてゐる。釈尊の説教、善導の御釈、法然の仰せなど、いづれも教へらるべき内容をもつたものとして、言葉や文章に表現されてゐる。「まこと」とは、そのやうな両面をもつてゐる。それは教へられるもの、学習によつてわかるものではない。人から聞いたり、自分でも考へたりといふだけでは得られない。それが得られるのは学や知とは違つた信といふものにおいてである。同時に、さういふ教へられない「まこと」が、文章や言葉を通して説かれ教へられてゐる。さういふ二重性が、「まこと」には含まれてゐる。人は本来教へられないものを、先づ他の人から聞き、かつ自分で考へねばならぬ。その聞思は人の歴史的なはたらきである。彼のその歴史的な業を通して、その業を貫いて「まこと」の力が彼のうちに信を開き、彼を信へ開き、かくして彼といふ人間を形成して行く。そして彼といふ人間を形成して行くことにおいて、信の伝統を歴史的に形成して行く。しかし、「まこと」のその形成力は、既にそれによつて形成された人間のはたらきを通してである。「自信教人信」が「まこと」の歴史形成の作用、歴史的創造の作用である。真実な意味での「説教」といふはたらきが、歴史といふもののうちで他の如何なるはたらきによつても代替され得ないといふ意義が、そこにある。如何なる学や知によつても教へられ得ないやうな、人間の根源的存在にかかはるものについて、説き教へるはたらきといふことである。それはともかく、さういふ二重性をもつた「まこと」が、歴史といふもの

のうちに伝へられるのである。(『西谷啓治著作集』第二〇巻所収「歴史について」九八頁)

西谷先生は、ここでは『歎異抄』第二条をめぐって述べておられるが、要するに歴史というものの本質は、超歴史的と同時に、歴史的である「真実」において触れられるというものでなければならないということである。親鸞がこの「総序」の最後に言おうとしていることは、まさにそうした意味での「真実」に遇うことのできた喜びを言おうとするものにほかならぬと言えよう。それは、「権化」とも言われ、「宿縁」とも表現される単なる時間的経過を貫通するリアリティである。それはただ、事実としての事柄を羅列するということでは表現しえない、そういう考えの内に宗教的と言われる真の歴史の理解が成立してくるのである。

以上、「総序」をめぐって、『教行信証』全体を見渡したとき、そこにどういう問題があるかを考えてみた。次に『教行信証』の各巻について、考えてみよう。

第二章　宗教的真理

――「教巻」の根本問題――

つつしんで浄土真宗を案ずるに、二種の回向あり。一つには往相、二つには還相なり。往相の回向について真実の教行信証あり。

それ真実の教を顕さば、すなはち『大無量寿経』これなり。この経の大意は、弥陀、誓を超発して、広く法蔵を開きて、凡小を哀れんで選んで功徳の宝を施することを致す。釈迦、世に出興して、道教を光闡して、群萌を拯ひ恵むに真実の利をもつてせんと欲すなり。ここをもつて如来の本願を説きて経の宗致とす、すなはち仏の名号をもつて経の体とするなり。（『浄土真宗聖典』（註釈版）一三五頁）

一、宗教的真理について

親鸞が「教巻」で明らかにしようとしたことは何であったのか。それは、「それ真実の教を顕さば、すなはち『大無量寿経』これなり。」という言葉の示す通り、『大無量寿経』が諸仏典中の「真実の教」であることにほかならない。すなわち、釈尊の出世の本意はこの教えを説くことにあったのであり、そのすべての教えの中で、この経の説く教えにまさるものはないことを、明らかにしようとしたと言うことができる。

しかし、それだけであろうか。『教行信証』全六巻の最初に位置するこの巻が、無数の経典の中から選び出された一経典の、他の経典に対する卓越性の論証に終わるのであろうか。否、そこには、『教行信証』の全展開の基礎を形成するすぐれた洞察が示されているはずであり、そしてその洞察は、一般に宗教的真理というものの理解に深く関わっていると考えられる。それはどういう意味においてであるか。

まずこの巻の構成を見るならば、①最初に浄土真宗について往還二種の「回向」ということがあると説かれ、その往相の回向について「真実の教行信証」があるとされる。②次に、その真実の教として『大無量寿経』があげられ、その経の大意が述べられる。③さらに、その後に、この経が釈尊の出世の本意であることが経文の引用によって明らかにされ、④最後は讃歎によって結ばれている。この構成はそれ自身として一つの完結した内容を示しているが、『教行信証』全体の展望の中にあっては、そこに三つの大きな問題が見出される。すなわち第一の問題は、本願力の「回向」という問題であり、第二の問題は、「真実の教」の問題であり、第三の問題は、その教えの内容としての「本願と名号」の問題である。

従来、これらの問題は、宗学の立場からさまざまの説明が加えられてきたが、ここでは、その説明を十分顧慮しつつ、やや異なる方向から考えてみたい。というのは、この場合、本願力の「回向」は浄土教の宗教としての根本的な特色をあらわす問題であり、「真実の教」は宗教的真理とは何であるかということに関わる問題であり、「本願と名号」は、浄土教思想の中心に位置する問題であると考えられるからである。われわれは、これらの問題を考えることを通して、浄土教的な宗教的真理の意味や内容を明らかにすることを試みたい。そのことは、親鸞が「教巻」において開示しようとしたことを、現代の宗教哲学的視野と問題意識の中であらためて捉えようとする試みにほかならぬことは、繰り返して言うまでもないであろう。

二、「回向」について

まず浄土真宗の教えは、「回向」ということから成立すると記されている。「回向」とは何であるか。それは元来は「まわしむける」という意味であり、われわれが自らの積んだ善根功徳を、自らの菩提（さとり）のためにまわしむけること（菩提回向）を意味する。しかし、ここではその意味は、阿弥陀如来が本願によって阿弥陀如来自身の積んだ功徳を、衆生にまわしむけ与える（本願力回向）という意味で用いられている。そのことは『教行信証』「証巻」の、「それ真宗の教行信証を案ずれば、如来の大悲回向の利益なり。ゆゑに、もしは因、もしは果、一事として阿弥陀如来の清浄願心の回向成就したまへるところにあらざることあることなし。因、浄なるがゆゑに果また浄なり。知るべしとなり。」（同三一二頁）という言葉によって知られる。この文は「二つに還相の回向といふは、すなはちこれ利他教化地の益なり。」（同三一三頁）という文に続き、最後に「しかれば大聖の真言、まことに知んぬ、大涅槃を証することは願力の回向によりてなり。還相の利益は利他の正意を顕すなり。……」（同三三五頁）という文で結ばれている。このことから明らかなように、「教巻」冒頭の「つつしんで浄土真宗を案ずるに、二種の回向あり。一つには往相、二つには還相なり。」という文は、教・行・信・証各巻と、その証のあらわれでありまた源である真仏土巻の五巻を統括している。したがって、往還二種の回向は、これら真実五巻を貫く中心思想であり、その根本的特色をあらわす概念である。それでは、何故この往還二種の回向ということが、そのような重要な意味をもつのであろうか。

親鸞においては、「回向」は常に如来の回向であり、願力の回向であって、衆生の行う回向ではない。すなわちこの「回向」は、人間が自らのなす善根功徳を、自分のさとりや他の人々のためにさしむけることではなく、阿弥陀仏がその本願力によって、真実の教行信証の四法と利他教化の益が、私たち衆生ににさしむけられることを意味している。このことは、浄土教の立場が、人間が戒律を守り、禅定をおさめ、智慧をみがくという一般の仏教の立場とは根本的に異なり、全面的に如来の回施されるものを受け入れるところに開かれることを表している。その意味で、「他力回向」と表現されるのである。

親鸞は、このような「願力の回向」という浄土教の根本的立場を、思想的には、曇鸞の『往生論註』によって明らかにしたとされるが、浄土教が「願力の回向」によって成立するということは、具体的にどういうことなのか。そこでは宗教的にどういう在り方が問題になっているのか。そのことを、次に一層広い視野の下で考えてみよう。

最初に気づかれることは、ここでは人間の受動的な在り方が根本的に問題になっているということである。宗教の本質を人間の受動性の立場において見出したのは、言うまでもなくシュライエルマッヘルである。彼が、『宗教論』において「宗教は宇宙を直観せんとし、宇宙自身の表現と行為との中に在つて、敬虔の念を以て宇宙に耳を傾けようとする。宗教は、小児のやうな受身の態度で、宇宙の直接の影響に依つてとらえられ、充たされようとする。」（岩波文庫、シュライエルマッヘル『宗教論』佐野勝也・石井次郎訳、四九頁）と言うとき、宗教は人間の受動的な態度をその成立の場とすることが明らかにされている。シュライエルマッヘルはその場合、意識―対象の関係で考えているから、人間の認識や心理作用に関わる直観や感情ということが問題の中心になっているが、重要なのはむしろ宗教が、人間の能動的なはたらきに基づく学問や道徳とは異なって、あくまで受動的な態度において成立するとする点である。直観や感情といった知覚のはたらきが取り上げられるのも、悟性や意志等と区別して、それがとくに受動性に関わると考えられているからにほかならない。

浄土教の立場が「願力の回向」として開かれるということは、シュライエルマッヘルの見かたに従って言えば、まさにこの受動性の立場において開かれるということをいうものと考えられる。なぜなら、そこでは従来、常に自らの善根功徳を「回向する者」としてみられていた人間が、初めて「回向される者」として見出されているからである。そこには、宗教的な在り方をめぐって、能動的な立場から受動的な立場への大きな転換がある。そしてその場合の中心に位置することは、「回向」というはたらきのリアリティである。

親鸞においては、「回向」が如来の本願力によるものとして、強い実在性をもって受け止められている。（それは、具体的には、法然の言葉「ただ念仏して、弥陀にたすけられまゐらすべし」（『浄土真宗聖典』（註釈版）八三二頁）において受け止められたのであろうが）、そのはたらきが「他力」と表現されるのである。しかもそれが、意識―対象の関係で捉えられずに、あくまで「願力の回向」として動的に表現されることによって、宗教における受動性の面を十分に捉えつつ、内在主義に陥ることからまぬがれている。この点に親鸞のすぐれた洞察の一つがあると言えよう。もとより「願力の回向」という思想は、先にも触れたように、曇鸞の思想を受けるものであるが、それを浄土教の根本的立場を表す概念とすることによって、親鸞は浄土教の宗教的本質を深く捉え得たのである。

浄土教的宗教的生の根本に受動性ということがあり、「他力」という表現がそれを表しているこ
とについては、鈴木大拙博士も指摘されている。たとえば、鈴木先生の「無心といふこと」という
文章には、「他力、受ける、向うから授けるのを受ける、即ち受動性といふものが宗教にはあるの
です。この受動性がいろいろな型となつて、真宗には真宗の、禅宗には禅宗の、キリスト教にはキ
リスト教のそれぞれの型がある。その型で受入れるが、一寸見たところでは甚だ違つたやうでも、
その本を探して来ると心理学的に受動性といふものが何れの宗教にもある。」（『鈴木大拙全集』第七
巻一二八頁）と記されている。

シュライエルマッヘルは、宗教の本質が宇宙の直観であることを言った後、その直観をめぐって
次のように述べている。「あらゆる直観は、直観されるものの直観するものへの影響から、即ち直
観されるものの本源的にして独立せる行為から出て来る。而して、直観するものとは、直観される
ものの行為をば直観されるものの性質に従って受取り、総括し、且つ会得する。」（同『宗教論』五
三頁）。ここで言われる「直観されるもの」が宇宙であり、「直観するもの」が人間を意味している
ことは言うまでもないであろう。そしてここでは、意識（直観）―対象（宇宙）の関係で宗教が考
えられていることは明らかである。もとよりこの場合、シュライエルマッヘルは、「宇宙」という
概念の内容を明確に規定してはいないし、その関心はむしろ、宇宙の人間への作用そのものにある
ことは明らかであるが、それ故にかえって、その宗教理解が主観主義・内在主義に陥るものである
ことが指摘され、批判されることになるのである。それは結局、意識―対象の関係で宗教の本質が

捉えられていることによると思われる。

これに対して、親鸞においては、問題の中心はあくまで如来のはたらきそのものにあるから「願力の回向」と言われる。そしてそれを受け止める場が「信心」であり、しかもその「信心」も「願力回向の信楽」(『浄土真宗聖典』(註釈版)二四六頁)と言われる。そこに、宗教の本質についての独自な理解が開かれてくるのである。

「願力の回向」ということをめぐって、次に考えられることは、善根功徳の否定ということである。親鸞は、教えに従って修行し、悟りをひらくという仏教の基本的な態度に対して、ひたすら如来の本願力の回向を受け入れるという浄土教の立場を明らかにしたが、その根本には、自己の為す善根についての徹底的な絶望があるということができる。『正像末和讃』の「愚禿悲歎述懐」に、「悪性さらにやめがたし　こころは蛇蝎のごとくなり　修善も雑毒なるゆゑに　虚仮の行とぞなづけたる」(同六一七頁)、「蛇蝎奸詐のこころにて　自力修善はかなふまじ　如来の回向をたのまでは　無慚無愧にてはてぞせん」(同六一八頁)とうたい、また『歎異抄』に「いづれの行もおよびがたき身なれば、とても地獄は一定すみかぞかし」(同八三三頁)と言っているのは、そのことを示している。

これらの文は、「願力の回向」という受け取り方が、決して思想的理由によって成立したのではなく、まさに親鸞の生き方そのものと結びついて成立していることを表していると言えよう。もとより表現の上では、これらの言葉は、善導の『観経疏』「散善義」の「貪瞋・邪偽・奸詐百端にして、悪性侵めがたく、事蛇蝎に同じきは、三業を起すといへども名づけて雑毒の善となし、また虚仮の行と名づく。真実の業と名づけず。もしかくのごとき安心・起行をなすものは、たとひ身心を苦励して、日夜十二時急に走り急になすこと、頭燃を救ふがごとくするものも、すべて雑毒の善と名づく。この雑毒の行を回して、かの仏の浄土に生ずることを求めんと欲せば、これかならず不可なり。」（『浄土真宗聖典』七祖篇（註釈版）四五五頁）という文に密接につながっていることは言うまでもないが、それはあくまで教義理解の上でのことで、根本的には、「いづれの行もおよびがたき」自己（親鸞）が、たまたま法然の言葉を通して、如来の本願力に遇うことができたという事実が出発点であり、それが「願力の回向」という受け取り方を成立させたのである。

しかしこの場合、自力修善に絶望することと、自力の善根を否定し如来の本願力による救済を仰ぐこととの間には、根本的な態度の転換があることが注意されなければならない。すなわち、前者は消極的な態度であって、それ自身一つの立場とはなり得ない。後者において初めて新たな立場が成立し、積極的な生き方としての意味をもってくるのである。たとえば、『歎異抄』の「煩悩具足のわれらは、いづれの行にても生死をはなるることあるべからざるを、あはれみたまひて願をおこしたまふ本意、悪人成仏のためなれば、他力をたのみたてまつる悪人、もつとも往生の正因なり。」（『浄土真宗聖典』（註釈版）八三四頁）とか、『教行信証』「方便化身土巻」の「まことに知んぬ、聖道の諸教は在世・正法のためにして、まつたく像末・法滅の時機にあらず。すでに時を失し機に乖けるなり。浄土真宗は在世・正法・像末・法滅、濁悪の群萠、斉しく悲引したまふをや。」（同四一三頁）といった文の示す「悪人正因」や「時機純熟の教え」という主張は、善根薄少・虚仮不実の自己を歎く態度が、むしろ自力の善根を否定し「願力の回向」に信順する立場へ転じていることを明らかにしている。善根薄少や虚仮不実の自己を歎くことは、先掲の善導の文からも知られるように、それ自身としては厳しい自己反省の意味をもち、それ故に自らを督励して「真実心」を以て善根を積もうとする態度へもつながっていく。善導の「至誠心釈」が、元来「一切衆生の身口意業所修の解行、かならずすべからく真実心のうちになすべきことを明かさんと欲す。外に賢善精進の相を現じ、内に虚仮を懐くことを得ざれ。」（『浄土真宗聖典』七祖篇（註釈版）四五五頁）と読むことからも明らかなように、むしろ善導は、虚仮を捨ててまことの心をもって善根を積むことを教えているのである。

しかし親鸞は、ここで善根を積もうとする態度そのものを虚仮不実として否定し、如来の本願を仰ぐ立場に転じている。そこに根本的な転換がある。それを可能にしたのは、言うまでもなく師法然の言葉において触れた、「願力の回向」のリアリティであると言わねばならない。「念仏して、弥陀にたすけられまゐらすべし」（『浄土真宗聖典』（註釈版）八三二頁）という法然の言葉そのものに、弥陀の呼び声を聞いたのである。正にこのような意味での転換を実現したところに、親鸞の立場の画期的な意味があったのである。先の「愚禿悲歎述懐」の和讃や、『歎異抄』の言葉も、実は、「願力の回向」によって開かれた「信」の世界において言われていることに注意しなければならない。その意味で、親鸞においては、自力修善の絶望も信楽開発の喜びと別のことではないと言わねばならない。

かくして「願力の回向」は、救済の方途を、人間自身の能力や行為に依ろうとする態度を退け、如来の本願力—彼岸的な救済意志—のはたらきに依存し信順するという立場を表し、その依存や信順に真の宗教的な在り方を見出そうとすることを意味する。そのはたらきが人間にひらかれるところが「信心」と表現されるとき、その立場はルターの「信仰のみ」の立場にきわめて接近していると言うことができよう。

ルターは『キリスト者の自由』第八に、「誡めはわれわれに種々の善行を教え且つ規定するが、それだからとてそのとおりになるのではない。誡めはいかにも指令するが、助力しない。何をなすべきであるかを教えるが、実行する力を与えない。故に誡めはただ、人間がこれによって善に対して無能なことを悟り、自己自身に頼り得ないことを知るのに役だつばかりなのである。」（岩波文庫、『キリスト者の自由・聖書への序言』石原謙訳、一七頁）と述べ、第九には「さて人間は自己の無能力を誡めから学び且つ経験するが、そのためどうしたら誡めを充たしうるかという不安に襲われる。誡めはどうしてもみたされなければならないので、さもなければ滅びの運命をまぬかれないからである。そこで人は全く心砕かれ、己れの眼にては何ともみじめな姿となり、何一つ自から義たり得るようなものを見出さない。かようなときにはじめて他の言、すなわち神からの約束また告知が現われて、そして語る、〈あなたがもしすべての誡めをみたし、また誡めが強要し要求するままにあなたの悪い欲望と罪障とから解き放たれたいと願うなら、さらばキリストを信じなさい。キリストにおいて私はあなたにすべての恩恵と義と平和と自由とを約束しよう。あなたが信じるならこれを得られるし、信じないなら得られない。なぜなら誡め、それは必然的に数多くあり、しかも何の役にもたたない誡めの要求するすべての行いを課せられて、あなたは全く無力であったのに、今やそれがいともたやすく簡単に信仰によって完うされるのである。その理由は、私がすべてのものを圧縮して信仰のうちにおいたからで、これをもつ者はすべてをもって義とされるし、これをもたない者は何をも得られないのである。〉と。」（同頁）と述べている。これは、新約と旧約との意義を明らかにしているのであるが、同時に善行と信仰とについてのルターの考え方を示し、所謂「信仰によって義とされる」という「信仰義認」の立場をも明らかにしている。

次に、このような「受動性」ということと、「善根否定」ということとを内容として有する「願力の回向」ということが、「往相・還相の二種の回向」としてあるということはどういうことか。そのことを考えてみよう。

曇鸞の『往生論註』には、「「回向」に二種の相あり。一には往相、二には還相なり。「往相」とは、おのが功徳をもつて一切衆生に回施して、ともにかの阿弥陀如来の安楽浄土に往生せんと作願するなり。「還相」とは、かの土に生じをはりて、奢摩他・毘婆舎那を得、方便力成就すれば、生死の稠林に回入して一切衆生を教化して、ともに仏道に向かふなり。もしは往、もしは還、みな衆生を抜きて生死海を渡せんがためなり。」（『浄土真宗聖典』七祖篇（註釈版）一〇七頁）とあり、往相は往生浄土の相状であり、還相は還来穢国の相状であり、いずれも菩薩の回向の行について述べられていることは明らかである。

しかるに親鸞は、その意味を転じて、それが如来の本願力によって衆生が浄土に往生せしめられ、往生した後、仏になり再び穢土へ還って利他教化のはたらきをせしめられることをいうと理解した。往相・還相二種の回向のはたらきが、全く如来の力によるというのである。そのことは『教行信証』「信巻」の、「往相とは、おのれが功徳をもつて一切衆生に回施したまひて、作願してともにかの阿弥陀如来の安楽浄土に往生せしめたまふなり。還相とは、かの土に生じをはりて、奢摩他毘婆舎那方便力成就することを得て、生死の稠林に回入して、一切衆生を教化して、ともに仏道に向《かえ》らしめたまふなり。」（『浄土真宗聖典』（註釈版）二四二頁）という訓点によって知ることができる。

これは一体、何を言おうとしているのか。それは、ただ単に人間が死後浄土に生まれ、そこで仏になって再び穢土へ還って人々を教化するということを言おうとしているのではないように思われる。そこでの問題の中心は、衆生ではなく、あくまで本願力回向である。ということは、そこでは、如来の本願力の彼岸と此岸とを結びつける動的なはたらきが明らかにされようとしているのであって、そのはたらきにあずかる衆生の在り方が問題になっているのではないと言わねばならない。そこに親鸞の理解の独自性がある。

元来、本願は如来の慈悲のあらわれである。一切衆生の苦を抜き楽を与えるために本願がたてられたのであり、その本願は当然、「上求菩提・下化衆生」のはたらきを具える。「慈」が「上求菩提」、「悲」が「下化衆生」を意味するなら、往相は「慈」のはたらきであり、還相は「悲」のはたらきにほかならぬ。それ故、往還の二相は本願のはたらきにほかならぬのである。その意味では、往還の二相は衆生に属し回向は如来に属すると二つに分けて理解するごときは、親鸞の真意に反すると言わねばならぬ。そのことは、『正像末和讃』の「南無阿弥陀仏の回向の　恩徳広大不思議にて　往相回向の利益には　還相回向に回入せり」、「往相回向の大慈より　還相回向の大悲をう　如来の回向なかりせば　浄土の菩提はいかがせん」（同六〇九頁）の文意からも知ることができる。すなわち、如来の本願力回向はその大慈悲の発現であり、往相・還相もそのあらわれにほかならない、衆生をして自らを利せしめ（往生浄土）、同時にまた他を利するはたらきを得しめる（利他教化）という二つのはたらきを与えることが、二種の回向ということである。かくしてここでは、現実の人間の生そのものにおける如来の願力のはたらきが明らかにされるとともに、その願力に乗託する人間の在り方が示されているのであって、個々の人間の浄土と穢土との往復が言われているのではないと考えられる。

このような二種の回向の捉え方から、どのような視野がひらかれてくるであろうか。そこでは、「浄土」という表象の捉え方が大きく転じられていることが気づかれるであろう。すなわち浄土は、現実の世界（穢土）と相対し、現実世界を厭う衆生が善根功徳を回向して生まれようと願う清浄世界として彼方に超在するのではなく、むしろその「願力の回向」そのものに臨在していると言わねばならない。「浄土」は、単に人間の目指す彼岸ではなく、現に人間にはたらいている本願のはたらきの源であり根底なのである。『往生論註』の文意のままに、往還回向の意味を、菩薩が浄土に往生し仏になってこの世へ教化に還ることと考えるとき、彼此二土は静止的相対的にみられ、浄土は人間にとって目指され願われるべき彼岸として、常に彼方にある。しかし、親鸞の考えるように、往還の回向が如来回向の相とされるならば、浄土はもはや人間の目指すべきところではない。そこでは、いわば生死の苦海を航して衆生を渡す船の往還のはたらきが言われているのであって、その船に乗る者の往還や渡航する目的地が言われているのではない。その船のはたらきについて、往還の二相があるということは、その船が常に動的にあるということが表現されているのである。そこでは、彼此二土の往復が問題なのではなく、まさに本願の船が衆生を、生死の苦海を渡しつつあることが問題なのである。如来の願船が時間の彼方へ往き、また時間の中へ還ってくるのであり、それは同時に、時間の彼方から出て時間の中へ入ってくることでもある。願船が、時間の彼方と時間の中とを往来しているのである。そのような考え方においては、浄土はもはや静止的な彼岸ではなく、動的なはたらきとして受け取られるであろう。浄土は、本願力回向の根底であるゆえに、一切の衆生の行くところであるとともに、還ってゆくところでもある。その往還の源であると同時に、往還のはたらきそのものでもある。それを場所として表すとき、「浄土」と言われるのである。そのことは、「証巻」において一層明らかにされる。

「往相還相」は上述のように、親鸞においては、あくまで本願力回向の相とし衆生に与えられるはたらきを言い、衆生自身のはたらきを言うものではないが、とくに「還相回向」という表現を重視して、それに独自な意味を見出されたのは田邊元博士である。

博士がその著『懺悔道としての哲学』において、「如来大悲の願が法蔵菩薩因位の修業に媒介せられるとする浄土教の思想そのものが、既に全体として如来廻向の還相性を根柢とするのであつて、如来における自己内還相即往相ともいふべき循環性が、衆生の救済に於ける往相即還相ともいふべき事態を成立せしめると考えなければならぬことも否定できない。」(『田邊元全集』第九巻—一九六頁)。「如来の立場から自己内展開であるものが、衆生の立場からは救済摂取であつて、後者の前者に対する媒介性が後者の交互性の平等により実現せられることが、前者の対自的現成である。此二重の交互性が如来の絶対媒介を成立せしめる。その構造はすなはち往相即還相、還相即往相といふべきものでなければならぬ。」(同二〇一頁)と言われるとき、それは親鸞の言う往還二相の意味とはかならずしも一致しないが、浄土教そのものの論理構造について、深い洞察が示されていることを認めなければならないであろう。武内義範先生は、この田邊先生の考えを次のように説明される。

私の先生の田邊先生は、往相と還相ということを親鸞の教えの中で一番重要なものと考えられまして、そしてその往相と還相ということの意味を、自信教人信ということと結びつけてお考えになりました。先生のお考えでは、往相と還相というのは往相即還相、還相即往相というように、両方平行して二つ結びついて考えられるのであって、絶対の超越としての仏というものは、仏自身としては、働かれる絶対無であって、働きはいつもわれわれの方にある。われわれが如来の代官として如来の代わりに働く、如来の媒介者にわれわれをたてられる、そこに仏陀の働き、仏陀自身がわれわれに愛の働きとして涅槃から現在に還来してこられる、その愛を、慈悲を受けたときに、私たちの自信の道が開かれると一緒に教人信の道が開かれる。自分自身というものが単に救いというものに与るだけでなくて、他の人も教えて救いに入らしめる、そういう他の人を教えて救いに入らしめるという関係の中から、人間の宗教的実践ができるのであって、そういう他の人を教えて信仰に入らしめようとする働きを除いて私が仏を信ずるということはない、とそういうふうにお考えになります。そして、さらに他の人を勧めて信じせしめるということの意味は、もっと具体的に言えば社会的実践ということだと、現代の社会の中で、具体的に実践的に宗教の真理を実現するような行動というものにわれわれが積極的に乗り出すような方向をとらなければ、宗教というものは現実には生きてはこないと、そういうふうにお考えであります。（『武内義範著作集』第二巻一二三九頁）

しかしこの田邊博士の往相即還相という表現を表面的に理解して、人間の求道的な態度がそのまま利他的実践であるなどと考えるのは、親鸞の思想と相違するばかりではなく、田邊博士の理解とも無縁であると言わざるを得ない。生涯「小慈小悲もなき身」であることに徹底した親鸞に、自らの行為をそのまま利他行とするということはあり得なかったのである。それについては、後に「証巻」の根本問題を考えるとき、あらためて取り上げるであろう。

また「還相回向」ということについて、親鸞は、師法然を還相の菩薩と考えていたことは、たとえば、『高僧和讃』に「智慧光のちからより　本師源空あらはれて　浄土真宗ひらきつつ　選択本願のべたまふ」（『高僧和讃』五九五頁）、「源空勢至と示現し　あるいは弥陀と顕現す　上皇・群臣尊敬し　京夷庶民欽仰す」（同五九七頁）等とうたっていることからも知ることができる。そうしたことから、親鸞にとって、「浄土」は遠い彼方の世界ではなく、具体的には法然上人を通して、その救済のはたらきが自分に届いている「光明土」にほかならなかったと言えるのではないだろうか。そこに他の浄土教徒とは決定的に異なった、親鸞の浄土教の理解があったのである。それについても「真仏土巻」を考えるとき、あらためて取り上げることにしたい。

三、「真実の教」について

次に、宗教的真理としての「真実の教」について考えてみよう。「教巻」においては、親鸞は諸経の中から『大無量寿経』を選び出し、それが「真実の教」であり、釈尊出世の本懐であると述べている。しかし、『大無量寿経』が「真実の教」であることは、今日、果たして自明のことであろうか。否、そこに大きな問題が生じていることに気づかざるを得ない。その一つは、大乗経典成立をめぐる問題であり、他の一つは、宗教的真理の根拠をめぐる問題である。しかもこの二つの問題は、互いに深く結びついている。

親鸞が『大無量寿経』を「真実の教」とした根拠はどこにあるか。文意よりみると、一つはこの経が凡夫の救済を説く点にあり、一つは釈尊の出世本懐経であるとする点にある。それ故に、引き続いてこの経の核心である「本願と名号」をあげ、さらに出世本懐の文証を示しているのである。しかし、今日の経典の文献学的研究は、文献の理解について、親鸞の時代とは事情を一変せしめたと言って過言ではない。大乗経典の成立が西暦紀元前後とする学界の常識は、釈尊の出世本懐をめぐる議論を無意味にするとともに、経典の真理性そのものをもあらためて根本的に問うに至っている。このことをどのように考えるべきであろうか。

問題の所在を明らかにするために、根本的な点において相通じるものをもっている、プロテスタント神学における聖書解釈の問題を顧みてみよう。

周知のように、宗教改革を通して新約聖書はプロテスタント神学にとって中心的な位置を占めるようになり、神の言葉が啓示されている書物として尊重されるとともに、その内容の解明に最大の努力が傾けられた。その関心は、とくにイエス・キリストの生涯を明らかにすることに集中した。そして時代の進展に伴って、歴史学・古典文献学等、人文社会系科学の研究方法が取り入れられ、文献としての聖書の客観的研究も推進され、多くの成果が上げられた。その結果、聖書成立をめぐる新たな見解が示されるようになった。今日の新約聖書成立をめぐる研究成果の要点の一つは、なお多くの議論があるとはいえ、聖書の中のイエスの言行を記した福音書は、歴史的に正確な記録ではなく、その記事の多くは、原始キリスト教団のイエスに対する信仰の表明とみるべきであるという見解に要約されるであろう。

このような事情は、明治以来のわが国における仏教経典の研究の事情に相通じるものがある。かつては無謬不可侵とされた経典が、文献学的研究の進展によって神秘の覆いを剝奪され、客観的に見直されるようになる。そのことは、単に経典成立の事情に関わることに終わらず、その経典の内容の真理性にも関わるのである。そこに経典解釈の問題が、あらためて取り上げられる理由がある。

新約聖書神学において、福音書の記述がイエスの言行の忠実な記録でないとするならば、一体イエスはどのような在り方をしたのか、また原始教団はなぜ福音書の記述のようなイエス像を画かなければならなかったのか、そのような問いが「史的イエスと信仰のキリスト」という問題を成立させているが、それと同様に、経典がもはや釈尊金口の説法の記録とされず、原始経典と大乗経典の成立年代がそれぞれ文献学的に想定され、その差が考えられるようになると、それらの経典群の思想上の相違も当然問題になり、その解釈が求められるのである。いわゆる「大乗非仏説論争」は、単なる神学的立場と科学的ないしは文献学的立場との対立ではなく、実は、そのような解釈学上の問題への方向を含んでいたと言わねばならない。そしてそこでは、宗教的文献の真理性をどのように考えるかということが、根本的に問われているのである。すなわち、文献が教祖の教えを忠実に伝えているかどうかの問題から、むしろ一般に宗教的文献の真理性の問題へ、言い換えれば、歴史的・社会的制約を受けて成立する文献が、永遠性に触れる宗教的真理を伝達することがいかにして可能かが問題になっているのである。

浄土教について言えば、浄土経典が釈尊の直説であるかどうかの問題よりも、他の大乗経典とともに、浄土経典も長い間仏説として大きな位置を占めてきたのはなぜであるか、そこにはどのような宗教的真理が語られているかということが、問題となると言ってよいであろう。それは、原始経典の語る宗教的真理と大乗経典のそれとの関係を問うことであると同時に、それらの経典が語る宗教的真理が、いかに現代に生きるかを問うことでもある。「教巻」はまさに、こうした問題につながっていると言うことができよう。

このことについて、武内義範先生はこのように言われている。

それ真実の教をあかさば、すなはち『大無量寿経』これなり。

『教行信証』のまさしく教を顕わす最初の文は、そのような言葉で始められている。ある意味では、単に『教行信証』の「教巻」のみに限らず、むしろ『教行信証』の全体の意味するものをあらわすとすれば、この一語に尽きているといってもよい。『教行信証』とは「『大無量寿経』が真実の教である」という命題の展開であり、この命題の宗教的実存の立場からの解明である。ゆえにこの言葉は『教行信証』全体の前提でもあり、結論でもある。（中略）「真実の教」とは浄土真実の教である。浄土という語によって、われわれはその真実が、超越的なもの、彼岸的なものであることを知らねばならない。それは此岸的な世界のことがらとか、人間に内在的な真理ではない。人間が人間の立場で、その分別的悟性とか理性とか自覚の明証性によって、内在的に証しうる真理ではない。人間の知性や理性にとって、それは不可思議の真理である。「唯仏与仏の智見」と言われ、「もとより凡夫のはかりしるべきにあらず」とせられる。凡夫というのは、ここでは人間性一般の意味である。（中略）事実、宗教的人間は、他力教の場合でも、自力教の場合でも、理想に向かって捨我精進し、菩提を求める心が切実であることによって、かえって理想と現実との超え難い乖離に追い込まれ、人間の自己矛盾の渦流に呑み込まれて、その深底に葬り去られようとする危機に面した人々であった。（中略）だから宗教的真理の超越性——人間内在の立場からの自己主張に対する否定——は、ただこのような人間の実存の自己矛盾の深淵に撞着した者にとってのみ——いわゆる限界況位においてのみ——意義ある生きた力として感得せられるのである。それはあたかも病人にして初めてにがい薬の有り難味が知られるのと同様である。（『武内義範著作集』第一巻—三三八頁）

親鸞はその生涯を通じて自分自身に対しても、自分を包む周辺の世界に対しても、徹底的に苛責なく真実ということを求めた人であった。『歎異抄』のうちに「末とおりたる」という言葉があるが、親鸞は、その末とおりたる真実を求めてやまなかったと言えよう。その結果、親鸞の経験しなければならなかったことは、自分自身の心のうちにも世間にも末とおりたる真実というものが、存在しないということであった。末とおりたる真実が存在しないということのうちには、さらにそれを求める真実心もまた自己のうちにも世間にも存在しないということが含まれている。

こうして徹底的に苛責なく批判する自己批判の底から、そのような自己批判もなしえないという、もう一段底の深い自己批判が生まれてくる。それは徹底できないという自己の有限性に対する、徹底した自覚であって、その徹底した自覚がまた、どこまでも未徹底にとどまっているということである。そのような矛盾を含んだ自己批判は、それだけでは、内に喰いこみながら無限に深まっていく絶望にすぎないが、この矛盾を超え、これを包むものとして、超越的な仏のあなた（彼方）からの末とおりたる真実心というものがあらわれてくると、そこにようやく落着するところが見出される。親鸞の浄土真実というのは、そのような真実心であって、それはどこまでも、人間に対しては、あなた（彼方）のものでありながら、それがそのままあなた（貴方）からのものとして、私の心に呼びかけ、語りかけてくる、私の心に映ずる真実である。浄土真実とは、そのような仕方で、超越的であるとともに内在的な、内在的であるとともに超越的な絶対真実の原理である。親鸞はそれを「如来よりたまわりたる信心」という言葉で簡潔にあらわしている。（同第二巻一一七二頁）

またこのことについて、西谷啓治先生は次のように指摘されている。

大乗非仏説といふのは、現代の大乗仏教の人々にとつて、イエスの非実在といふことが現代のキリスト教徒にとつて問題であるよりも、もつとリアルに理由のある問題なのではないか。現在それが余り問題にされないのは、ただ人々がそれに触れないだけのことであつて、問題がなくなつたわけではない。それどころか、一般の人々がその問題を言はないのは、それが言はなくても解つてゐると考へてゐるからではないか。大乗経典は創作された宗教文献、或いは宗教文学だといふ考へが一般の知識人の通念になつたからではないか。もしさうなら、口に出されなくなればなるほど、問題性が自明なことと見做されてきてゐるといふこと、それだけ問題が根深いものになつてきてゐるといふことである。その意味でも、大乗非仏説といふことを原理的に問題として追求して行くことは、仏教の本質的な立場を究明するのに、一つの重要な手懸りになるのではないか。それは『歎異抄』の親鸞の言葉とも無関係ではない。経典における釈尊の説法の「まこと」といふことに関係した問題である。もし大乗教説が歴史的にみて実際の仏説でないなら、親鸞のあの言葉は崩壊しないであらうか。さういふ問題が大乗非仏説とともに出てくる。大乗非仏説は、大乗仏教に関する限り、釈尊の歴史的非実在性といふことと同じ意味になる。原理的には、それは大乗仏教が絶えず省察すべき問題ではないか。さういふところにも、仏教が宗教としての本質において歴史といふ問題につながつてゐることが現はれてゐると思ふ。

そこで問題は、釈尊の説法の「まこと」といふことと、その説法の歴史的事実性、またその説法の説法者である限りの釈尊の歴史的実在性といふこととの関係にある。普通の考へでは、後者が否定されれば前者も否定されると考へられる。その際すぐ問題になることは、その場合の釈尊の歴史的実在性とはそもそも何を意味するかといふことである。それは或る時代の或る国にかくかくの人間がゐたといふ、普通の意味のことであるか。歴史的とか実在とかといふことは、ただそれだけでしか考へられないことであるか。そこで、経典を見ると、そこでは、釈尊は普通の意味での歴史的実在といふだけではない。歴史的人間とは非常にちがつた仏様として説教してゐられる。三昧に入つて説教してゐられる。お経には、「諸根悦予し、姿色清浄にして光顔巍巍たり」とある。そして尊者阿難が「今日世尊奇特の法に住し、今日世雄諸仏の住に住し、今日世眼導師の行に住し云々」と讃へてゐる。この光顔巍巍といふところに、説法されてゐるお釈迦さまがどこから説法されてゐるかといふことが出てゐる。釈尊は仏所住、如来の徳において、仏々相念の如来の立場で、説法されてゐる。つまり、その釈尊は、阿難と同じ歴史的「今日」にある「歴史的」釈尊であると同時に、その歴史的釈尊がそのまま超歴史的な仏の境界に居られる。逆に言へば、歴史の世界の唯中における「如来」である。

そこで、一体、歴史的実在と言はれる時、歴史的とか実在とかいふことが、存在といふことのどこを踏まへて言はれるのかといふことが問題になる。普通に歴史家が考へるだけの意味で、歴史的とか実在とかいふことの真実が尽きるのであるか。歴史や実在といふものの本質とか真実とかいふ問題は、歴史家の取扱へる問題ではなくて、哲学や宗教の立場まで行かなければ取扱へない問題である。歴史家は歴史現象の記述と分析の域を超えることはできない。歴史の本質とか真実とかいふものの次元では、むしろ光顔巍巍といふところに釈尊の歴史的実在性がある。釈尊が単にインドの或る所で或る時代に生きたといふ事実よりも、その釈迦が歴史界の唯中での「如来」であるといふことに、より多くの歴史的実在性がある。むしろそれが真実の歴史的実在性である。そこで、かりに釈尊の歴史的存在が歴史学の研究によつて否定されることになつたと想定してみる。これはもちろん仏教にとつて非常な痛手になると思ふが、しかしそれで仏教といふものが全く崩壊するといふことになるかどうか。ならないとすれば、どういふ意味でならないか。

先づ、ともかくも、仏教といふ宗教が大きな世界宗教として発展し、アジアの人類を根本的に動かす力を発揮してきたといふことは歴史の事実である。その発展が大乗仏教の成立といふことに非常に多く負うてゐることも疑ひない。ところで、さういふ仏教の歴史には、それを発酵させ発展させる酵素があつたはずである。それは一体何なのか。それは光顔巍巍とか仏々相念とかの「如来」の境界からのみ開示される法の教へである。まことの教へ、まことである者が「まこと」を教へるまことなる教へである。さういふ酵素が、仏教の長い歴史を展開させ、いろいろな教団を形成させてきた根本の動力である。そしてそれが、歴史の或る段階で、先に言つたやうな形で自覚的になつてきて、そこに、歴史の唯中での「如来」の説法、内容的には、例へば十八願に集約されるやうな弥陀の本願を開示する教へといふものが出てきた。即ち、仏教といふものの生ける発展、歴史的発展の酵素、その根本の生命が、その生命自身の本来の実体を自覚してきた。そこに「光顔巍巍」の釈尊と、その説法といふことが現はれてきた、つまり、仏性の「まこと」がその実体を現はしてきた、と言へると思ふ。要するに問題は、何が歴史といふものを作りだしてゐる力かといふことである。宗教といふものを形成しながら、それを通して歴史を作りだしてゐる力、歴史のうちに歴史形成的に自己を実現する力、さういふ力が、同時に超歴史的なもの、永遠なものとして本源的に自覚化されて、釈尊の説法のうちに提出されてゐる。そこで、その経典における説法者としての釈尊が「歴史的」釈尊ではなかつたとしても、またかりに釈尊なる存在が「歴史的」に「実在」しなかつたと証明されたと想定しても、今いつたやうな歴史形成の本源的な力といふものは仏教の本質的なものとして、仏教と共に残るのではないか。

そして釈尊が存在したといふことが実際に事実だとして—実際にはそれは先づ疑ひないだらうから—その存在とか事実とかいふことの真の意味を究明するのに、今いつたやうな検討は役立つのではないか。その「歴史的」釈尊における本質的なものは何か、何が歴史的釈尊において真実の意味で歴史的であり、実在であるのか、釈尊の歴史的実在性が真実の意味ではどこに成り立つてゐるのか。それは光顔巍巍のところ、つまり、歴史的世界での如来であるところ、歴史的と同時に超歴史的、超歴史的と同時に歴史的な存在といふところにおいてであらう。それが釈尊の存在とその説法の「まこと」であり、その「まこと」は例へば大乗非仏説などの立脚する歴史家的な見地を遙かに超えた意味で歴史的であり実在的なのである。(『西谷啓治著作集』第二十巻—一〇九頁)。

武内・西谷両先生が問題にされているのは、まさに親鸞における「まこと」である。「まこと」を求めてやまなかった親鸞は、弥陀の本願において「まこと」を見出したと言えるであろう。そのことについて、さらに親鸞の考えを知る手がかりになるのは、次の『歎異抄』の言葉である。

弥陀の本願まことにおはしまさば、釈尊の説教虚言なるべからず。仏説まことにおはしまさば、善導の御釈虚言したまふべからず。善導の御釈まことならば、法然の仰せそらごとならんや。法然の仰せまことならば、親鸞が申すむね、またもつてむなしかるべからず候ふか。(『浄土真宗聖典』(註釈版)八三三頁)

この論証の論理は、ふつう考えられるものとは異なっている。常識的には、現に釈尊の金口の説法として与えられた経典の権威が最初に立てられるはずである。現代の人間には、先述のように、大乗経典としての浄土経典の成立年次や思想的系譜が問題になっているが、親鸞の時代には浄土経典は仏説として疑いの余地のないものであったから、それが拠り所となるのは当然であったであろう。しかるに、親鸞は弥陀の本願を論証の出発点とし、究極の拠り所としている。これは何を意味するのか。そこでは、釈尊の説法としての経典の権威が、根本的な問題ではないことがあらわされている。経典に記載されている故に真理なのではない、真理なる故に経典に記載されているとするこの態度の転換は、宗教的真理に関わる共通のものであろう。言い換えれば、宗教的真理は主体的にのみ捉えられるというのである。

このことを明らかにしたのは、言うまでもなくキルケゴールである。キルケゴールはキリスト教の真理を客観的に問題にする態度をめぐって、このように言う。「こうして探求し、思弁し、認識する主体は、たしかに真理をたずね求めるのだが、ただしそれは主体的真理ではない。主体が自己自身のものとする意味での真理ではない。探求する主体はたしかに真理への関心を持ってはいる。だがそれは、この真理に対する自分のかかわりいかんが自分の永遠のすくいを決定するがゆえに、無限の主体的情熱をそこに賭けるといったていの関心ではない。」（『キルケゴール著作集』七「哲学的断片への結びとしての非学問的あとがき」杉山好・小川圭治訳、四一頁）。これに対して、主体性の領域では、「ほかならぬ主体のあり方こそ真理のいかんを決定する眼目」であり、「主体的問題とは真理の問題の一部をなすのではなくして、真理の問題即主体性の問題そのものであること――この点が常に銘記されねばならぬ。つまり《問題》は決定的出会いであり、そしてすべての決定的出会いの場は、さきに示したとおり、主体性にこそあるとすれば、客観的意味での真理いかんの問題はここではいささかも喙を容れることが許されないのだ。」（同一三二頁）。真理は主体性の次元の問題であるとするこの態度は、宗教的真理を考える場合の根本的態度であると言えよう。親鸞における主体的真理は、現に生きた力として遇うことのできた如来の本願であったのであり、そしてそれが究極の拠り所となっているのである。

「教巻」における「真実の教」は、論証によって説得されるべき問題ではなく、遇いがたくして遇い得た教えとして讃歎されるものにほかならなかった。それ故に、親鸞は「五徳瑞現」の文を引いて、釈尊の出世の大事をあらわすしるしとしているのである。それは、出世本懐の論証ではなく、真実の教えであることの讃歎であると言わねばならない。

四、「本願と名号」について

次に、浄土教というものの本質について考えてみよう。それについて鈴木大拙先生はこのように言われる。

浄土思想の展開は大乗仏教史に一時期を画する。大乗仏教自体がすでに一般仏教史上に於いて注目すべき一つの事実であるが、更に浄土教の発生は、吾等の宗教意識の或る方面—原始仏教と呼ばるるものに於いて幾分等閑視せられてゐた方面—の要求が、どこまでも強く抑へ難いものである事を示してゐる。

大乗仏教は釈尊金口の説に基づく宗教ではなくて、寧ろ釈尊の生涯と人格とをめぐって発展した宗教である。人格は言葉より以上に偉大なる力を持ち、より以上の実在性を有する。(『鈴木大拙全集』第六巻一九頁)

鈴木先生によれば、大乗仏教は、釈尊によって説かれた教えではなくて、釈尊の存在そのものに発する教えであり、そして、そういう教えが出てくる根源には、人間における「業」の自覚と、「業からの脱却」、すなわち「業輪廻」と、それからの解脱という問題があると考えられている。

仏教に於いて悪と名づけられるものは、道徳的因果律即ち業の法則を撥無することである、何故かと云へば、かかる因果の撥無は吾等を無窮の生死に捲き込むからである。（中略）併しながら、吾等の心には、この業・因果法・自力といふものの間に見出される、相互的に密接に絡み合つてゐる関係を打破したいといふ本性的希求がある。吾等の意識の奥底には、かくの如き個物間に存すると思はれる相互制約の条件を超越したいと翹望する何物かがある。内に潜めるこの希求或は意図こそ、実に大乗仏教の根柢をなす、最初の、そして最も重要な要素である。（中略）要するに、業を超え、因果の鉄鎖を断ち切り、自力と全然異なる或る力を摑まうとするのが、人間生来の希求又は祈願なのである。（同一一二頁）

人間の生活は厳重な業の束縛を受けてゐる、これは否定することのできぬ事実である。この事実を無視すると無惨な光景を現出することになる。ところが、人間はその片足をまた業の支配を受けぬ世界の中に突き込んでゐるのである。ここに大きな矛盾がある。（中略）業の中に生きてゐて而も業を超えること、──即ちこの儘でゐて而もこの儘でないといふこと、──これは論理の上から云ふと、不合理の極である。（中略）自力は論理的である、だから普通一般の人の心に訴へて理解し易い。他力は全然非論理的である、而も事実はこの非論理性が人間生活を形成してゐるのだ。ここに大乗仏教の止み難き必然性が生ずる。(中略)他力の為さうとすること、また実際大乗仏教のあらゆる宗派が為さうとすることは、この業の生活、相対の生活を生きつつ、而も同時に、これを超越する生活、霊性の自由の生活、因果の鉄鎖に縛りつけられざる生活を生きて行くことである。(同一三頁)

大乗仏教の精神をここに見るところに、鈴木先生の卓抜な仏教理解がある。

吾等は救済と正覚との区別を暫く述べなければならぬ。それは、真宗信者の願ふところは、結局正覚に達することであつて、救済を得ることではないからである。便宜上、救済と云ふ文字を使ふこともあるが、宗派・信条の如何を問はず、すべての仏教徒が、その生活の窮極の目的とするところは正覚である。この点では、帰依的宗教の型に従ふと見られる真宗も亦決して例外ではないのである。ここに真宗が禅や天台や華厳などと同じく仏教的なるところがある。(同四六頁)

鈴木先生のこうした主張は、浄土教の本質とは逸れると考えられるかもしれないが、私はこうした観点こそ現代の浄土教理解にとって、最も必要なものと考えている。

仏教徒の願ふところは、証りに至ること、無明より離れること、即ち生死の絆を脱することである。併し真宗は、外から見ると、基督教の罪悪に相当する罪業から救はれることを求めるものの如くに見える。が、実際から云ふと、真宗信者は、この相対の世界に居る限り、このことが到底不可能であることを承知してゐる、どれほど相対的存在として人間の知力・道徳力を尽くしても、業の必然性から遁れる術はない。だから彼等は業に随順する、業を遁れたり、業に打ち克つことを企てぬ。業をそのままにして、却つてこれを超える方法を求める。而してそれに依つて本来の自由に立ち戻らんとする。その方法は、最高の正覚達成に必要なあらゆる条件を具備した安楽浄土の主人公としての無量寿・無量光の仏陀を信ずることである。かくして、真宗信者の第一の目的は浄土に往生することである。そして即時に無上覚を証することである。事実、往生は即ち成仏で、この二つの語は全く同義語である。真宗生活の窮極の目的は、正覚を達成することで、救済を得ることではない。（中略）真宗人は正しく此の世界全体の正覚を増大するために生きてゐる。罪悪を意識し、業繋の生を意識してはゐても、彼等は正覚を求めて努力しつつあるもので、個人的救済を願つてゐるものではない。（同四六頁）

鈴木先生は、仏教の求めるところは「めざめ」にあるとされる。禅仏教の特色を「めざめ」を求めるところに見、浄土仏教の求めるところを「すくい」に見ようとする者には、こうした鈴木先生の見かたは、禅に身を置いた者の見かたとうつるであろうが、仏教の根本について語ろうとすれば、当然鈴木先生のような見かたが出てくる。現に、『恵信尼消息』をみれば、親鸞の求めるものは、「後世のたすからんずる縁にあひまゐらせん」（『浄土真宗聖典』（註釈版）八一一頁）ということであったが、法然の教えは「後世のことは、よき人にもあしきにも、おなじやうに生死出づべき道をば、ただ一すぢに仰せられ」たということであり、それを「うけたまはりさだめ」たということであった。そこには、「後世のたすからん」ということと「生死出づべき道」ということとが一つに言われている。言い換えれば、「来世の救済」ということと「生死出離」ということとが、同じこととして捉えられているのである。そういう視点は、現代の浄土教にとって不可欠のものと言えよう。

そこで、「名号」について鈴木先生はこう言われる。

弥陀がその名号を十方に聞えしめんと意志した時、彼の願ふところは一切衆生の心に弥陀の姿を喚び覚ますことであつた。而してこれら個個の弥陀信者が、無量光・無量寿の弥陀の呼び声に応じた時、ここに彼等の信仰は確立し、浄土往生は確証せられるのである。（中略）弥陀の名号が聞えるのは、信者の方にそれに応ずる或るものがあるからで、この或るものは弥陀自体と同質のものでなくてはならぬ、それでなければ、如何なる意味に於いても、何等の相応があり得る筈はない。名号は弥陀より出でて霊的エーテルの波に乗り宇宙の極限まで行く、而してこの波動を感じ得るやうな仕組に出来てゐるものは、皆悉くこれをその発源の処に反響しかへすのである。かくの如くして生じた感応道交が即ち他力の信仰で、ここに彼は正定聚不退転の位に住したことになるのである。往生の確証である信仰は、弥陀と信者との間に、此の如き反響的回互が成立する時に、始めて生ずるものである。もつと正確に云ふと、名号が称へられるやうになるのは、信者自身の内なる弥陀とも云ふべきものが、無明の闇から目覚めた時に、——或は業の懸縛から離れた時にとも云へようが、——その時始めてさうすることができるのである。（『鈴木大拙全集』第六巻一五〇頁）

こうした鈴木先生の考えは、「唯心の弥陀、己身の浄土」を言うようにみえて、その趣旨が全く異なることに気づかねばならない。先生は「内なる弥陀が目覚める時」と言われる。そのことが決定的な意味をもつのである。

浄土三部の経典が出来たわけは、実に人間性の基礎に横はる根本矛盾によるものである。弥陀がその名号の十方国土に聞えんことを誓ふ所以は、実に人間性矛盾の叫びに応ずる反響に外ならぬのである。もう一遍云ひかへせば、矛盾そのものにある自己同一が自らを名乗り出たのである。この名乗りを聞く時が称名である。弥陀の名号を聞くことそのことが称名である。而してこの称名の故に、彼土への往生が決定し、本願成就の実があがるのである。弥陀と名号とは離れられぬものである。弥陀即名号である。弥陀の本願も、名号がなくては何等のはたらきをせぬ。何れもが名号を通して現実化する。が、この名号は聞かれなくてはならぬ。釈迦は出胎するや否や、周行七歩、「天上天下唯我独尊」と叫んだ。これが釈迦の名号である、この名号の故に、今日も尚ほ仏音の此の世界に響きわたるを感ずる。併しこの感じはお釈迦さんの獅子吼を理解する時に始めて実効を揚げるのである。野に叫ぶ声は聞かれることによりて始めて野の声になる。それ故に弥陀の名号は聞かれなくてはならぬ。この聞かれるといふ時が、一念称名の時なのである。釈迦出胎の刹那に「天上天下唯我独尊」はあつた。併し釈迦は其れを叫破することによつて、始めて十方世界に響きわたらせた。さうして吾等はそれを聞いた。響くといふことが聞くことであり、聞くことが響くことである。弥陀の名号だけあつても役に立たぬ。これが聞かれて称へられる時に、名号は本当に名号となるのである。名号が人間性の矛盾を突破しなくてはならぬ。突破の事実を、念仏称名すると云ふのである。名号は生死矛盾の世界にいつも厳然たる存在を有する。矛盾そのことがこれを証明している。が、この証明には証人が要る。即ち生死の矛盾と名号の間に相互往還の運動が行はれねばならぬ。この運動を念仏称名と云ふのである。念仏称名によりて、名号自身の中に包摂せられているところのはたらきが現はれる。表現がなくては存在でない。それで、予は名号を媒介にして此土と彼土との矛盾が「横超」的に連絡すると云ふのである。（同一二一頁）

さらに浄土教を浄土教たらしめるものを、鈴木先生はこのように言われる。それはとくに「本願」についてである。

本願こそ浄土教信者の極楽往生の信の本源で、本願に依る救済は浄土教に特有なものである。（中略）本願は弥陀の意志の表はれである、即ち弥陀が一切衆生に対して抱くところの慈悲の表はれである。慈悲は智慧と共に一切諸仏の人格を形成するもので、智慧即ち般若に依つて、仏陀は世界を観じ、その如如の相を知り、それから慈悲に依りてこの思惟の中より出で、吾等衆生の中に住むのである。この思惟より出で来ることが、即ち本願と名づけられる誓願の表白である。（中略）本願は弥陀の意志力で、この場合では、弥陀の慈悲心である。即ち無始の過去より弥陀の有せる慈悲心そのものが本願と云ふものである。換言すれば、本願は人間の言葉で表現せられた弥陀自体である。弥陀が五劫の間続けたといふ思惟の中に住まつてゐる限り――智慧の当体としての彼自体の外に出ない限り――彼は衆生に近づき得ないのである、即ち彼は存在の相対面と全然没交渉なものとなつてゐるのである。併し彼はまた慈悲の具現であるので、彼はこれに依つて自己以外の衆生を感得する力を発揚し得るのである。この感得の発揚が本願といふ言葉で表現せられてゐるのである。故に弥陀が、吾等一切衆生即ち業に束縛せられて動きのとれぬ者と、相互的関係を結び得るのは、彼の本願であり、また吾等として絶対的存在の弥陀に触れることのできるのも本願である。相対的に云へば、弥陀の本願は吾等の心の中に今まで潜在してゐたところの本願を目覚めしめて、両者の間に饗応的関係を生ぜしめるのである。もつとわかり易く云へば、吾等を生死の大海より救ひ出さうとする弥陀の救済意志は、即ち吾等の弥陀に対する信そのものに外ならぬのである。弥陀の方から云へば、この信なるものは彼の救済意志であり、吾等の方からすれば、彼の救済意志は吾等の彼に対して持つ信なのである。弥陀の意志と吾等の信仰とは、云はば同質のもので、従つて実在の二面的表現と見るべき意（本願）と信との間には完全な相応がある。本願に具足すると信ぜられる不可思議力は、本より無量寿仏たる弥陀自体の不可思議そのものである。（同五五頁）

こうした「名号」や「本願」思想の説明は、まさに浄土教の成立の根源を語るものと言えよう。先にも紹介したように、鈴木先生は、浄土教を経典の存在や事項の記載から出発しないで、自らの宗教経験に即して考えるべきであると主張される。具体的に言えば、本願という思想がどうして成立するのか、を明らかにすることが根本であると考えておられる。ここでの鈴木先生の主張は、要するに、浄土教の根本は、仏の救済意志にあるというのである。そして、その救済意志が発動する所以は、仏の慈悲にあるとみるのである。仏陀が慈悲と智慧の両者を完成させたというなら、あるいは、仏陀の「さとり」は慈悲と智慧の発見にあるというなら、この世界の洞察（業・輪廻の世界）と同時に、そこから自ずから出てくるのが、衆生救済（業・輪廻の世界に苦しむ衆生の救済）のはたらきである。それが仏教の必然的な展開とみられるところに、鈴木先生の浄土教理解の中心があると言えよう。

浄土教の普遍的意味を考えようとするなら、こうした鈴木先生の見解を無視することはできない。それをどのように評価するかに、今日の浄土教理解の鍵があると考えられる。

第三章　宗教的行為
――「行巻」の根本問題――

つつしんで往相の回向を案ずるに、大行あり、大信あり。大行とはすなはち無礙光如来の名を称するなり。この行はすなはちこれもろもろの善法を摂し、もろもろの徳本を具せり。極速円満す、真如一実の功徳宝海なり。ゆゑに大行と名づく。しかるにこの行は大悲の願（第十七願）より出でたり。すなはちこれ諸仏称揚の願と名づく、また諸仏称名の願と名づく、また諸仏咨嗟の願と名づく、また往相回向の願と名づくべし、また選択称名の願と名づくべきなり。（『浄土真宗聖典』（註釈版）一四一頁）

しかれば名を称するに、よく衆生の一切の無明を破し、よく衆生の一切の志願を満てたまふ。称名はすなはちこれ最勝真妙の正業なり。正業はすなはちこれ念仏なり。念仏はすなはちこれ南無阿弥陀仏なり。南無阿弥陀仏はすなはちこれ正念なりと、知るべしと。（同一四六頁）

しかれば、「南無」の言は帰命なり。「帰」の言は、至なり、また帰説なり、説の字は、悦の音なり。また帰説なり、説の字は、税の音なり。悦税二つの音は告なり、述なり、人の意を宣述するなり。「命」の言は、業なり、招引なり、使なり、教なり、道なり、信なり、計なり、召なり。ここをもつて「帰命」は本願招喚の勅命なり。「発願回向」といふは、如来すでに発願して衆生の行を回施したまふの心なり。「即是其行」といふは、すなはち選択本願これなり。「必得往生」といふは、不退の位に至ることを獲ることを彰すなり。『経』(大経・下)には「即得」といへり、釈(易行品一五)には「必定」といへり。「即」の言は願力を聞くによりて報土の真因決定する時剋の極促を光闡するなり。「必」の言は、審なり、然なり、分極なり、金剛心成就の貌なり。(同一七〇頁)

あきらかに知んぬ、これ凡聖自力の行にあらず。ゆゑに不回向の行と名づくるなり。大小の聖人・重軽の悪人、みな同じく斉しく選択の大宝海に帰して念仏成仏すべし。(同一八六頁)

一、宗教的行為について

「行」ということは、仏教にとって大きな意味をもつものとして扱われてきた。それについて、西谷啓治先生はこう言われる。

仏教が中国や日本に伝はつてから、いろいろな宗門のうちに、坐禅、止観、念仏、三密瑜伽の行など、いろいろな「行」が現はれた。（中略）それらはいづれも、真理である「法」（例へば「仏法」といはれる如き）に相応した実生活と見なされ、また「法」を会得するための「道」と見なされてゐた。然もその「法」の会得はまた自己といふものの本質的な自覚を意味してゐた。かういふ「行」といふものにおいて最も特徴的なことは、それがあくまで身体的な行ひであるといふこと、及びそれが明確に「方法」の性格をもつてゐるといふことにある。その場合、方法といふことは、単に特定の目標に達するための手段としての技巧とか技術といふことではない。（中略）行の方法的性格は、行がいはば「法」から催されたものであるといふことを示すものだと思ふ。行とは、本質的にいへば、法の側から人間の在り方を限定して来たもの、限定しながら人間の上に法自らを実現して来たものである。換言すれば、行において人間は、法を自己の身に実現するのである。それは普通の技巧や技術のやうに、人間が勝手に案出したものではない。むしろ人間が自分の存在そのものの本質から発見したものである。（中略）宗教的な「行」の場合でも同様だと思ふ。行とは本質的には、真理としての「法」の現成、法による人間の在り方の規制、人間による法の知、法の知における人間の自知、といふやうなことを一挙に意味するのである。行が自づから「方法」の性格を含んでくる理由はそこにある。

（『西谷啓治著作集』第二十巻一五八頁）

「行」の特徴として、方法的といふことともに身体的といふことを挙げたが、行における方法は身体的な行ひのうちに、その行ひの方法として現はれる。そのことは、真理としての

「法」が身体的なものの上に、つまり人間存在の底辺をなすものの上に、「かた」を刻みつつ自らを実現してくるといふことである。則ちその「かた」はその背後に、法が自らを実現して来た道を開いてゐる。（中略）身体的な行ひが行ひ自身の内面から方法的な筋道を自ずと現はして来たのが「行」といふものであるが、その行において、人間のなす事の正しい仕方（例へば「八正道」といふ如き）の「かた」のうちに、その事の理法が「法爾として自然に」現はれる。呼吸をするとかお茶を飲むとかいふやうな日常茶飯事であつても、或いは宗門的な「只管打坐」とか「称名念仏」とかいふことであつても、その事は或る特定の小さな身体的行ひである。我々の身体的な行ひは、パスカル的にいへば、底なく涯しない宇宙の前では、折れた葦の微かなそよぎにも等しい。しかしその眇たる行ひ自身のうちに、またその行ひ自身として、天地の大をもつて志しても包むことの出来ない「法」の門が開かれてゐる。さういふのが行の立場であり、行ずる葦の立場である。一つの小さな事＝行に現はれる理法も、全宇宙に先立ちこれを支配する「不二の」（絶対的な）法門の端的な現はれである。それの現はれであると同時にそれ自身である。行は道を行くことであると同時に、道を行くこと自身が道である。真理に随つて（如法に）行ふことであると同時に、その行自身が真理である。真理、真、「まこと」といはれるものは、行においてはさういふ性格、事理一如の性格を示してくる。（同六〇頁）

「行」の立場では、真理はいつも身体的な行ひを離れない。絶対的真理と言つても、我々のなす「こと」（事行）を、真実の行ひ、真実の「こと」たらしめるものとして、初めて絶対的真理である。身体的といふ最下層のところへ、然も、その時その時の行ひのうちへ、現成して来るやうな絶対が、真に絶対的である。もしさうでなければ、その絶対はどこかに届かぬ所を残すことになる。それでは真に絶対とは言はれない。我々のなす「こと」を「まこと」にするものが真に絶対的な「まこと」なのである。我々の身体的な行ひが「行」として「まこと」となるといふことは、我々の全身心がその行ひのうちに集められることである。我々がその行ひへ全人的に自己集中することである。それは、先に言つたやうに、行ひの「かた」、則ち正しい「しかた」に従つて、如法に行ふことであり、「法」の方から開かれた「法」への道を行くことである。その行ひのうちへ全身心を集中するといふことは、「ただわが身をも心をも、はなちわすれて、仏のいへになげいれて、仏のかたよりおこなはれて、これにしたがひもてゆく」（道元）といふことと別ではない。「行」においては、我々の行ひは仏の「かた」（方）よりおこなはれる行ひになる。それがまことの行ひである。「行」とは、我々の行ひが「まこと」になつたもの、則ち我々の行ひの上に絶対的な真理（法）が現成したものに外ならない。

（同六二頁）

要するに西谷先生は、「行」というものは、本質的に言えば、人間が勝手に案出したものではなく、法の側から人間を限定し、限定しながら法自らを実現してきたもの、と考えられるのである。親鸞がとくに「大行」という所以は、そういうところにあると言えよう。「大行」という概念は理解の困難な概念である。「大行とはすなはち無碍光如来の名を称するなり」と言いながら、また「この行は大悲の願より出でたり」ということはどういうことか。それは、「行」というものをどう考えるかという問題に帰するであろう。

親鸞が「大行」というのは、それが人間の行う行ではないことを明らかにするためである。人間が何らかの目的を達する手段として行をおこなうということなら、行は「方法」にほかならない。「名号を称える」ということも、結局は往生のための「方法」ということになってしまう。称名念仏ということが、そういうことであろうか。名号が仏の救済意志であるなら、その名号を衆生が称えるということは、どういうことなのか。むしろ、それは衆生の称名を通して、仏が自らの救済意志を表明するということではないのか。法然門下の人々が名号を私するのをみるにつけ、親鸞はそれを思ったことであろう。「他力」というなら、「称名」そのものも「他力」でなければならない。

二、「大行」について

「行巻」初めの「無碍光如来の名を称する」というのは、称名念仏をいうことは言うまでもないが、宗学ではこの場合、名号と称名とを区別し、「大行」といわれるものがいずれであるかが論じられる。所行説といわれるものは、「この行は大悲の願より出でたり」という文によって諸仏に称せられる名号を「大行」とし、能行説といわれるものは、「大行とはすなはち無碍光如来の名を称するなり」、ならびに「しかれば名を称するに、よく衆生一切の無明を破し、よく衆生一切の志願を満てたまふ」という文によって衆生の称える称名を「大行」とする。こうした二説はどういう意味をもつのか。

念仏の問題は、さしあたっては、人間の宗教的行為の問題である。生死の苦海を脱するためには、人間はさとりの智慧をひらかねばならない。さとりの智慧をひらくためには、正しい行を修めねばならない。しかし根機の劣った者にはそれは容易でない。そこで仏はとくに、わが名を称える者を浄土に迎えようという願を立て、無量の行を修してそれを成就した（『大経』）。そこには当然、名号が衆生救済の行として実現されたという意味が含まれる。それによって人間は称名念仏して浄土に往生し、さとりの智慧をひらくことができる。その意味で、念仏は凡夫の易行である。浄土教の伝統的な教えは、そうした理解に基づいている。

しかし、念仏が何故往生の業となるのか。それは「南無阿弥陀仏」という名号に願行が具足しているからである。善導の六字釈はそれを語っている。

またいはく（玄義分　三二五）、**「南無といふは、すなはちこれ帰命なり、またこれ発願回向の義なり。阿弥陀仏といふは、すなはちこれその行なり。この義をもつてのゆゑにかならず往生を得」と。**（『浄土真宗聖典』（註釈版）一六九頁）

この場合、この文の趣旨は、摂論家の別時意趣説、すなわち称名は唯願無行という批判に対して、善導は、称名が願行具足するものであることを明らかにしようとしたと言われる。その意味では「南無」が「帰命」であり、また「発願回向」であるというのは、衆生の帰命であり、発願回向であるという意味であろう。「阿弥陀仏」が「行」であるというのも、やはり衆生の行という意味でなければならない。しかし、真宗教学の伝統では、それは如来の回向と理解している。たとえば、道隠の『略讃』には、「元来この文は摂論家別時意趣之難を破す。彼下品の称名を以て唯願無行と為す故に順次の往生を許さず。現に経文と相違す。ここをもって、宗家大師はなはだ之に憤り、明らかに願行具足の称名を定判するなり。何となれば、本より六字の法体は願行具足せり。之を衆生に回施して、他力を以て称者をして願行を具足せしめるが故に。下品の悪人命終の刹那、苦に逼まられ失念する者、善知識口伝して、教えて十念を具せしめ、知らず覚えずして願行を具足するは、法体名号の徳に由るが故なり。（以下略）」（『教行信証集成』第二巻―五五二頁）。要するに、「南無阿弥陀仏」という六字の名号は、唯願無行のものではなく、願行具足した名号であるというのである。その願行は、如来の回向されたものであるというのである。

しかし、何故に称名念仏するのか。それは仏の願に信順するからである。すなわち、本願を信じる心が生じているからである。その心は人間が自ら起こそうとして起こした心ではない。仏に回向された真実心であり、人間の貪瞋煩悩の中に生じた清浄心である。その故に、称名念仏によって浄土往生ができるのである。「信心正因説」はこうした理解によって成立する。

しかし、その本願を信じるということは、仏がわが名を称える者を摂取しようという願を立て、それを成就したことを信じるのであるから、やはりそこに称名念仏が問題になり、その念仏がいかに行じられるかが問われることになる。この場合、その念仏の行は人間の行う行ではなく、諸仏の称名、すなわち名号であるとして、その名号を信の対象とするのが名号大行説―所行説であり、これに対して、行という以上人間の行、すなわち称名念仏でなければならぬとするのが称名大行説―能行説である。前者は自力を全面的に否定する立場に立つ意味で、他力に徹する説に忠実であるが、そのことによって、念仏門としての浄土教の独自性は失われ、また観想的立場に堕する危険をはらむとされ、後者は念仏門の伝統に忠実であるが、自力に執する可能性が残され、また称名正因説に堕する危険をはらむとされる。そこに、両説をめぐって煩雑な議論が繰り返される理由がある。

宗学においては、この二説を折衷するものとして、さらに能所不二説が立てられ、この二面を相即不二として説明しようと試みられているようであるが、それでは親鸞の思想に何故このような二面があるのか、またそれによっていかなることが示されようとしているかは明らかにならない。その点では、能行説・所行説のほうが、親鸞の思想のもつ二面を明確に捉えているように思われる。しかし、親鸞の「大行」という表現が能・所の二面をもつというだけでは、それを理解したことにはならない。そこには、そういう表現でしか捉えられない事態があるに違いない。しかもそれは、浄土教の宗教経験の本質に関わるものであると考えられる。そのことを次に考えてみよう。

人間の行為が宗教的意味をもち得るかどうかという問題は、キリスト教においては、たとえばルターにおいてきびしく追究された。ルターは、人間の善行に対する無力を自覚して「信仰のみ」という立場に到達したが、浄土教における行の問題も同様である。往生の行として念仏が選び取られるのは、「わがごときは、すでに戒・定・慧の三学のうつは物にあらず」（『和語灯録』）とか、「いづれの行もおよびがたき身」（『歎異抄』）といった自覚に基づく。そしてそれを徹底する方向から、念仏が「凡聖自力の行にあらず」として「不回向の行」と言われ、さらに「信心正因」の立場が成立する。

しかし、浄土教の歴史的な展開の中においては、善導以来、あくまで口称念仏が中心であった。法然の主張のように、仏願に順じた念仏の行を選択し、それを専修するとするところに、多くの人々に受け入れられる理由があった。その念仏を修せず、「信心」という人間の心の在り方に関わることを中心にすることは、浄土教を実践的な立場から観想的な立場へ引き戻すことにならないだろうか。こうした問題は、法然門下の一念義・多念義の対立の中にも含まれていたのである。しかし、親鸞の言う「信心正因」は、そうした観想的立場に陥るものではなかった。むしろ観想的・実践的という対立的立場、あるいは一念義・多念義という対立の次元を超えるものであった。それは、親鸞撰述の『一念多念文意』に記される「浄土真宗のならひに、念仏往生と申すなり、まつたく一念往生・多念往生と申すことなし。」（『浄土真宗聖典』（註釈版）六九四頁）という言葉からも理解できる。

それでは、親鸞の「大行」という捉え方の独自性はどこにあるのか。それは「無碍光如来の名を称する」という行が「大悲の願」より出るとするところにある。「大悲の願」とは、四十八願の中の第十七願であり、その内容は、諸仏の称揚・称名・咨嗟である。すなわち、「たとひわれ仏を得たらんに、十方世界の無量の諸仏、ことごとく咨嗟して、わが名を称せずは、正覚を取らじ」という願が「大行」を成立させる根拠であるというのである。このことは、『浄土文類聚鈔』に、第十七願・第十八願の願成就の文を合わせて引いて、「『経』（『大経』・下）にのたまはく、「十方恒沙の諸仏如来、みなともに無量寿仏の威神功徳不可思議にましますことを讃歎したまふ。諸有の衆生、その名号を聞きて信心歓喜し、乃至一念せん。至心に回向したまへり。かの国に生ぜんと願ずれば、すなはち往生を得、不退転に住す」と。」（同四七八頁）と記していることからも明らかである。

これはいかなる意味をもつか。それはやはり称名念仏が、親鸞においては、何よりもまず「聞かれるもの」として受け取られたということを意味しているのではないだろうか。すなわち、生死の苦海に沈む衆生に対する慈悲（救済意志）の発動として「大悲の願」が立てられ、その願が成就して諸仏が無碍光如来の名を称する。その諸仏の称名が、われわれに聞かれるのである。

先に述べたように、「大行」を衆生の称名（能行）とするか、諸仏の称名（所行）とするかが、行信論の中心テーマであった。しかし、「無碍光如来の名を称する」という表現は、その行為の主体を問題にはしていない。それは仏名を称えることそのことを言っているのであり、そこに称名念仏が「大行」と言われる理由がある。

「無碍光如来の名を称する」という表現を、直ちにわれわれの口称念仏とみるところでは、人間の宗教的行為としての称名念仏という理解がなお支配的である。もとより称名念仏自体ということは現実にはあり得ないし、「名を称える」という以上、そこに称える者が前提されていることは言うまでもない。しかし、その称える者が「私」でなければならぬという必然性はない。むしろ「私」は、衆生救済の呼び声としての称名念仏を、まず伝承された教えとして「聞く」のではないだろうか。「ただ念仏して、弥陀にたすけられまゐらすべし」（同八三二頁）という「よき人の仰せ」において、念仏は姿を現すのである。その「大行」としての念仏を、「南無阿弥陀仏」と言わずに「無碍光如来の名を称する」と言うのは、深い意味が含まれると考えられる。

それはともかく、親鸞において「大行」が第十七願に基づくとされることは、諸仏の称名、すなわち具体的には「よき人」の称名念仏が「大行」にほかならぬということであり、それを親鸞は三国七祖の伝承として、法然の教えにおいて聞いたのである。それを真実の宗教的行為として「大行」と言うのである。真の宗教的行為は、真実心において為されねばならない。われわれに真実心がない以上、またわれわれが「いづれの行もおよびがたき身」である以上、その行は如来の行であるほかない。その如来の行が、「よき人」の教えにおいてわれわれに回向されるのである。

このことは、衆生救済のはたらきが、われわれの世界の中に「言葉」として実現されることを意味している。絶対なるものの救済のはたらきは、「言葉」としてあらわれてくる。西田先生が「仏は名号によつて表現せられる。……仏の絶対悲願を表すものは、名号の外にない」（『西田幾多郎全集』第十一巻―四四二頁）と言われる所以である。仏の慈悲は「南無阿弥陀仏」という名号においいて自らを具体化するのである。親鸞が、「本願招喚の勅命」というのは、そのことにほかならない。その名号が教えにおいて私の耳に届くところが「聞其名号」である。しかも親鸞においては、それが直ちに「信心歓喜」のときであるという。そこに「行信不離」の意味がある。

親鸞においては、諸仏の称名、すなわち「よき人」の教えにおいて名号を聞くその端的のところが「大行」の成ずるところであり、しかもその「大行」の成ずるところが、そのまま「大信」の成ずるところである。そこに「たまたま行信を獲」ると言われる場がある。かくして親鸞は、「大行」「大信」という表現によって、それ以前の称名念仏の捉え方を根本的に変革した。人間の宗教的行為として易行と言われていた念仏行は、そこでは諸仏に行ぜられるものとなり、人間に聞かれるもの、受け止められるものとなった。それが親鸞の宗教的行為の理解であった。そこに象徴的行為としての称名念仏というものの意味が、最もよく示されていると言えよう。

称名念仏というものの一般的な意味を考えるならば、二つの場合しかないように思われる。一つは、それを何らかの宗教的境地に達するための手段・方法とするものであり、他の一つは、その称名念仏の行自身を超越的な目的とするものである。法然門下の多念義・一念義という立場は、それぞれ称名念仏を手段化するものと、あるいは目的化するものと考えてよいであろう。親鸞がそれぞれを偏執として退けるのは、そこになお自力の迷執の潜むのを見抜いているからである。

しかし称名念仏の行が手段でもなく、目的でもないとするならば、一体それはいかなる意味をもち得るか。先にそれは、「大行」として、諸仏の称名（名号）であり、現実にはわれわれに「聞かれるもの」であることを指摘した。そのことは、名号が言語的象徴であることを意味する。この場合は、阿弥陀仏の救済のはたらきが名号に象徴されているのである。『一念多念文意』に、「「聞其名号」といふは、本願の名号をきくとのたまへるなり。きくといふは、本願をききて、疑ふこころなきを「聞」といふなり。」（『浄土真宗聖典』（註釈版）六七八頁）と言い、また「信巻」に、「しかるに『経』（大経・下）に「聞」といふは、衆生、仏願の生起本末を聞きて疑心あることなし、これを聞といふなり。」（同二五一頁）と言っているのは、名号が本願力（救済のはたらき）の象徴であることを表すものにほかならない。

しかし、名号はそれ自身、直ちに私にとって象徴としてあるのではない。単なる伝承としての名号は、私にとって真に有意味な象徴ではない。名号が真の意味で本願力の象徴となる「とき」がなければならない。その「とき」が「行の一念」であり「信の一念」である。その「とき」、すなわち「聞其名号信心歓喜」の「とき」において、名号は私にとって動的な象徴となる。象徴が動的であることは、言語的象徴の特性であり、それによって、象徴成立の「とき」の反復が可能となる、言い換えれば、象徴の表す意味が反復的に深められ得るのである。

われわれは、伝承した象徴を教えにおいて知るが、その知においてはなお、象徴の表現するリアリティには触れ得ない。そのリアリティに触れ得た「とき」、初めて象徴は象徴として成ずる。その意味で、象徴はリアリティへの道と言い得るのである。

われわれは多くの宗教的象徴を、伝承されたものとして知ることができる。しかし、それはそのままでは真の象徴として成じていない。言い換えれば、われわれが単に象徴を伝承されたものとして対象的に知るところでは、その象徴が象徴している直接表現しがたいリアリティは受け止められてはいない。象徴そのものは、過去の特定の人、または特定の人々の宗教経験において成立したものであろうが、それが伝承される場合には、そこで出逢われたリアリティが常に受け止められるとは限らない。そこに、その象徴がリアリティに達する手段となったり（多念義）、リアリティそのものと誤解されたり（一念義）する可能性が生ずる。しかし、象徴はそれが象徴するリアリティが受け止められた「とき」に初めて、真に象徴として成ずる。あるいは、伝承された象徴が真の象徴として成ずる「とき」がなければならない。そしてそのことによって、象徴はそのつど象徴として成立した「とき」を反復することを可能にする。その「とき」は、リアリティが私において受け止められた「とき」であるとともに、その象徴が象徴として成立した原初の宗教経験の「とき」でもある。その「とき」の反復を可能にするところに、言語的象徴の特色があるとも言えよう。

一般に象徴は、手段として、あるいは目的として用いられる。しかし私は、手段や目的として用いられる象徴は、象徴の頽落態と考える。なぜなら、何らかの目的に達する手段としての象徴は、道具であるにすぎないし、目的として用いられる象徴は、その象徴が象徴する内容そのものと代置されているからである。宗教的象徴は、それが象徴する内容、あるいはリアリティに関与しつつも、その内容そのものではあり得ない、そこに宗教的象徴の宗教的象徴たる所以がある。ここでは、象徴をそのような意味で考えた上で、名号を宗教的象徴、とくに言語象徴と言うのである。そして、名号がそうした意味での宗教的象徴として成ずる「とき」を問題にしているのである。

　このことを具体的に言うならば次の如くである。親鸞が称名念仏の教えを聞いたとき、名号はまず、対象的な象徴として知られる。したがって、それを専修すべきものとして把握され得るし（多念義）、あるいはそれを知ることによって往生浄土の目的は達せられたと理解され得る（一念義）。しかし、親鸞はその段階にとどまらず、さらに百日間、法然上人のもとに通いつめて、「よき人にもあしきにも、おなじやうに、生死出づべき道をば、ただ一すぢに仰せられ候ひしを、うけたまはりさだめ」（同八一一頁）たのである。この「とき」、名号は「本願招喚の勅命」（同一七〇頁）という如来の救済のはたらきの象徴として成じたのである。ここに「大行」が、「大信」と不離であると言われることの意味も明らかになる。名号が真に象徴として成ずることにおいて、それは「いづれの行もおよびがたき身」（同八三三頁）を浄土へ導く大悲の願船となり、願力の白道となり、また「名号不思議の信心」（同五七一頁）とも言われ得るのである。そのとき名号は、対象的に知られる象徴ではなく、そのリアリティが私において生きる象徴として成じたのである。

　したがって、第二十願と第十八願の段階は、名号を対象的な象徴として知る段階と、真に表現しがたいリアリティを象徴する象徴として受け止める段階として理解することができる。親鸞は法然の教えにおいて名号を聞いたとき、それを対象的象徴として知る段階から、その象徴するリアリティそのものに触れる段階に、百日間のたゆまざる聴聞によって転入したのである。そうした二段階の転入が法然門下に入った百日の間に成立したと考えることによって、初めて親鸞の「大行」「大信」というユニークな概念の意味も理解できよう。

この「大行」について、武内義範先生はこのように記されている。

> 『教行信証』の「行巻」の第十七願の諸仏咨嗟の願、諸仏称名の願というのは、諸仏が阿弥陀仏を讃める、仏の名号が諸仏によって讃められるということで、つまりそれは諸仏が阿弥陀仏の名号を称するということである。したがってそれはわれわれの称名ではなくて、「法体名号」の世界、人間にとっては超越的な仏の世界での出来事、仏と仏との間で仏が仏を、他の諸仏が阿弥陀仏の仏名を称讃する、称名するというふうに一般には考えられている。
>
> 　しかしこの諸仏の称揚ということだけでは、それが念仏という私の宗教的行為とどう関係しているかがわからない。『教行信証』の「行巻」の最初には、はっきりと「大行あり……大行といふは、すなはち無《む》礙《げ》光《くわう》如来《にょらい》の名《みな》を称するなり」と記されている。私はこの「大行」という言葉を、ここでは宗教的行為とか象徴的行為とかと解したい。象徴としての宗教的行為においては、われわれの側の「無礙光如来の名を称する」行為において、諸仏がその名を称揚する行為が映じている。そこでわれわれの称名が讃嘆であり称揚であることが自覚せられる。逆にまたわれわれの称名が諸仏の称揚に映っている。そこに諸仏咨嗟の願が諸仏称名の願であることが判明する。つまり浄土と此土、諸仏と衆生とが、名声十方の念仏の宇宙的響きと地上における念仏の歴史が、この象徴的行為において四和合の方域（Geviert）の場を形成する。その

Geviert の場で、阿弥陀仏と私との出会いがある。その場合の象徴的行為はヤスパースのごとく、絶対的行為と言ってもよいものであって、そこで主観と客観との対立といったものがすべて解けてしまって、具体的なものが行為の立場で端的にあらわれるが、同時にまさにそのところで汝―私の遭遇と呼応とが成就する。(『武内義範著作集』第二巻―四四頁)

『教行信証』の「行巻」の初めでは、行ということは「無礙光如来の名を称するなり」とされている。すなわち念仏を称えることとして、最初に行の概念が規定されている。その意味ではあくまで能行としての行を問題にしているが、親鸞はその能行としての行を「諸仏咨嗟の願」、すなわちすべての仏が阿弥陀仏の名号を讃めたたえるという第十七願から出ていると考えている。その場合に第十七願から出ているとして考えられる行の概念は、さきの単なる能行としての念仏の行為というものよりはいっそう広くいっそう深い意味に解釈されていて、称名という行為はいわば象徴的な行為となってくるように思われる。

すなわち能行としての行は、そのままそれが象徴的行為として、すべての仏、一切の衆生、一切の世界のありとあらゆるものが仏の名をたたえている、その全体の大きなコーラスの中に流れ込み、融入している。阿弥陀仏の名をたたえることが、大いなる称名の流れの中に、つまり諸仏称揚、諸仏称讃の願の内容に流れ入っている。そこでは、行の意味は単に一人の人間の行為ではなくて、その行為自身が実は深い象徴的な根底をもっていることとなる。だからその行為によって、象徴的な世界が開かれて、私自身の称名の行為がその象徴的な世界の中に映さ

れている、とそういうふうに考えられる。（同五〇頁）

こうした武内先生の卓抜な理解では、親鸞の「行」というものが、やはり象徴的行為として考えられている。しかし、その意味は、先に私が論じた意味とは少し異なっている。私は、その象徴的行為というものが、いかにして成立するかということを考えているのである。武内先生は、象徴的行為というものを個人を超えたものとして、独立したものと考えられるに対して、私はあくまでそれが個人において、私において、いかに成立するかということを考えているのである。

三、「行一念」について

このような意味での宗教的行為が「一念」であるとはどういうことであるか。このことの理解に、行・信の関係を親鸞がどのように考えていたかについて理解する鍵があるように思われる。それについて、親鸞はこのように言っている。

おほよそ往相回向の行信について、行にすなはち一念あり、また信に一念あり。行の一念といふは、いはく、称名の遍数について選択易行の至極を顕開す。（『浄土真宗聖典』（註釈版）一八七頁）

この「行の一念」と「信の一念」との関係については、親鸞は、建長八年（一二五六）五月二十八日付けの消息の中で、両者が不離であると言う。これについて、武内義範先生はこのように記されている。

親鸞の晩年の手紙に、信の一念と行の一念について書かれたものがある。これは覚信房に与えたもので、その内容は、行と信と二つに分けて言うけれども、実際は行を離れた信もなく、信を離れた行もないのであって、それを二つに考えて、分別し区別することは間違いで正しくない、ということである。

信の一念、行の一念、ふたつなれども、信をはなれたる行もなし、行の一念をはなれたる信の一念もなし。そのゆへは、行と申は、本願の名号をひとこゑ（一声）となえてわうじよう（往生）すと申ことをききて、ひとこゑをもとなへ、もし十念をもせんは行なり。この御ちかいをききてうたがふこころのすこしもなきを信の一念と申せば、信と行とふたつときけども、行をひとこゑするとききてうたがはねば、行をはなれたる信はなしとききて候。又、信はなれたる行なしとおぼしめすべく候。これみな、みだ（弥陀）の御ちかひと申ことをこころうべし。行と信とは御ちかひを申なり。

この手紙の中で、親鸞は、行と信との関係についてのたいへん重要なことがらを、非常に簡潔にまた明瞭に語っている。自らの信仰体験に即して、限りなく深い思想を単純明快に語っているのである。われわれが行について考え、信について考えるときには、いつもこの言葉に示されているような行と信との相即性、行を離れて信はなく、信を離れて行はないというような二つのもののダイナミックな関係を、最初に心にとどめておかねばならない。（『武内義範著作集』第一巻―三四三頁）

こうした「行」の意味を少し考えてみよう。先生はこう言われる。

「行巻」の初めには、第十七願の諸仏咨嗟（諸仏がほめたたえる）の願というものを掲げて、この願から「行巻」の全内容が出てくるというように親鸞は説いている。そのことによって、「行巻」における行というものがどういったものであるかということがおおよそわかってくる。「行巻」の初めには「諸仏称名の願」があげられ、本文の始まったところで、『大経』にいはく、たとひわれ仏をえたらんに、十方世界の無量の諸仏、ことごとく咨嗟してわが名を称せずば、正覚をとらじ、と。

またいはく、われ仏道をなるにいたりて、名声十方にきこえん。究竟してきこゆるところなくば、ちかふ、正覚をとらじ、と。

と第十七願の綱要が示されている。一方、さきの願名のすぐあとのところで、

大行といふは、すなはち無礙光如来のみなを称するなり。

と記されているから、「行巻」でいう咨嗟の願の内容は、「無礙光如来の名を称する」という称名を中心にして考えられていて、「行巻」の問題は称名であるということは、親鸞の立場としてはすでに十分明らかであった。しかし、この願文の方から見ると、法蔵菩薩が仏に成られたときには、阿弥陀仏という自分の名前がすべての仏たちによって咨嗟されるということ、ほめたたえられるということがこの願文の中心であって、そこでは阿弥陀仏と諸仏との関係が出てきているだけで、われわれ衆生のあり方や働き方については、全く何も見出されない。（中略）そこにまず初めからの問題があって、諸仏咨嗟の願をどういうふうに考えるか、『教行信証』の「行巻」における大行というのは、能行なのか、所行なのか、つまりわれわれが称える南無阿弥陀仏であるのか、それともそれとは別に、むしろ法として存在するような、理法・ロゴスとしての名号、それに対してわれわれはただ聞き手としてあるだけであって、名号が所行であるような、さらに言えば、絶対の真理、すなわち法体名号であるような、そういう名号であるのか、つまり衆生の称える称名という立場と、衆生にとっては称えられる対象であるような名号ということ、その名号を称名する行為との関係がどうなっているかというようなことが真宗学でずいぶん長いこと問題にされてきている。

しかし、今静かに『教行信証』を読むと、上述のように『大無量寿経』の願文のあとにすぐ「重誓偈」と「願成就の文」とが重ねて引いてあるのに気がつく。それによって親鸞が、阿弥陀仏が諸仏にたたえられたいと第十七願を起こされた意味をどのように考えたかが明らかになる。「重誓偈」では、仏の側で諸仏咨嗟であるものが、われわれ衆生にとっては阿弥陀仏の名号がこの世において施されることであり、また「重誓偈」と「願成就の文」の両文では、十方諸仏の讃嘆と称嘆の全体が、結局この仏（阿弥陀仏）がわれわれに念仏往生と不退転に往することを自然法爾に恵むという功徳に帰一するとしている。（中略）それらの引文の中には、名号を衆生が称えるということが、そのまま諸仏によって十方世界の中で阿弥陀仏の威神がたたえられることであるとして、両者を結びつけて説いていると解釈することを、可能にするものが多くある。諸仏に阿弥陀仏がたたえられるということは、阿弥陀仏が諸仏によってその名号をたたえられることであり、その名号をたたえる仕方は諸仏がその名号を称えることによってもっとも有効になされる。さらにその諸仏によってたたえられるということの中に、十方衆生、例えば私なら私が念仏を称えるというその念仏も入ってくることになる。私が念仏を称えるということは、そのことによって私が阿弥陀仏を称揚することであり、そしてまたそれが諸仏が阿弥陀仏を咨嗟することになる。それによって『阿弥陀経』が説かれるように、諸仏がお互いにお互いををほめたたえるということでもある。このようにして、私のほめたたえるということと、私が念仏するということと、諸仏称名、十方の諸仏がほめたたえるということとが、内面的に深く結びついているというのが親鸞の考えではないかと思われる。（中略）諸仏咨嗟というのは、諸仏が阿弥陀仏の威神功徳をほめたたえることであるが、そのことは、まず第一に諸仏が阿弥陀仏の御名を称えることである。そしてその諸仏の称名咨嗟というものの中に一切衆生の称名念仏が含まれ、それによって催起される。その意味で、われわれ衆生の行としての称名念仏が諸仏称名の願のうちに含まれているのである。

ここで能行でもない所行でもない、能行と所行との両方の契機を一つに統一したような、能所が一体になったようなものを名号の本体として考える（空華派の立場）といっても、それは華厳哲学の一つの適用であって、それだけでは親鸞の考えている第十七願、諸仏咨嗟の願の世界、ここで言われている名号の生きた宗教的声明というものにはまだ十分に達していない。諸仏咨嗟の願の世界はもっと大きなもの、深いもの、もっとダイナミックなものの切実な体験の現実であると思われる。いわば念仏というものの宇宙的な性格とでもいうか、宇宙音的な念仏の世界というものが、そこに現われてきているように思われるのである。（中略）このことをごく卑近なわれわれの体験で譬えると、それはコーラスのようなものだと言えよう。誰でもコーラスの喜び、一緒に同じ歌を歌う楽しさをよく知っている。そのような合唱するという場合を考えると、その歌がこの御堂の中に響き渡る。その響き渡っている声を聞きながら、私も一所懸命にそれに唱和して一緒に歌っている。自分の歌っている声は濁り、まずしく、その歌唱は調子はずれで、抑揚の乏しい声であるけれども、満堂の斉唱の中でのそれに融け合うとき、それが何ともいえない荘厳な響きとなって私に迫ってくる。私が聞いているということと歌っているということが一つになり、一つである。それと同じように、諸仏咨嗟の願というものが宇宙全体の大きな交響楽のようなものであって、その中に私の念仏も含まれている、一緒に流れている。そういうふうに考えることができるのではないかと思う。（中略）諸仏咨嗟の願の言う、十方世界の諸仏が阿弥陀仏の功徳をほめて称える念仏というものは、十方世界の交響的な協音、念仏の調和的な全体の大合唱といったもので、それで、親鸞が第十七願の意味を解釈するときに、さきに引いたように「『弥陀経』の十方諸仏の証誠のやうにてきこへたり」というのである。『阿弥陀経』の説くように、東西南北上下と六方の諸仏が釈迦仏と阿弥陀仏とをたたえる、阿弥陀仏の功徳を釈迦仏がこよなくめでたく説き勧めることを讃嘆するということで、そのような関係、仏と仏との間に非常に複雑に綿密に交響し合っている、そのような華厳哲学の無尽法界のいっそう具体的な姿としての諸仏咨嗟の世界、そういう世界が考えられているのではないかと思われる。（同三四四頁）

以上、引用した武内先生の「大行」の理解は、従来の所謂「大行論」にはみられなかったもので、しかも親鸞が「大行」ということで考えていたことをよく捉えているように思われる。しかし私は、この行が「一念」と言われ、また信も「一念」と言われていることに注目したい。そこにやはり、「大行・大信」が「一念」において成立すると言わざるを得ない事態があると思う。そしてそれは浄土教が仏教であるということに、密接に結びついていると思われる。

四、「他力」について

親鸞は『教行信証』の「総序」において、「円融至徳の嘉号は悪を転じて徳を成す正智、難信金剛の信楽は疑を除き証を獲しむる真理なりと。」(『浄土真宗聖典』(註釈版)一三一頁)と言い、また「かならず最勝の直道に帰して、もつぱらこの行に奉へ、ただこの信を崇めよ。」(同頁)と言い、さらに「たまたま行信を獲ば、遠く宿縁を慶べ。」(同一三二頁)と言っている。ここには、行と信が常に同時に述べられ、それらが不離なるものとして示されている。しかるに、『教行信証』では「行巻」「信巻」が立てられ、大行・大信がそれぞれ別に論じられている。その故に、この二巻をめぐって多様な議論が生じるのである。

古来、「行巻」は所信の行、「信巻」は能信の信を表すとして、先に引用した武内先生の指摘にもあるように、詳しくその関係が論じられ、いわゆる「行信論」として煩雑な議論が展開している。しかしここでは、こうした能所の関係で行信の問題を捉えず、やはり本来の行信不離という立場から考えてみたい。

親鸞の「信」は、後にも言うように、何ものか、あるいは何ごとかを対象として信ずる信ではない。「弥陀の誓願不思議にたすけられまゐらせて、往生をばとぐるなりと信じて念仏申さんとおもひたつこころのおこるとき」(同八三二頁)と言う、その「信ずる」心の成ずるときは、まさに執するところなきこころの成ずるところであり、その意味で「真実信心」と言われ、また「清浄の信心」と言われる。その「信」と不離である「行」も、対象的に捉え得る行ではなく、その「信」をひらく道であり、その道が直ちに「信」である。そこに「大行」「大信」と言われる理由がある。『教行信証』には「大行釈」の結嘆の後、追釈の初めに「他力釈」として、

他力といふは如来の本願力なり。（同一九〇頁）

とあり、それに続いて『論註』が引用され、その最後に、「他力」についての曇鸞の文が記されている。すなわち、

まさにまた例を引きて自力・他力の相を示すべし。人、三塗を畏るるがゆゑに禁戒を受持す。禁戒を受持するがゆゑによく禅定を修す。禅定を修するをもつてのゆゑに神通を修習す。神通をもつてのゆゑによく四天下に遊ぶがごとし。かくのごときらを名づけて自力とす。また劣夫の驢に跨つて上らざれども、転輪王の行くに従へば、すなはち虚空に乗じて四天下に遊ぶに障礙するところなきがごとし。かくのごときらを名づけて他力とす。愚かなるかな後の学者、他力の乗ずべきを聞きてまさに信心を生ずべし。みづから局分（局の字、せばし、ちかし、かぎる）することなかれ」と。（同一九四頁）

とある。これは何を意味するのか。「自力」というのは、人が迷いの境涯から脱するために、戒律を守り、禅定を修する。禅定を修するから神通力を得る、その神通力で四天下をあそぶ、それが「自力」というものである。これに対して、「他力」というのは、何の力もない劣った者が、驢馬にまたがって上って行くわけではないが、転輪王が行くのに従えば、四天下を自由自在にあそぶようなものである、と言う。

「他力」の思想は、曇鸞の独創といわれる。どうしてこういう喩えで、「他力」を説明しようとするのか。この喩えの場合、「他力」というのは、転輪王の力である。この喩えの前にあるのはよく知られた「三願的証」という文で、「覈求其本」釈とともに『論註』の重要な釈である。すなわち、『浄土論』の「速得成就阿耨多羅三藐三菩提」という語を説明して、「しかるに覈《まこと》に其の本を求むれば、阿弥陀如来を増上縁とするなり。他利と利他と、談ずるに左右あり。もし仏よりしていはば、よろしく利他といふべし。衆生よりしていはば、よろしく他利といふべし。いままさに仏力を談ぜんとす、このゆゑに利他をもつてこれをいふ。まさに知るべし、この意なり。おほよそこれかの浄土に生ずると、およびかの菩薩・人・天の起すところの諸行は、みな阿弥陀如来の本願力によるがゆゑに。なにをもつてこれをいはば、もし仏力にあらずは、四十八願すなはちこれいたづらに設けたまへらん。いま的しく三願を取りて、もつて義の意を証せん。」(同一九二頁)。こう言って、第十八・十一・二十二の三願をあげ、それぞれに「仏願力によるがゆゑに」という語を付して、「速かなることを得る」の証としている。

要するに、阿弥陀仏の仏力を増上縁とするから、浄土に生まれ、阿耨多羅三藐三菩提という仏のさとりを速やかに成就することができる、と言うのである。その仏の力が「他力」にほかならない。

しかし、こうした喩えよりも、すでに曇鸞は、『論註』の初めで、龍樹の『十住毘婆娑論』を引いて、「菩薩、阿毘跋致を求むるに二種の道あり。一つには難行道、二つには易行道なり。難行道とは、いはく、五濁の世、無仏の時において、阿毘跋致を求むるを難とす。この難にいまし多くの途あり。ほぼ五三をいひてもつて義の意を示さん。一つには外道の相善は菩薩の法を乱る。二つには声聞は自利にして大慈悲を障ふ。三つには無顧の悪人、他の勝徳を破す。四つには顛倒の善果よく梵行を壊す。五つにはただこれ自力にして他力の持つなし。」（同一五四頁）と言い、さらに、「易行道とは、いはく、ただ信仏の因縁をもつて浄土に生ぜんと願ず。仏願力に乗じてすなはちかの清浄の土に往生を得しむ。仏力住持してすなはち大乗正定の聚に入る。正定はすなはち阿毘跋致なり。たとへば水路に船に乗じてすなはち楽しきがごとし。」（同一五五頁）と言っている。この「船に乗じて」という喩えが、「他力」の喩えとしては一層適切であるように思われる。

しかし、曇鸞は当時の一般に流布している転輪王についての表象をめぐる喩えが、一層適切と考えたのであろう。その背後には、それぞれの時代の世界観というものがあろうと思われる。

現代のわれわれにとって、「他力」という表現が何によって理解されるか、それは十分検討に値する問題である。

親鸞はこう言っている。

しかれば、大悲の願船に乗じて光明の広海に浮びぬれば、至徳の風静かに衆禍の波転ず。すなはち無明の闇を破し、すみやかに無量光明土に到りて大般涅槃を証す、普賢の徳に遵ふなり。知るべしと。（同一八九頁）

こうした表現がはるかに「他力」を表すには適切ではないかと思われる。「大悲の願船に乗る」という表現と、「仏願力に乗じる」という表現には共通のイメージがある。それは、「生死の苦海ほとりなし　ひさしくしづめるわれらをば　弥陀弘誓のふねのみぞ　のせてかならずわたしける」（同五七九頁）という和讃の意味とも、相応じるのではないだろうか。「弥陀弘誓の船」に「乗せる」という表現と、「乗る」という表現の微妙なニュアンスの相違に、他力のはたらきと、衆生の側の宗教経験の意味というものも、表されているのではないだろうか。

次の「信巻」「廻向発願心釈」に、親鸞が門弟たちに書き与えたものの一つの「二河の譬」がある。それを『教行信証』の記載に従って次に記そう。

また一切往生人等にまうさく、いまさらに行者のために一つの譬喩（喩の字、さとす）を説きて、信心を守護して、もつて外邪異見の難を防がん。なにものかこれや。たとへば人ありて、西に向かひて行かんとするに百千の里ならん。忽然として中路に見れば二つの河あり。一つにはこれ火の河、南にあり。二つにはこれ水の河、北にあり。二河おのおの闊さ百歩、おのおの深くして底なし、南北辺なし。まさしく水火の中間に一つの白道あり、闊さ四五寸ばかりなるべし。この道、東の岸より西の岸に至るに、また長さ百歩、その水の波浪交はり過ぎて道を湿す。その火焔（焔、けむりあるなり、炎、けむりなきほのほなり）また来りて道を焼く。水火あひ交はりて、つねにして休息することなけん。この人すでに空曠のはるかなる処に至るに、さらに人物なし。多く群賊・悪獣ありて、この人の単独なるを見て、競ひ来りてこの人を殺さんとす。死を怖れてただちに走りて西に向かふに、忽然としてこの大河を見て、すなはちみづから念言すらく、〈この河、南北に辺畔を見ず、中間に一つの白道を見る、きはめてこれ狭少なり。二つの岸あひ去ること近しといへども、なにによりてか行くべき。今日さだめて死せんこと疑はず。まさしく到り回らんと欲へば、群賊・悪獣、漸々に来り逼む。まさしく南北に避り走らんとすれば、悪獣・毒虫、競ひ来りてわれに向かふ。まさしく西に向かひて道を尋ねて去かんとすれば、またおそらくはこの水火の二河に堕せんことを〉と。時に当りて惶怖することまたいふべからず。すなはちみづから思念すらく、〈われいま回らばまた死せん、住まらばまた死せん、去かばまた死せん。一種として死を勉れざれば、われ寧くこの道を尋ねて前に向かひて去かん。すでにこの道あり、かならず可度すべし〉と。この念をなす時、東の岸にたちまちに人の勧むる声を聞く、〈きみただ決定してこの道を尋ねて行け、かならず死の難なけん。もし住まらばすなはち死せん〉と。また西の岸の上に、人ありて喚ばひていはく、〈なんぢ一心に正念にしてただちに来れ、われよくなんぢを護らん。すべて水火の難に堕せんことを畏れざれ〉と。この人、すでにここに遣はし、かしこに喚ばふを聞きて、すなはちみづからまさしく身心に当りて、決定して道を尋ねてただちに進んで、疑怯退心を生ぜずして、あるいは行くこと一分二分するに、東の岸の群賊等喚ばひていはく、〈きみ回り来れ、この道嶮悪なり、過ぐることを得じ。かならず死せんこと疑はず。われらすべて悪心あつてあひ向かふことなし〉と。この人、喚ばふ声を聞くといへども、また回顧みず、一心にただちに進んで道を念じて行けば、須臾にすなはち西の岸に到りて、永くもろもろの難を離る。善友あひ見て慶楽すること已むことなからんがごとし。これはこれ、喩（喩の字、をしへなり）へなり。

次に喩へを合せば、〈東の岸〉といふは、すなはちこの娑婆の火宅に喩ふ。〈西の岸〉といふは、すなはち極楽宝国に喩ふ。〈群賊・悪獣詐り親しむ〉といふは、すなはち衆生の六根・六識・六塵・五陰・四大に喩ふ。〈無人空迥の沢〉といふは、すなはちつねに悪友に随ひて真の善知識に値はざるに喩ふ。〈水火の二河〉といふは、すなはち衆生の貪愛は水のごとし、瞋憎は火のごとしと喩ふ。〈中間の白道四五寸〉といふは、すなはち衆生の貪瞋煩悩のなかに、よく清浄願往生の心を生ぜしむるに喩ふ。いまし貪瞋強きによるがゆゑに、すなはち水火のごとしと喩ふ。善心、微なるがゆゑに、白道のごとしと喩ふ。また〈水波つねに道を湿す〉とは、すなはち愛心つねに起りてよく善心を染汚するに喩ふ。また〈火焔つねに道を焼く〉とは、すなはち瞋嫌の心よく功徳の法財を焼くに喩ふ。〈人、道の上を行いて、ただちに西に向かふ〉といふは、すなはちもろもろの行業を回してただちに西方に向かふに喩ふ。〈東の岸に人の声の勧め遣はすを聞きて、道を尋ねてただちに西に進む〉といふは、すなはち釈迦すでに滅したまひて、後の人見たてまつらず、なほ教法ありて尋ぬべきに喩ふ、すなはちこれを声のごとしと喩ふるなり。〈あるいは行くこと一分二分するに群賊等喚び回す〉といふは、すなはち別解・別行・悪見の人等、みだりに見解をもつてたがひにあひ惑乱し、およびみづから罪を造りて退失すと説くに喩ふるなり。〈西の岸の上に人ありて喚ばふ〉といふは、すなはち弥陀の願意に喩ふ。〈須臾に西の岸に到りて善友あひ見て喜ぶ〉といふは、すなはち衆生久しく生死に沈みて、曠劫より輪廻し、迷倒してみづから纏ひて、解脱するに由なし。仰いで釈迦発遣して、指へて西方に向かへたまふことを蒙り、また弥陀の悲心招喚したまふによつて、いま二尊の意に信順して、水火の二河を顧みず、念々に遺るることなく、かの願力の道に乗じて、捨命以後かの国に生ずることを得て、仏とあひ見て慶喜すること、なんぞ極まらんと喩ふるなり。（同二二三頁）

これは善導の『観経疏』「散善義」「上品上生釈」の「回向発願心釈」に出るもので、親鸞はこれを書写して『唯信鈔』などとともに、東国の門弟たちに与えた（たとえば『御消息』三十三に記されている。（同七九六頁））とされる。親鸞は、この譬喩を念仏者に適切なものとして、自らの門弟たちに与えるべきものと考えたのであろう。この譬喩の眼目はどこにあるのか。武内先生はこのように言われる。

聖人の仰せに従って決定心とはどういうものであるかということに思いを深めるとすると、ほかの表現で言いあらわせば、それは絶対矛盾のただ中、二河白道の中で、ほんとうの道を選ぶということである。去《ゆ》くも死す、回《かえ》るも死す、住《とどま》るも死すというところで、すなわち人生の行きづまり、全くの矛盾の中で白道を見出してゆく、そしてそれを歩み出し、歩み続けてゆくということである。そしてその歩み出したときに群賊悪獣が「仁者回来《キミカエリキタレ》」とうしろから喚び返すが――これも宗教的に非常に重要なことであると思われる。普通の考え方では、私たちが何か宗教的な決断に到着しようとしているときに、それから心をそらしてしまうような、もう一度堕落した世俗的な安易な道に引き戻してしまうようなものが誘惑と考えられるのであるが、善導大師の二河白道の譬えでは、白道に歩み出た者に、その人が二、三歩行ったときに、「仁者回り来れ」と群賊悪獣がうしろから喚び返すとせられている。それがほんとうの意味の誘惑ということで、そういうことの恐ろしさを知らない人は、やはり決断ということをも知らない人だ、と考えられる。ほんとうの意味で誘惑というものに会うということが、信仰のぎりぎりのところで、しかも一歩踏み出したときに、かえって逆にその反動として現われてくることが示されている。そういう悪魔的な誘惑の声というものが宗教には必ずあるものだと思われる。

それを踏み越えていく二河白道の譬えというものを、親鸞聖人は廻向発願心の問題としてとらえていられる。廻向発願心というものを、三心で言うと、欲生心というものと見定め、二河白道の譬えで譬えるというのは非常に独特な考え方だと思う。そういう誘惑の声を聞いてももはやたじろがない、そういう不退転な宗教的な決定心・相続心というものこそ廻向発願心なのであろう。（『武内義範著作集』第一巻一三三四頁）

ふつうは、この譬えの眼目は、東岸上の人が「きみただ決定してこの道を尋ねて行け、かならず死の難なけん。もし住まらばすなはち死せん」と勧め、西岸上の人が「なんぢ一心に正念にして直ちに来たれ、われよくなんぢを護らん。すべて水火の難に堕せんことを畏れざれ」と喚ぶ声を聞いて、行者が疑怯退心を生ぜず、一心に直ちに進んで道を念じて行けば、須臾に西岸に到るというところにあり、それが「回らばまた死せん、住まらばまた死せん、去かばまた死せん」という三定死に陥った人間の宗教的決意と、仏の喚遣の声を顕わすものとして尊重された。いわば、仏の声に信順するという教えの機微を表すものとして、重要視されたのである。そういう理解の基礎になるのは、『愚禿鈔』の「二河譬釈」である。そこには、

「白道四五寸」といふは、「白道」とは、白の言は黒に対す、道の言は路に対す、白とは、すなはちこれ六度万行、定散なり。これすなはち自力小善の路なり。黒とは、すなはちこれ六趣・四生・二十五有・十二類生の黒悪道なり。「四五寸」とは、四の言は四大、毒蛇に喩ふるなり。五の言は五陰、悪獣に喩ふるなり。「能生清浄願往生心」といふは、無上の信心、金剛の真心を発起するなり、これは如来回向の信楽なり。「あるいは行くこと一分二分す」といふ

は、

年歳時節に喩ふるなり。(中略)「西の岸の上に、人ありて喚ばうていはく」といふは、阿弥陀如来の誓願なり。「汝」の言は行者なり、これすなはち必定の菩薩と名づく。(中略)「一心」の言は、真実の信心なり。「正念」の言は、選択摂取の本願なり。また第一希有の行なり、金剛不壊の心なり。「直」の言は、回に対し迂に対するなり。また「直」の言は、方便仮門を捨てて如来大願の他力に帰するなり、諸仏出世の直説を顕さしめんと欲してなり。「来」の言は、去に対し往に対するなり。また報土に還来せしめんと欲してなり。「我」の言は、尽十方無礙光如来なり、不可思議光仏なり。「能」の言は、不堪に対するなり、疑心の人なり。「護」の言は、阿弥陀仏果成の正意を顕すなり、また摂取不捨を形すの貌なり、すなはちこれ現生護念なり。「念道」の言は、他力白道を念ぜよとなり。「慶楽」とは、「慶」の言は印可の言なり、獲得の言なり。「楽」の言は悦喜の言なり、歓喜踊躍なり。「仰いで釈迦発遣して、指へて西方に向かへたまふことを蒙る」といふは、順なり。「また弥陀の悲心招喚したまふによる」といふは、信なり。「いま二尊の意に信順して、水火二河を顧みず、念々に遣るることなく、かの願力の道に乗ず」といへり。(『浄土真宗聖典』(註釈版)五三七頁)

と記されている。親鸞は、自らの理解に即してこの喩えを解釈し、如来回向の真実・信心を示そうとしている。おそらく善導は、行者の願心を促進するものとしてこの喩えを記したのであろうが、親鸞はむしろこの喩えにおいて、本願のはたらきを見ようとしているのである。それが「他力」ということであったのである。そのことをさらに、

ひそかに『観経』の三心往生を案ずれば、これすなはち諸機自力各別の三心なり。『大経』の三信に帰せしめんがためなり、諸機を勧誘して三信に通入せしめんと欲ふなり。三信とは、これすなはち金剛の真心、不可思議の信心海なり。（同五四一頁）

と『愚禿鈔』には記している。

武内先生は、親鸞が晩年、二河白道の喩えをめぐってその理解を深めたことを、次のように記されている。


親鸞の場合、煩悩といっても、ただ観念的な煩悩でなくて、「愛欲の広海に沈没する」とか、「名利の大山に迷惑する」というような、そういう言葉で自分自身を責めなければならないような、非常に具体的な意味の――他人もそこね、自分も傷つく――煩悩の世界というものを自分で知りながら、その煩悩の世界の中で信仰を喜んだということが注意されねばなりません。

そこに親鸞の信仰というのは、いっさいの庶民に通ずる具体性を得てきたのですが、その具体性を得たということの裏側では、親鸞は自分の弟子に背かれ、自分の息子を義絶するという

ような、そういう苦しい体験を数々積まなくてはならなかったと思います。

その一つとして、晩年の消息の中で、親鸞はたじろいではいけない、惑わされてはいけないということをしばしば口にします。『正像末和讃』とか、さっき申しましたような『愚禿鈔』という本の中で、親鸞はもう一度二河白道の譬えを反省し直しています。

そこではさきの「行くこと一分二分するに」、そのときに群賊悪獣が呼び返すというのは、五、六歩というのは、時節を経てという意味だと、そういうふうに言っています。念仏に精進して時節を経ているうちに、念仏が持続しているうちに、群賊悪獣というものがやってきて（具体的には社会的な機縁に触発されて）、念仏を持続しようとする心を誘惑するということが起こる。親鸞はその頃の手紙から晩年の手紙になりますと、たじろがない、すかされない、だまされないという、そういうことを絶えず強調します。そして二河白道の譬えでも、最後の段階になると、四、五寸というのは、人間の心のうちの四大の毒蛇とか五蘊の毒獣とかいう、いっそう暗いイメージで世界とか人間とかを考えているように見えます。そして二河白道という言葉で言ったものも、四、五寸というのは小路であって、単にこちらから見たときに、この四、五寸の道が見えたというのでは、それはまだ小路、白路だというふうに言っています。白路というのは「六度万行定散なり、これすなわち自力小善の路なり」として白道の意味を新しく考え直しているようです。念仏の大道というのは、歩んでこれが真っ直ぐに行けたときに、念仏の、本願の、白道なのであって、これが本願の白道であるか、それとも四、五寸の小路であるかは、誘惑にあってたじろぐか、たじろがないかというところで決まるというふうに考えているようであります。（中略）親鸞にとって二河白道の譬えというのは、晩年になるとかえって暗い、しかもそれだから逆にいっそう深い意味を示すような信仰体験を、暗夜に輝く銀河の荘厳さを、もってくるものとなったのではないかと思います。（『武内義範著作集』第五巻―三一四頁）

要するに、親鸞は「他力」ということを「如来の加威力」と理解したのであり、その力が加わることなしには、真実信心が私たちに発起することはないと受け止めたのである。それを曇鸞の「他力釈」や、善導の「二河白道の譬喩」によって、明らかにしようとしたのではないだろうか。

武内先生が若い時に書かれたものに、「真宗教化の問題」という文章がある。そこにはこういうことが記されている。

さてその頃、私は東京の求道学舎で友人Ｉ君の紹介によって、近角常観先生の御教示をあおぐことができた。それは先生の晩年のことで、そのとき受けた感銘を私は終生忘れないであろう。先生の御声は今もなお耳朶にひびき、先生の御教えの深さは、汲み尽くしえぬ真理として、現に私の胸に泉のごとくに湧き出ている。（中略）赤熱せる先生の信楽の炬火は、不良導体の私の心までも、同じ高熱に燃え上がらせたごとくにも見えた。そのような感激の中に、私は和三郎老人に、近角先生が教えて下さったことを詳しく語った。私が最後に近角先生にお別れするとき、先生が「他力ですよ、他力ということを忘れてはなりません」と言われたことをこの老人に語ったとき、彼は深い感慨をこめて「そうですか、御他力ですぞ、御他力ということを忘れてはならぬと申されましたか」と言った。それから四、五日後、土砂降りの雨の日の午後、彼は小さな孫娘に手をひかれて私の所へたずねて来た。手をとって室に招じ入れると、彼はいきなり「私は長い間、聞かせていただきながら御他力ということを忘れていました。もったいないことでございます。申訳ないことでございます」とふるえる両手をついて懺悔した。とざされた両眼からは涙がぽたぽたと畳に落ちた。私は今私の目の前に起こっていることが何であるかを知った。（中略）この老人の三十年の努力がついに最後の嶺をもふみこえしめたのであった。それにしても、易行道の真宗の道が、いかにやさしくてけわしいことであるか。私は深い感激と、顧みて浅薄なる自己の姿に、慚愧の面が上げられなかった。和三郎老人が、皆の人々を随喜せしめた大往生を遂げたのは、その後間もなくのことであった。」（『武内義範著作集』第一巻―二五三頁）（引用者註、「和三郎老人」というのは、若い頃の武内先生が年齢を越えて親しくされていた檀家の盲目の老人のことである）

ここには、「他力」ということがどういうことであるかが、実に見事に語られている。それは決して「他者のささえ」というようなものではない。自分が他からの支えによって生きているというようなことに気付くということではない。まさに「他力」は「本願力」なのである。自分のとらわれをすてたとき、はじめて自己にあらわになる本願のはたらきなのである。それが親鸞のいう「他力」ということであった。

第四章　宗教的信

——「信巻」の根本問題——

それおもんみれば、信楽を獲得することは、如来選択の願心より発起す。真心を開闡することは、大聖（釈尊）矜哀の善巧より顕彰せり。

しかるに末代の道俗、近世の宗師、自性唯心に沈みて浄土の真証を貶す、定散の自心に迷ひて金剛の真信に昏し。

ここに愚禿釈の親鸞、諸仏如来の真説に信順して、論家・釈家の宗義を披閲す。広く三経の光沢を蒙りて、ことに一心の華文を開く。しばらく疑問を至してつひに明証を出す。まことに仏恩の深重なるを念じて、人倫の哢言を恥ぢず。浄邦を欣ふ徒衆、穢域を厭ふ庶類、取捨を加ふといへども毀謗を生ずることなかれとなり。（『浄土真宗聖典』（註釈版）二〇九頁）

一、宗教的信について

　はじめに「信巻」にのみ付された序文が記されている。これはどういう意味をもつのか。まず、「信楽」と「真心」という概念によって、ここで言う「信」が人間の発起するものではないことが明示される。そして、「自性唯心」と「定散の自心」という概念で、自力の迷執が指摘される。「自性唯心」というのは、自己の本性が直ちに阿弥陀仏であるといい、またこの心を離れて浄土はないというのである。「定散の自心」というのは、自力の三心のことである。親鸞の明らかにしたいのは、「一心の華文」に記された「一心」である。「一心の華文」というのは、世親菩薩の『浄土論』、とくに冒頭「願生偈」の「世尊、我一心に尽十方如来に帰命し、安楽国に生ぜんと願ず」という文であるとされる。この「一心」が「信心」にほかならない、と親鸞は言う。

「信心」が如来回向の信心であるということは、ふつうでは理解しにくいことである。「信」ということが、どうして他より与えられたものとしてあるのか。「信」とは、あくまで自分の心に生まれてくるものではないのか。「信」を如来回向というためには、その信が他者から与えられたという親鸞自身の宗教経験がなければならない。親鸞は、自らの心の中に、自らの発起したものではない、全く他者的な「信」の発起を経験したのである。だからこそ、「如来の加威力」と言うのである。そのことが、次の「信巻」冒頭の句に示されている。

つつしんで往相の回向を案ずるに、大信あり。大信心はすなはちこれ長生不死の神方、欣浄厭穢の妙術、選択回向の直心、利他深広の信楽、金剛不壊の真心、易往無人の浄信、心光摂護の一心、希有最勝の大信、世間難信の捷径、証大涅槃の真因、極促円融の白道、真如一実の信海なり。この心すなはち念仏往生の願（第十八願）より出でたり。この大願を選択本願と名づく、また本願三心の願と名づく、また至心信楽の願と名づく、また往相信心の願と名づくべきなり。しかるに常没の凡愚、流転の群生、無上妙果の成じがたきにあらず、真実の信楽まことに獲ること難し。なにをもつてのゆゑに、いまし如来の加威力によるがゆゑなり、博く大悲広慧の力によるがゆゑなり。たまたま浄信を獲ば、この心顚倒せず、この心虚偽ならず。ここをもつて極悪深重の衆生、大慶喜心を得、もろもろの聖尊の重愛を獲るなり。（同二一一頁）

まことに知んぬ、至心・信楽・欲生、その言異なりといへども、その意これ一つなり。なにをもつてのゆゑに、三心すでに疑蓋雑はることなし、ゆゑに真実の一心なり。これを金剛の真心と名づく、これを真実の信心と名づく。真実の信心はかならず名号を具す。名号はかならずしも願力の信心を具せざるなり。このゆゑに論主（天親）、建めに「我一心」（浄土論）とのたまへり。また「如彼名義欲如実修行相応故」（同）とのたまへり。（同二四五頁）

二、「大信」について

経典には三心・十念が記されている。三心とは至心・信楽・欲生の三心である。しかし、親鸞はその三心が、結局は真実の一心すなわち信心であるという。それを弁証するのが、「信巻」の「三心釈」である。

親鸞の「信」について、鈴木大拙先生はこう言われる。

真宗教学の枢軸は信を環つて回転すると云つてよい。信が獲らるればその他はすべて自ら随ひくる。証も往生も信の必然性として発展する。信が中心である限り、実際の問題としては、その余は閑却してもよいのである。

『教行信証』巻六（化身土巻）に曰はく、

「今三経を按ずるに皆金剛の真心を以て、最要と為せり。真心とは即ち是れ大信心なり。大信心は希有・最勝・真妙・清浄なり。何を以ての故に、大信心海は甚だ以て入り難し、仏力より発起するが故に。云云。」

浄土三部経典の説くところは信を出ない、而してこの信は弥陀の本願によりて廻向せられたもの、即ちこの引文では、仏力より発起したものである。『教行信証』は到る処で斯意を宣説する。それは、この書はこのために著作せられたものだからである。「信巻」の始めにも、「斯(大信)心は即ち是れ念仏往生之願より出でたり」と云つてある。念仏往生の願とは、真宗の由りて立つところの第十八願である。真宗の信は、「自性唯心に沈み」、「定散の自心に迷ふ」、「近世の宗師」の知らざるところと云ふのは、信は実に他力廻向だからである。ところが、この廻向の対象となるべき吾等凡夫は、どんな性格をもつてゐるかと云ふに、「常没の凡愚、流轉の群生」である。常没と云ふのは、三毒五欲の所有者である吾等はいつも生死の海に沈入してゐて、出離の期がない、而して三界六道に輪廻ばかりしてゐるとの義である。それで、こんなものにどうして弥陀からの廻向があり得るかといふのが問題となる。また吾等の方から云へば、希有最勝真妙清浄と形容されるべき大信心を、吾等はどうして受け容れられるかといふのが問題となる。「真実の信楽実に獲ること難し」でなくてはならぬと思はれる。吾等は極重悪人の衆生ではないか。それがどうして、浄信を獲て、その心転倒せず、虚偽ならず、大慶喜心を得て、諸聖尊の重愛を獲ることができるか。これが問題である。(『鈴木大拙全集』第六巻—二二〇頁)

どうして極悪の衆生が信を得られるのか。それについて、鈴木先生はこう言われる。

弥陀は無量寿・無量光の存在である。不可思議光如来である。吾等は、暗愚の凡夫、貪瞋痴の結晶、地獄必定の身柄である。両者の間には一大塹壕が大口をあけている。吾等の方からは、その智と行とを以てしては、どうにも越えられぬのである。自力には限界がある、限度がある、これが自力そのものの性格で、何とも致し方ない。そんなら他力の方から橋渡しが可能であらうか。どうもそれより外考へやうがないのであるが、他力がどうして自力の中へはひり込み能ふか。本来清浄だけのものが、穢れそのものとしか考へられぬ存在の中へ浸み込むことができるか。「雑染堪忍の群萌」でしかない吾等であるから、如何に大悲往還廻向の本願力の所有者でも、その上へ交渉の糸口をつけ得られるであらうか、吾等の智だけではその方法を考へ出す力がないのである。人間の論理は他力廻向を解くだけの力がない。（中略）廻向の論理は普通一般の形式論理では充分に説明し能はぬので、従来の教学者は「不可思議」といふことで、これを片付けておいた。併し「不可思議」は、非合理とか、反知性とか、また平生吾等の云ふ「無理」ではないのである。「不可思議」は自然である。阿修羅の琴は、之を鼓するものがないけれど、音曲自然にそれから出て来るやうなもので、人間の方で彼是手を加へないでも、自ら花の咲く如く、水の流れる如くに、廻向は弥陀の本願力から涌き出るのである。（同一二一頁）

こうした「信」に生きるということは、容易にみえて、決して容易ではない。それが容易でないのは、その信が「自己を捨てる」ということから生まれるからである。「信」ということが、きびしい意味では、どういうことか、またそれがいかに困難なものであるかについて、西谷啓治先生はエッセー集『風のこころ』の中の「信仰といふこと」という文でこう言われる。ここでは、宗教全般を見渡して、西谷先生は、「信仰」という表現をしておられるが、内容は、さしあたっては、親鸞の言う「信」ということである。

信仰といふものには、いつでも、自分を捨てるといふことがなければならない。絶対他力の宗門においてはもとより、自力的といはれる宗門でもさういふところがあると思ふ。ところで、自己を捨てるといふことは、神とか仏とかに自分のすべてをうちまかせて、神の生命或いは仏のいのちに生かされるといふことである。そのことは絶対他力の宗門においてはもちろんのこと、自力的といはれる宗門でもさういふところが含まれてゐる。ここではさういふ自力と他力の問題は暫くおいて、一般に信仰といふ問題を、自分を捨てることといふ角度から取り上げてみたい。信仰の難しさといふことが、自分を捨てることの難しさを意味するとも言へるからである。（『西谷啓治著作集』第二十巻―四三頁）

そういう「自分を捨てるということを最もきびしく徹底して行った人」として、西谷先生はアシジの聖フランシスをあげられる。そしてこう言われる。

一般に人間は、さういふふうに自分を捨てて神に仕へる生活、仏に仕へる生活に入つたといふ場合でも、そして自分でもさう思ひ、他の人々にもさう思はれる場合でも、なかなか本当には自分といふものが捨て切れない。神とか仏とかに仕へるといふこととは正反対な、我意我欲がたえず頭をもたげてくる。だから東洋でも西洋でも、聖者といはれる人々の多くは、信仰の生活に入った後でも、禁欲的苦行をして我意我欲と闘ふことに専心したのである。併しさういふ表面に現はれてくる我意我欲のみならず、もつと隠れた所になほ問題が残されてゐる。つまり、自分を捨てて神に仕へ仏に仕へるといふ生活のうちに、何か自分が他の人々の達し得ない高い所に達したといふ意識、他よりも勝れたものになつたといふ誇りの気持ちが現はれてくるといふことである。俗にいふ「しよつてゐる」といふことである。何をしよつてゐるかといへば、この場合は神とか仏とかをしよつてゐるといふ事で、結局は自分自身をしよつているといふ事、自分を捨てて居ないといふ事である。自分を捨てて神に仕へるといふその事が、再び自分が自分に仕へるといふ意味へ戻つて来るといふことである。自分を神とか仏とかに献げるといふことが、知らず知らずいつの間にか神や仏を自分自身に献げ、神や仏を私してゐるといふ形になる。神や仏を笠に着るといふ形になる。そして信仰をもたない者や異教徒の者を見下すやうになる。浄土門でいはれる「本願ぼこり」である。仏の本願に背負はれているはずなのが、いつの間にか本願をしよつてゐる事になる。仏の摂取にあづかつたといふ気持ちが、一種の選民意識的な誇りになる。（中略）信仰といふことのうちに、自分と他とを比較する意識があり、いはゆる「勝他」の気持ちがある限り、神とか仏とかを私してゐるやうな心状、誇り高ぶる高慢の心が必然的に現はれてくると思はれる。一体、信仰のない状態、或いは信仰以前の状態といふのは、本来は神とか仏とかへ帰るべきはずの人間が、そこへ帰らずに自分自身のもとに留まつてゐるといふ状態である。自分の我を張つてゐる状態である。これは神とか仏とかに対する関係からいふと、やはり高慢の心である。たとへその人が他の人間達に対する関係ではどうであらうと、つまり傲慢であらうと謙遜であらうと、悪人であらうと善人であらうと、信仰といふ場に立たぬ限り、神とか仏とかに対する関係から見れば平等に深い高慢のうちにある。自分を捨てないで「我」の上に立つてゐる。ところが、先に言つた「禅天魔」とか「本願ぼこり」とか「神ぼこり」(さういふ言葉はないが、かりにさういふ言葉を使ふと)は、信仰といはれるもののうちに信仰以前の心、信仰とは反対の心が出て来ることである。自分を捨てたといふ立場が一層深い「我」の立場になるといふことである。さうなりやすいところに、信仰の難しさがあり、信仰といふものが、きびしさの上にもきびしさを要求するところがあると思はれる。信仰の生活といはれるものの根底から、信仰とはおよそ反対のもの、反信仰的なもの、即ち我欲とか、権力欲、名誉欲、利欲とかいふやうなものが、信仰の衣を着て出て来る。宗教といふものの実際の歴史は、ほとんど大半さういふ現象で埋められてゐる。宗教を批判する人々は屢々、宗教といふものは、一般人の心を支配し彼等を左右しようとする僧侶達の権力欲から生じたものだとか、人々から財物を奪ひ取るための手段として僧侶達が考へ出したものだとか言つて来た。さういふ議論は宗教といふものの本質を見誤つた議論であるが、併しさう言はれても仕方がないやうな状態にまで宗教が堕落したことも、始終ある。さういふ堕落の源は、今言つたやうな信仰といふものの難しさ、自分を捨てるといふ道のきびしさが忘れられて来ることにあると思ふ。それ故、信仰といふことの内部に潜むさういふ逆転の危険に対しては、宗教は恒に用心深く警めて来た。キリスト教は謙遜の心を強調してゐる。「心の貧しき者は幸ひなり、天国はその人のものなればなり」などとも言はれる。特に、自分が罪人であるといふ自覚、また隣人を愛すべしといふ教へは、キリスト教の教への中心である。仏教で自他不二といはれるのも、自分と他とを較べない心、自分と他とをわけへだてしない心、いはゆる無我とか無我愛とかいふことであらう。浄土門では、自分が極悪人だと自覚すること、或いはむしろ自覚せしめられることが、信の根本的な一契機になつてゐる。それらの事はいづれも信仰による高ぶりの危険を破り、信仰を正しい信仰に導く道を意味してゐる。（同四八頁）

このように「信」ということのむずかしさを論じられた後、先生は次のような具体的な例をあげられる。

聖フランシスなどはさういふ危険を最も深く、敏感に感じた人ではなかつたかと思ふ。フランシスが信仰の生活に踏み入つてから、彼のまはりに急速に同志の人々が集まり、やがて大きなフランシス教団といふものに発展したのであるが、彼等は自らを「小さき兄弟達」と呼んだ。

そしてその教団は「小さき兄弟達の教団」と呼ばれるやうになつた。この「小さき」といふことは、「より小さきもの」、つまり「誰よりも小さきもの」、「あらゆるものの下にある者」といふ意味で、そこにフランシスの精神がよく現はれてゐる。彼の事跡を記した『聖フランシスの小さき花』といふ本のなかに、さういふ精神を現はしてゐる一つの有名な逸話がある。──或る冬の日、彼は兄弟レオといふ弟子と一緒に、ペルジアの町からサンタ・マリア・デリ・アンジェリのお寺へ行つた。ひどい寒さなので慄へながら歩いてゐた。その時フランシスは、少し先を歩いてゐたレオに呼びかけた。「兄弟レオよ、小さき兄弟達が全世界に聖者の道の偉大な模範を示すやうになつたらいいがと私は思ふ。が併し、完全な歓びといふものはさういふところにはない。そのことをよく憶えておきなさい」。それから少し歩いた後、また呼びかけて言つた。「兄弟レオよ、小さき兄弟達が盲人の眼を見えるやうにし、病人を治し、悪鬼を追ひ出し、聾の人を治し、足萎えの人を歩かせ、それどころか四日間も死んでゐた人を蘇らせたとしても(ここに挙げられた事柄は、イエスが行つた奇跡として聖書に出てくるものである)、完全な歓びはそこにはないといふことをよく憶えておきなさい」。また少し行つた所で彼は叫んだ。「兄弟レオよ、たとへ小さき兄弟があらゆる国の言語、あらゆる学問、あらゆる書物を知り、また予言の力をもち、未来の事はもちろん、人間の意識や魂のいろいろな秘密さへも明かす力をもつたとしても、さういふ事では完全な歓びにはならぬといふことをよく憶えておきなさい」。また少し行つて、「神の小さき羊たる兄弟レオよ、たとへ小さき兄弟が天使の言葉を話すことが出来、星の運行や植物の性能を知り、鳥や獣、あらゆる動物、人間、木、石、水、の性能を悉く知つたとしても、そこに完全な歓びはないといふことをよく憶えておきなさい」。また少し行つた所でフランシスは力をこめて言つた。「兄弟レオよ、たとへ小さき兄弟が非常によく説教することが出来て、不信仰の者を悉くキリストの信仰に回心させたとしても、完全な歓びはそこにはないといふことをよく憶えておきなさい」。兄弟レオはたうたう驚いて彼に言つた。「父よ、では完全な歓びはどこにあるのですか、教へてください」。そこでフランシスは答へた。「我々が雨にずぶ濡れになり、寒さに凍え、泥にまみれ、餓ゑ死にしさうになつてサンタ・マリア・デリ・アンジェリに着いて、扉をたたく。すると門番が怒つて出てきて言ふ。『お前らは誰だ』。我々は答へる。『あなたの兄弟たちの二人です』。『嘘をつけ。お前らは世間をだまして歩いて、貧乏な人々の施物を盗む極道者だ。あつちへ行け』。彼は扉をあけてくれない。我々を、雪と雨のなかで、震へ、凍え、餓ゑたまま、夜まで外に立たせておく。さういふ場合、もし我々が、そんなに虐待され追い払はれながら、不平も言はずにじつとすべてを忍ぶならば、また、もし我々が、この門番は我々が真実どんなに極道な人間かといふことを知つてゐるんだ、神が彼をして我々のことを我々自身にむきつけに語らしめ給ふのだ、と、謙遜と愛とをもつて考へるならば、そこにこそ完全な歓びがあるのだ」。ここでフランシスは、人間に誇りと歓びを与へるすべての貴いもの、聖者の道、奇跡を行ふ力、いろいろな智慧、いろいろな科学、さらには宗教的な教化活動すらを含めて、そこに完全な歓びはないといふこと、そして完全な歓びは、自分が世間をだまして施物を盗む極道者だといふ自覚、それゆゑあらゆる苦痛や恥辱や虐待を神からの賜物として、喜んで受取るといふ忍耐、謙遜、愛にあるといふことを語つてゐるのである。……とにかく、さういふところまで徹底して初めて、本当に自分を捨てて神に仕へるといふことになり得るのかと思はれる。併し最後に、さういふ謙遜の心、「誰よりも下にある者」となる心も、それが信仰的反省のきびしさを欠く場合には、また高ぶりに変わるといふことも可能である。つまり、仏や神を笠に着た「本願ぼこり」、「神ぼこり」とは逆に、自分は極悪人である、罪人である、といふことを「しよつてゐる」やうな、いはば「悪人ぼこり」、「罪人ぼこり」の心状である。自分といふものを捨てたことが一層深く自分をしよつてゐることになるといふことの、もう一つの形態である。ただこの場合には、自分をおとしめる自虐的な仕方を通して現はれる高ぶりである。卑下慢といふ形での「我」の現はれとも言へる。「我」は「法の深信」といはれるものの衣を着ても現はれ得るし、「機の深信」といはれるものの衣を着ても現はれ得る。（中略）信仰といふことは、最後には、「自然」に帰り、「自然」のままになり果てることともいへる。単純である信仰のきびしさは、結局単純へ帰ることのきびしさではないか。易行である信仰の難しさは、「自然」の安らかさに帰ることの難しさ、もともとの「ありのまま」に帰ることの難しさであらう。それは「この身このままで」救はれると信ずることの難しさでもあり、或いはまた、「爾、但だ現今用ゐる底を信ぜよ」といはれる時の「自信」の難しさでもある。（同五二頁）

　ここに言われていることは、浄土真宗で「信」と言われてきたことの最も中心的なことである。「如来回向の信」と言われても、それが現実に個人の内に生きる「信」となるとき、やはりここで言われるようなきびしい意味をもつものとなる。たとえ「如来回向の信」といわれても、それは、個人を素通りする「信」ではない。そのことは、浄土真宗の伝統の中では、「二種深信」という表現で表わそうとされてきた。「二種深信」というのは、先にも述べたように、「機の深信」と「法の深信」の二種に深信の内容が分かれる、しかもその二つのことが、同時に成立すると言われる。これはどういうことなのか。親鸞の言う「信心」ということの根本に関わることであるのに、従来は「捨機托法」とか「捨自帰他」とか言われるだけで、その具体的内容は説明されなかった。西谷先生の紹介されているフランシスについてのエピソードは、「二種深信」の「機の深信」を言うものであり、先生はそれと結びついたものとして「機の深信」についても明らかにされている。そして、その「機の深信」と「法の深信」をめぐって言われる増上慢と卑下慢のいずれをも退けるのが浄土真宗の「信心」というものであることを、先生の「信仰といふこと」というエッセーは語っている。親鸞はそういう意味の「信心」を、私たちが起こし得るものではないという意味で、「如来回向の信心」と言ったのではないだろうか。しかも、そういう「信」が「一念」において成立するという。それはどういうことなのか。

三、「信一念」について

こういう意味での「信」というものが「一念」というのはどういう意味なのか。それについて、武内先生は「一心」という概念をめぐって、こう言われている。

私は宗教哲学を研究している者として、一心ということの問題を、その重要性を、現代哲学の視角から考えてみたい、と思う。そこではつまり一心ということは、実存的な意味での「今」ということ、本当の「今」ということとなる。宗教哲学では「永遠の今」ということをよく言うが、これはほんとうの意味で決定心（宗教的決断）というものの成立する「今」である。親鸞聖人の言葉で言うと「信楽開発の時剋の極促」ということである。全く瞬間的な決断の今である。瞬間的に「前念命終　後念即生」という生まれ変わりが起こる。しかし、その生まれ変わりというものが、同時に『浄土文類聚鈔』の言葉で言えば「時節の延促」になる。それがそのまま相続心になる。瞬間ということと相続ということは、ほんとうの意味では一つでなければならない。一つ一つの瞬間がほんとうに生きた新しいものになったときに、その一つ一つの瞬間がほんとうにつながって相続というものになる。その相続というものが起こったような決断の状態が決定心であると言ってよいと思う。（『武内義範著作集』第一巻―三三三頁）

「信の一念」とは、『教行信証』の「信巻」に記された親鸞の宗教経験を語る重要な表現である。

それ真実の信楽を案ずるに、信楽に一念あり。一念とはこれ信楽開発の時剋の極促を顕し、広大難思の慶心を彰すなり。（『浄土真宗聖典』（註釈版）二五〇頁）

この言葉は「行巻」の「行一念釈」、「おほよそ往相回向の行信について、行にすなはち一念あり、また信に一念あり。行の一念といふは、いはく、称名の遍数について選択易行の至極を顕開す。」（同一八七頁）につながり、その意味は、先にもあげたが、「信行一念章」と言われる次の親鸞の消息に明らかである。

信の一念・行の一念ふたつなれども、信をはなれたる行もなし、行の一念をはなれたる信の一念もなし。そのゆゑは、行と申すは、本願の名号をひとこゑとなへて往生すと申すことをききて、ひとこゑをもとなへ、もしは十念をもせんは行なり。この御ちかひをききて、疑ふこころのすこしもなきを信の一念と申せば、信と行とふたつときけども、行をひとこゑするときききて疑はねば、行をはなれたる信はなしとききて候ふ。また、信はなれたる行なしとおぼしめすべし。これみな弥陀の御ちかひと申すことをこころうべし。行と信とは御ちかひを申すなり。（同七四九頁）

これらの親鸞自身の文章から「行一念」と「信一念」ということは不離であり、そこに親鸞の独自な宗教経験があるとされることは明確に読み取れる。従来、教学上の問題としてこの行信の関係が多様に論じられてきたのは、この問題が「信心獲得」という浄土教の宗教経験の理解に密接に結びつくからである。これらの一連の文章において、「往相回向」「称名」「本願」「名号」「往生」などの表現は浄土教独自の表現であり、教学上の意味が前提されているので、直ちに一般的な表現として取り扱うことはできない。しかし「行」や「信」という表現は、浄土教独自な意味と同時に一般的な意味をも含んでいる。そこに普遍的な理解や解釈の可能性が生まれてくる。ここでは教学における行信をめぐる議論には立ち入らないで、「行」や「信」ということで問題になっている事柄が、宗教一般の問題としてどういう意味をもつか、またそれが浄土教のキーワードとして、どういう意味をもつかということから考えてみたい。

「信」という概念は、親鸞においてはとくに重要な概念であって、その思想の核心を形成していると言ってよい。しかし同時に「信」と表現される態度は他の宗教にも共通の態度であり、しかもそれはそれぞれの宗教の中心的な位置を占めている。たとえば、キリスト教では、旧約聖書では「信仰」とは、「信頼に値するものとみなすこと」であり、「何か（とくに神の言葉、約束）がかならず成就する、その成就はまだ目に見える形をとってはいないが、神はそれを成就させるべくすでに歴史の中ではたらいている、ということを神の側から告知され、それを受容し肯定し、その成就を願い、さらにはその成就に向けて主体的に参与すること」であり、新約聖書では「信仰」の対象は、「神、神の言葉、イエス・キリスト」であり、「信仰は育ち、全うされ、奇跡的な力を有し、人を救う」とされ、「パウロは一切の自己主張を放棄して自己の全存在を神に委ねたアブラハムを信仰の典型」と見たとされている（『聖書大事典』）。またティリッヒは、「信仰」を「究極的に関わるものによって捉えられた状態（the state of being ultimately concerned）」と定義している。

こうした「信」あるいは「信仰」の態度は、「彼岸からの救済意志、彼方から差しのべられた恩寵の手を信じ、この信仰そのものによってその手から拯ひ上げられ、救済・摂取されるといふことの確信を得る態度」（『西谷啓治著作集』第六巻所収「宗教哲学―序論」）と言い得るであろう。具体的な内容はともかくとして、その基本的態度については、浄土教とキリスト教に共通の面があることは容易に理解できる。そうした共通の面を前提した上で、浄土教、とくに親鸞の「信」の特色を考えようとするならば、そこに「一念」という問題が出てくるのである。

それでは、「信一念」ということが、浄土真宗の教学上ではどのように考えられているかを見てみよう。「信」が「一念」であるということはどういうことか。教学上では「一念」の理解には時剋釈と心相釈があり、心相については「信心に二心なきがゆゑに一念といふ」という親鸞の文によって、「信」の純一なることが示されているとされる。この点についてはとくに問題はない。しかし時剋釈については意見の相違がある。先に引用した『教行信証』の文から見るならば、「一念」とは「信」の開発する「時剋の極促」であるが、その極促ということを延促（のび・ちぢみ）の促とみるか、奢促（はやい・おそい）の促とみるかの違いがあるのである。基本的には、「信の一念」とは本願を信受する信が開発した最初の時を言うのであり、時間的な長短を言うのではないとされるが、それはどういうことなのか。この問題は、「信」の起こる初起の一念が意業か非意業か、またその時は実時か仮時かという問題につながっていて、そこに立場の相違が成立するとされるが、そうしたことがどういう意味をもつのか。そのことを考えてみたい。

教学上の論題としての「信一念義」について述べられたものの中で、実時・仮時について論じているのは、足利義山（『真宗百論題集』上所収）である。そこではまず、「時剋の極促」という時剋とは実時か仮時かという問いを立て、それに対して「若し時剋の極促と云ふに就いて、電光石火よりも、刹那生滅よりも、速疾なりと談ぜば、是れ実時とするの説にして、即ち信一念の時剋の長短を凡慮を以て測量するなるべければ、今の採らざる所なり」と言っている。また、「極促の一念、行者覚知の有無云何」という問いに対して、「若し獲信の年月日時の覚不ならば、其の覚知必ず有すべしと云ひしは、是れ三業惑者の所談なれば、今何ぞ之を取らん、又獲信の当時に於て、今我は信心を獲つつありと思ふが如き、勅命に信順する心相の外に別の思念を起すやの問ならば、今亦之を取らざるなり、（中略）又獲信の後念に於て、我は前念に於て已に信を得たりと知るが如き覚知ありとするやの問いならば、此れ亦有無不定にして、必ずありとも云ひ難きが如し」と言う。しかしそれならば無念無想の無覚知かと言えばそうではなく、「聞信歓喜の一念なるに、何ぞ無覚知なることを得ん、既に名義を聞いて、聞く儘に領解する当体、即ち無疑の信心なり、其領解なるもの、極睡眠の時等に於て作すべからざれば、領解は覚知に非ずとは云ひ難からん」と言い、さらに「初一念に覚知すべき念ありとせば、即ち意業と云うて然るべきや」という問いには、「意の字、『倶舎』には思量の義とし、俗典には心之所発とす、業とは造作の義なれば、何れも無疑無慮無作の他力廻向に適せざれば、此名用ふべからず」と言っている。要するに、義山は信の開発の時を実時とせず、また意業とはしないと言うのである。

また『真宗の安心論題』（桐渓順忍著）ではこのように言われている。「信一念」には「時剋一念」と「心相一念」との二つの解釈があるが、前者について二つの意見の相違がある。すなわち「時剋の極促」の「促」について、それが時間の「延促（のび・ちぢみ）」の「促」か「奢促（はやい・おそい）」の「促」かについて議論があり、その相違によって、初起の一念が意業か非意業か、信一念の時間は実時か仮時かという問題が生じる。しかし信一念は「時間なき時間」であり、「存没増微なき一念」であり、「分別意識のいまだ起こらない状態の宗教経験」であって、「意識なき意識、非意業」である。また実時か仮時かということについては、仏教では「時間には実体はなく、事象によって名づくるものであるから仮時という」が、「その仮時の中に仮時と実時がある」と言い、「やっていた事、おこった事によせて時を示した場合の時間を〈仮時中の仮時〉略して〈仮時〉」と言い、「何月何日などと、日時を示す場合の時間を〈仮時中の実時〉略して〈実時〉」と言うとして、信一念については、それが「あらゆる衆生に同一であり、一定している点で〈仮時中の実時〉」とする主張のあることが紹介されている。

これに対して、神子上恵龍の「信一念の構造」(『真宗大系』思想篇第六巻「信Ⅰ」)では、信一念の解釈について古来より異説があり、それは、①入信時覚知説、②心相覚知説、③心相非意業説の三説となるとしている。①は「信の一念に入信の年月日時を覚知するの心ありと主張する」ものであり、昔から「一念覚知の異義」と称されている。②は「たのむ心相には覚知はあるという」ものであり、先にあげた足利義山の説がそれである。③は「信一念の心相は非意業であって、したがって覚知ではないと主張する」ものであり、利井鮮妙の説としている。このように「信一念」の解釈について三説が区別されるが、詳しく検討するとこれらの説には通じる面もある。しかし「何れにしても信の一念が意業でないと云うことは、明かであり、この点に於ては宗学者の共許する所である」と言っている。

さらに大原性実はとくに「一念覚知の異義」(『真宗教学史研究』第三巻「異義異安心の研究」)を論ずる中で、親鸞の信一念釈をあげてこのように言っている。「これら信一念の諸釈はいずれも時刻に約するものであって、後続(延)に対する初起(促)のことであり、〈涅槃真因唯以信心〉なる往因円満を示すと共に、その往因たる信と即得往生の益(信益)とが同時なることを語られたものである。ゆえに信一念というも獲信の月日時分という実時(伽羅)を指すのではなくて、機受の一念、即ち往因円満の事実を言うのであるから、経に一時仏在という一時の時、即ち仮時(三摩耶)義と同じ意味でなければならぬ」。こうした観点から先に述べた足利義山の説について、「一念の覚知をその信相に見んとした」ものとして問題を含むとしている。しかし他面、「覚知を否定することと、信一念の事実を否定することとは同じでない」として、「信一念の事実たる心相は、『信文類』に示すごとく、無疑無慮ということ」であって、「もしこの一念の心相の事実がなかったならば、恐らくは信前と信後との区別は弁ぜられないであろう」とも言うのである。

こうした教学上の議論から、「信一念」について実時・仮時、意業・非意業ということがどういう意味で言われているかが理解できよう。すなわち、「信楽開発の時剋の極促」といわれるその時剋は、信心の開かれる初発の時を言うのであって、特定の時間を指すものではないということと、またその信の開発ということは、人間の心のはたらきで起こるものではないということを言うのである。

しかしこの場合、実時・仮時というときの仮時とはどういうことなのか。経典に「一時仏在」という場合の「時」が仮時とされるが、それは架空の時という意味なのか。これに対して年月日時を指す時は実時と言われるが、それとはどう違うのか。もし「一時仏在」ということが仏の所在や説法の時を言うなら、それは架空の時ではあるまい。経典ではその時を特定していないというだけで、仏の説法された時と場所があることは当然であろう。仏教では時間を実体的には考えないということ、計測される時間を実時（伽羅）、時点・時機を仮時（三摩耶）と称するということは理解できるが、それと、年月日時を言うのは実時、「あるとき」と言うのは仮時というのとは意味が異なるように思われる。物語などで「昔々あるところに」と言うとき、その「昔のあるとき」は仮の時と言えようが、信心の開発の時が、そういう架空の時であると言うのであろうか。おそらくそうではなくて、何時何分何秒というように計測されるものではないということを言おうとするものであろうが、もしそうなら、年月日時を覚知するかしないかということとは結びつかないのではないか。また意業・非意業というときの非意業とはどういうことなのか。それが自己の意志によって起こるものではないことは言うまでもないが、だからといって無念無想、言い換えれば無意識に起こるということにはならないのではないか。

要するに「信一念」の時剋は仮時でありまた非意業とするのは、信心の獲得を特定の時期に定めて身口意の三業で確定するという三業惑乱の異義に対して論じられたもので、年月日時を論じてはならないという考えが先にあって、そこから説かれたものであろう。「信一念」が信心開発の初際をいうと理解することには問題はないが、そのことが獲信の自覚（記憶ではない）を否定するということには、直ちに結びつかないように思われる。無疑無慮の心相の事実を肯定しながら獲信の自覚（覚知）を否定するということは、理解しがたいと言わざるを得ない。その覚知を信知と言い換えても同じことであろう。覚知を記憶の意味に限定するならば、この場合はむしろ神子上恵龍の引く、「年月を知るも障とせず、知らざるも亦功とせず、覚知もよし、覚えぬもよし」とする利井鮮妙の見解が妥当ではないだろうか。いずれにしても教学上からは、「信一念を非意業の心とする場合、これを現代人に理解せしむるには如何なる説明をなすべきか。又非意業と云う言葉をいかなる現代語に置き換うべきかは、極めて難しい問題である」と神子上恵龍も言う通りである。

こうした教学での議論に対して、次に異なった方向から「信一念」について論じたものを見てみよう。

「信の一念の発起」ということについて、西谷啓治先生の「宗教とは何か」（『西谷啓治著作集』第十巻所収）では次のように論じられている。そこではまず、宗教における「信仰」というものが「あくまで自己の信仰でありながら、単に〈自己〉が何かを信ずるといふ通常の信とは根本的に違ふ」ことが指摘される。すなわち「通常の場合、信は自己の〈作用〉であり自己に内在的」であって、「自己の〈内〉から何か或る対象への志向性として成立する」し、「すべて意識─自己意識の場を出でない」。しかし「宗教における信は、その場が踏み越えられ、〈自我〉の枠が突破された地平でのみ成立する」。そして「罪といふものが、自己自身と共にあらゆる人間の、或はあらゆる生けるもの（衆生）の、存在の根柢から、一つのリアリティとして自己のうちに自覚的となると等しく、その罪からの転換として救ひを意味する信も、同様に大きなリアリティでなければならぬ」と言われる。そういう意味での「信の一念」が発起するとき、「その信が不退転なものとして成立し、正定聚に入るといふのは、その信念が単なる自己の意識作用ではなくして、上述の如きリアリティの、自己のうちにおける実現だから」である。「即得往生の即は即時の意味といはれるが、それは、無始以来の流転の妄業が絶対的に否定され、往生が証得されるといふ転換の瞬間」を言うのである。「本願を信受するは前念命終なり。即得往生は後念即生なり」と言われるように、「死して生まれる転換の瞬間、絶対否定と絶対肯定との一つなる瞬間」が、「信の一念に現れる一念帰命の瞬間」なのである。

また「親鸞における〈時〉の問題」（同『著作集』第十八巻所収）では、同時性ということをめぐってこのように言われている。仏の本願の成就は歴史的時間にとって「如何なる過去よりも過去である。しかも「その時に成就された本願は、歴史的時間のうちなる一切衆生の一人一人に直接に現前する」。その意味で「何時でも現在」である。しかもまたそれは、「時から遊離した意味での〈永遠の現在〉」ではなく、「時に於けるあらゆる前後の系列と相即した現在」である。たとえば、「親鸞の信心が決定した〈今〉の時と、現代の誰かが親鸞に導かれて信心決定した〈今〉の時」との間にはもちろん時間的な前後があるが、しかも「その二つの時は同じく本願力廻向の時」であり、その時に「親鸞と現代の或る人間とが同じく本願成就の時と場へ現在する」。「二人の人間の宗教的実存は、歴史的に全く異なつた時点に成立しながら、然もかの〈何時も過去なるものとして何時も現在〉であるところの同じ場へ現在する」のである。「さういふ〈時〉が宗教的実存の上に〈今〉として成立する」。「信心といふ宗教的実存に於ては、時間の上で先立つものと後のものとの区別が厳然と保たれながら、然もそのすべての時が〈かの時〉と（即ち何時も過去なるものとして何時も現在である本願成就の時と）同時的なのである」。そういう「同時性が成立するところが〈今〉であり、〈瞬間〉である。〈即得往生〉の即今である。瞬間は時のうちにありつつ然も時のうちにない。然も瞬間は時がそこから生み出される時であり、時の根源としての時である」。「宗教的実存とはさういふ〈時〉の現成に外ならない」。

「信の一念」ということがこのような意味で理解されるならば、それはキルケゴールの言う「瞬間」であると言えるであろう。キルケゴールは瞬間を「永遠のアトム」と言い、「時間と永遠との綜合」という。「瞬間は時間のアトムではなくて、永遠のアトムである」（『不安の概念』）というのは、「瞬間」が時間の規定ではないことを言うのである。永遠が時間と触れ合うのは瞬間においてである。その意味で、「時間における永遠の最初の反射」と言われる。永遠が「瞬間」において、時間の中に入ってくるのである。親鸞が「弥陀の誓願不思議にたすけられまゐらせて、往生をばとぐるなりと信じて念仏申さんとおもひたつこころのおこるとき」（『歎異抄』）という、その「とき」は、このような意味での「瞬間」であると言ってよいであろう。それが「時剋の極促」ということにほかならない。

「信の一念」が「時剋の極促」であるということは、信心が開発するのは一秒間の何分の一というような計測される時間において起こることを言うのではなく、また何月何日何時何分という、客観的に限定された時間において起こることを言うのでもない、そうした日常的な時間の捉え方とは質的に異なった時間としての「瞬間」において開かれることを言うのである、というのが宗教哲学的な立場からの理解である。そういう意味での「瞬間」において、信心が新たな心の開けとしてわれわれの心に起こることを「広大難思の慶心」と表現されるのであろう。そうした理解ではなく、「信一念」に覚知（記憶）があるかどうかとか、それが実時か仮時かといった捉え方は、事柄の本質を把えるものではないように思われる。そういう考え方から、かえって「信一念」を何らかの人為的方法で成立させようとするような逸脱も生じてくる。異義・異安心と言われる宗教的生の理解の逸脱は、そうした方向から出るものではないだろうか。従来の教学における「信一念」の理解は、そういう点について十分な考慮がなかったように思われる。

「信の一念」の意味をこのように新たな心の開けと理解して初めて「親鸞のよろこび」が「未来の往生を要期する」ことにあったのではなく、「住正定聚の身」となったことにあったと言われる(村上速水著『続・親鸞教義の研究』所収「親鸞のよろこび」)ことも理解されよう。村上論文では、「親鸞は〈いつ〉〈なに〉をよろこびとしているのか」を問うならば、その言葉からも明らかなように、「摂取不捨の利益にあずかったという、獲信の一念にあったことは疑うべくもない」、「親鸞においては、未来の往生が約束されたために、〈今〉が正定聚としてよろこばれるのではなく、〈今〉正定聚に住するのであるから、未来の往生は必然なのである」、言い換えれば「信を獲ることに問題があるので、信を獲るならば証果は必然」であり、「本願力に乗ずること、真実信心を得ることが重要なのであって、実報土に生まるることは業力自然の結果にすぎない」と言われている。こうした理解は、「如来と浄土とは、具体的には一名号となって衆生に廻向」されるが、「時間を超えた常住真実なる如来と浄土とが、時間の中にある我々と交わる接点は、名号を聞信する〈今〉の時点をおいて外にはない。信の一念に常住なる本願海に帰入するのであり、このときこそ、われわれの救済が成立する唯一の機会である」とする理解に基づいている。浄土往生を期することが念仏者の宗教的生であるとする一般的な理解に対して、親鸞の宗教的生の在り方を、このように獲信の一念から発するとする理解はすぐれた考察であるが、それは何よりも「信の一念」が、先に述べたような意味での「瞬間」において成立していることによると言ってよいであろう。

「信の一念」ということをめぐって、その意味を従来の教学上の理解とは違った角度から考えてみたが、そこで初めて親鸞の言う「信」が、一般に宗教で言われる「信仰」と共通の面をもちながら、しかも同時に仏教独自の意味をもつものとして明らかになってくる。親鸞における「信」は、その最も深い意味において「めざめ」という意味をもつのである。そのことは、「信」が「一念」において開かれるとするところにあらわれている。親鸞の言う「信」が「めざめ」であり、またその点において仏教の根本的立場に結びつくからこそ、親鸞は「信」が「一念」に開かれることを「信楽開発」と言い、また「信」について回施とか、獲得とか、開闡とか、発起とか、さまざまな表現を用いねばならなかったのである。

現在の親鸞理解は、総じてこうした浄土教思想の仏教の根本的立場との深い結びつきを忘れているように思われる。「別途不共」ということを言う前に、まず仏教の根本義として浄土教がいかなる意味をもつかを明らかにすることが、初めに述べたような現在の精神的状況において、浄土教を弁証するためになすべきことではないだろうか。

四、「信」の発起について

こうした「信」が私たちにいかに発起するかについて、実に見事に語っているのは、次の信国淳先生の文章である。

私もやがて六十歳になるのであるが、今、自分の過ぎ経て来た生活の跡を振り返ってみて、そこに自分として何一つ仕出かしたという事もみつからぬので、こんなことでよかったのかと、今更追いつかぬ話ながら、自分でも思ってみたりするくらいである。しかしそんな私にも、その六十年の生活の或る時期に、一つの「新しい生」とでも言わねばならぬものが、ふと生活そのものの底から立ち現われ、それが私のために、私自身の生きるべき一つの確実な道になり、爾来ずっとその道を私が歩み続けて今日に到っているということだけは、今にして私にいよいよはっきりして来た事実である。それは、むろん、私の自らきり開いた道というものではないが、確かに私に与えられて私に開け、私が身をもって出遇ってきた一筋のいのちの道であったことは間違いなく、その道を凝視して、それに歩みを乗せて一歩一歩歩んで行くうち、そこにどうやら内からのいのちの豊かな充実が湧き出してきて、そのため、むしろ世間のことが、すべて空しいものに感じられさえするというような、それはそんな道であったと言えよう。私がたまたま此の世に生まれ、ここで何か自分で「生きた」ということがあるとするなら、私にはただそのような道に私が出遇い、その道をいちずに歩み、今なお歩み続けているという、そのこと一つがあるだけである。

その道は私にとり、「人」との出遇いから始まったと言わねばならぬ。何かにつけ、自分が自分で持ちきれず、自分自身が自分にとって不安であり、ややもすると自分と自分自身との間にずれが生じるので、始終自分自身の前で浮き足立った格好で生きるよりなかったその頃に、――私にもなおいくらか青春の残っていたその頃に、私は不図その「人」に出遇ったのである。その「人」がどんなだったかを語るのに、私は今更何の贅言も必要とせぬ。ただその「人」が、優曇華の喩でたとえてよいような、稀有な、生きた「念仏者」であったことを言えば足りるのである。その「念仏の人」に会い、その「人」を間近に見、その「人」の語る言葉を初めて聞いたそのことが、私のすべてを一挙に決定したのである。その「人」に出会って見て、私の久しく求めていた「人」が、遂に「この人」だったということを、私は初めて確認出来たのである。

私は、「その人」に出会ったその夜、――それは恰度、冬のさなかの、ものみな凍てつくかと思えるほどの厳しい寒さの夜であったが、――家に帰って、昂奮して、妻に向かってしゃべり散らした自分の言葉を今思い出して、その異様さに、自分ながらちょっと驚かざるをえない。〈……私は浄土に往く。浄土が何処かにあって往くというのではない。浄土を思想的に考えたり、観照的に捉えたりして、そこへ往くというのでも毛頭ない。私が浄土へ往くという理由は簡単だ。私は今夜、念仏して浄土に往く人、を見て来たんだ。この眼ではっきり見て来たんだ。ただそれだけ。それでもう充分。私はこの人を信じる。だから、私も浄土に往く、ということなんだ、さあ、君はどうするか？　君も私と一緒に往くか？　どうするか？……しかし、それは君自身の決定すべき問題だ。とにかく私は浄土に往く〉

この多少狂気染みた私の言葉も、今これを改めて考えてみると、これはこれなりに、その時の私の上に起っていた、一つの「新しい生」の胎動というか、何かそういうものの表現に、或いはすでになっていたかと思えるのである。つまり私には、私の私自身を超えて生きるいのちの道というものが、私自身の知らぬ間に、どうやらそういう形を取りながら、私の具体的な生活のただ中で、すでに自発的に、それ自身から、開け始めていたのではないかと思えるのである。そして右の気違いめいた私の言葉も、またそれなりに、その私の身に起っていた一つの「新しい生」の予徴であり、その意味で、すでに「新しい生」そのものの自己表現にほかならなかったのではないかと思えるのである。（『大谷専修学院卒業文集』所収、信国淳「出会い」）

信国先生のこの文は、事実としての自らの回心について語っているだけで、それ以外のいかなることをも語っていない。その意味では、きわめて個人的な告白に見える。しかしそこには、親鸞の言う「信」ということと、「聞其名号信心歓喜」ということがどういうことかということが、余すところなく語られている。

またのたまはく（涅槃経・迦葉品）、「信にまた二種あり。一つには聞より生ず、二つには思より生ず。この人の信心、聞より生じて、思より生ぜず。このゆゑに名づけて信不具足とす。また二種あり。一つには道ありと信ず。二つには得者を信ず。この人の信心、ただ道ありと信じて、すべて得道の人ありと信ぜざらん。これを名づけて信不具足とす」と。（『浄土真宗聖典』（註釈版）二三七頁）

しかるに『経』（大経・下）に「聞」といふは、衆生、仏願の生起本末を聞きて疑心あることなし、これを聞といふなり。「信心」といふは、すなはち本願力回向の信心なり。「歓喜」といふは、身心の悦予を形すの貌なり。「乃至」といふは、多少を摂するの言なり。「一念」といふは、信心二心なきがゆゑに一念といふ。これを一心と名づく。一心はすなはち清浄報土の真因なり。（同二五一頁）

こうした信の発起がどういう意味をもつかということを、親鸞は真剣に考えていたと思われる。それは、たとえば『梁塵秘抄』に、「鵜飼いはいとをしや、万劫年経る亀殺し、又鵜の首を結ひ、現世はかくてもありぬべし、後生わが身を如何にせん。」（岩波文庫『梁塵秘抄』六五頁）とうたう庶民に、どれほど力を与えるかということを考えるということであった。それを具体的に表現するのが、「横超断四流」ということであろう。「信巻」末には、こう記されている。

横超断四流といふは、横超とは、横は竪超・竪出に対す、超は迂に対し回に対するの言なり。竪超とは大乗真実の教なり。竪出とは大乗権方便の教、二乗・三乗迂回の教なり。横超とはすなはち願成就一実円満の真教、真宗これなり。また横出あり、すなはち三輩・九品、定散の教、化土・懈慢、迂回の善なり。大願清浄の報土には品位階次をいはず。一念須臾のあひだに、すみやかに疾く無上正真道を超証す。ゆゑに横超といふなり。（『浄土真宗聖典』（註釈版）二五四頁）

断といふは、往相の一心を発起するがゆゑに、生としてまさに受くべき生なし。趣としてまた到るべき趣なし。すでに六趣・四生、因亡じ果滅す。ゆゑにすなはち頓に三有の生死を断絶す。ゆゑに断といふなり。四流とはすなはち四暴流なり。また生老病死なり。（同二五五頁）

仏教がわが国に到来以来、庶民がその教えを真と思い、同時にその呪縛から解放されなかった「業・輪廻」ということから、今こそ解放されるのである。親鸞の教えが、庶民に大きな力をもち得たのは、そこにあったのではないだろうか。「信」が「一念」であるということの意味も、そこにあるのではないであろうか。「信一念」に仏力によって、「業・輪廻」の悪循環が断ち切られるというのである。

このことは、当時の旧仏教徒たちにはもちろん、法然や親鸞の教えを聞く者たちにも、大きな衝撃を与えることであったと考えられる。そこに、親鸞が厳しい弾圧を受け、また後にその後継者たちが、仏因仏果という一種の軌道修正を考えなければならなかった理由があったのではないだろうか。それについては、後にあらためて問題にしたい。

それはともかく、「信心開発」という事態は、親鸞にとって、大きな精神的転換をもたらすものであった。そしてそれが、師法然の教えの真髄と理解されたのである。

第五章　宗教的生
――「証巻」の根本問題――

つつしんで真実の証を顕さば、すなはちこれ利他円満の妙位、無上涅槃の極果なり。すなはちこれ必至滅度の願（第十一願）より出でたり。また証大涅槃の願と名づくるなり。しかるに煩悩成就の凡夫、生死罪濁の群萠、往相回向の心行を獲れば、即のときに大乗正定聚の数に入るなり。正定聚に住するがゆゑに、かならず滅度に至る。かならず滅度に至るはすなはちこれ常楽なり。常楽はすなはちこれ畢竟寂滅なり。寂滅はすなはちこれ無上涅槃なり。無上涅槃はすなはちこれ無為法身なり。無為法身はすなはちこれ実相なり。実相はすなはちこれ法性なり。法性はすなはちこれ真如なり。真如はすなはちこれ一如なり。しかれば、弥陀如来は如より来生して、報・応・化、種々の身を示し現じたまふなり。（『浄土真宗聖典』（註釈版）三〇七頁）

一、宗教的生について

「証巻」において問題になることは、「住正定聚・必至滅度」ということである。一般に浄土教では、命終わって浄土に往生し、正定聚不退転位に住し、長い修行を完遂して初めて成仏し、「さとり」に達するとされるのに対して、親鸞は、他力回向の行信を獲たとき、直ちに正定聚の数に入り不退転に住し、命終わって浄土に往生すると同時に成仏して、涅槃のさとりを開くという。

このことを、『消息』には、「真実信心の行人は、摂取不捨のゆゑに正定聚の位に住す。このゆゑに臨終まつことなし、来迎たのむことなし。信心の定まるとき往生また定まるなり。来迎の儀則をまたず。（中略）この信心うるゆゑに、かならず無上涅槃にいたるなり。」（同七三五頁）と記し、また『唯信鈔文意』には、「「即得往生」は、信心をうればすなはち往生すといふ。すなはち往生すといふは不退転に住するをいふ。不退転に住すといふはすなはち正定聚の位に定まるとのたまふ御のりなり。これを「即得往生」とは申すなり。」（同七〇三頁）と言う。信心獲得のときに正定聚の位に定まり、不退転に住し、そして必ず大涅槃に至ると言うのである。

したがって親鸞は、信心獲得のときに業事成弁（業因が成就して往生が定まること）して浄土往生が決定するということと、命終の後に浄土往生をして後、かならずさとりをひらくという二つのことを、ここで明らかにしている。それが「住正定聚・必至滅度」ということである。『歎異抄』

に「「浄土真宗には、今生に本願を信じて、かの土にしてさとりをばひらくとならひ候ふぞ」とこそ、故聖人（親鸞）の仰せには候ひしか。」（同八四八頁）とあるのも、その趣旨を言うものにほかならない。宗学で、「現当二益」と言い、現世で正定聚の数・不退転の位に入り、来世で成仏するとして、現世・来世の両益をいうのも、この「住正定聚・必至滅度」の教えによっていることは言うまでもないであろう。

しかし、この「住正定聚・必至滅度」ということが、人間の宗教的生として、どういう意味をもつのか。信心獲得において、浄土往生について決着がついたという面（住正定聚）と、それにもかかわらずなお浄土に往生して後、さとりを開くという未決着の面（必至滅度）とが、同時に存在するということは何を意味するのか。何故に親鸞は、信心獲得において、涅槃のさとりを開く、言い換えれば浄土教的宗教的生は完成すると言わないのか。それは、人間存在における悪ということと深く結びついているように思われる。このことを明らかにするために、人間本性の悪という問題にすぐれた洞察を示している、カントの『宗教論』について考えてみよう。

カントが、『純粋理性批判』において到達した結論のひとつは、神・世界・自己という無制約者の概念は、人間の経験の対象として与えられるものではなく、理性の必然的概念としての理念であり、多様な経験的認識に統一を与える統制的原理であって、それを所与として立てることはできぬということであった。しかしそれによって、理論的な形而上学は否定されたが、素質としての形而上学が否定されたわけではない。カントはそれを、実践の場で建設しようとする。

『実践理性批判』においては、自由・神・永生の三理念の実在性が要請され、それに基づいて道徳形而上学が立てられる。人間は理性的存在であると同時に感性的存在である。したがって、感性的衝動を克服することによって、初めて理性的存在たり得る。それを自分自身に要求するのが道徳法則である。道徳法則は、実践理性が自己自身に命令する法則であり、客観的普遍的に妥当する自律的な定言命令である。

しかし、このような道徳法則はいかにして可能であるか。それは、人間が自由であることによる。人間が自然必然的存在であるならば、道徳法則は成立しない。自由な存在であるからこそ道徳法則が成立する。このことを逆に言えば、「汝なすべし」という命令の存在が自由の実在性を要求するのである。それが実践理性の要請である。永生・神についても、同様に考えられる。人間が感性的存在である限り、その意志が完全に道徳法則と一致することは現世では不可能である。道徳法則は無限に善へ進むことを要求する。その完全への要求が永生を要請する。また徳は、この世ではかならずしも幸福と一致しない。義人はかならずしも幸福ではない。それが一致するのは来世であり、それを実現する者は神しかない。そこに神の存在が要請される。このように、カントは道徳法則を基礎として自由・永生・神の存在を要請する。そしてそこから宗教も理解される。宗教はこの道徳法則を神の命令とみるところに成立する。必然的な理性法則である道徳法則を神的とみるのである。したがって、宗教と道徳とは内容的には同じであり、形式的に異なっているにすぎない。これが、カントの宗教についての基本的な考え方である。それは『宗教論』においても変わってはいない。

しかし、そこに新しい問題が出てくる。それは「根本悪」の問題である。「単なる理性の限界内における宗教」と題された『宗教論』において、カントが問題にするのは、人間の本性における「根本悪」についてである。

カントは、人間の本性における「善への素質」と「悪への性癖」とを取り上げる。素質については、生物としての人間の「動物性の素質」と、生物であると同時に理性的存在としての人間の「人間性の素質」、理性的であると同時に責任能力のある存在としての人間の「人格性の素質」という、三つの素質を区別する。「動物性の素質」とは、自然的・機械的な自己愛であり、自己保存・生殖・共同生活などを営む素質である。「人間性の素質」とは、他人との比較においてのみ自分の幸・不幸を判断する自己愛であり、単に自然的なものではない。「人格性の素質」とは、道徳法則に対する尊敬の感受性であり、実践的な理性に基づいている。これらの素質は、それ自身としては道徳法則に矛盾しない故に善なるものであり、また「善への素質」でもある。そしてそれらは、人間本性の可能性に属する故に根源的である。

これに対して、人間性一般にとって、偶然的である限りでの傾向性を可能にする、主観的根拠としての「性癖」というものがある。これは、生得的ではあるにしても、獲得されたもの（善なる場合）、あるいは招き寄せられたもの（悪なる場合）と考えられる点で、素質とは異なっている。とくに、「悪への性癖」について言えば、それは一方では人間に普遍的に属するものであると同時に、他方では、個々の人間によって招き寄せられたものであるという二重性をもっている。

この「悪への性癖」については、三つの段階がある。すなわち、採用された格率を守る場合の人間の心情の弱さであり、道徳的動機と非道徳的動機とを混合する性癖であり、さらに悪しき格率を採用する性癖である。ことに第三の段階の性癖は、道徳法則から発する動機を他の動機よりも軽視するという格率に向かう性癖であり、人間の「心情の倒錯」と呼ばれる。この悪への性癖は、あらゆる人間の行為に先立つ意志の主観的規定根拠であり、一切の時間的制約を受けぬ叡知的行為である。

かくして、「人間が生来悪である」ということは、人間が道徳法則を自ら意識しながら、なおそれからの背反を自らの格率において採用しているということにほかならない。この「悪への性癖」は、自然的素質ではないが、あくまで人間にその責任が帰せられるものであり、その意味で、人間の本性にある根本的生得的な悪と名づけられるのである。

この悪の根拠を、人間の感性や、感性から発現する自然的傾向性に置くことはできないし、また腐敗した理性や邪悪な理性に置くこともできない。なぜなら、人間はいかなる格率においても道徳法則を放棄することはできぬのであり、道徳法則は人間の素質において迫り、他の動機がなければ、人間はそれを自らの格率として採用するしかないからである。

しかし他面、人間はやはり自然的素質において感性の動機につながれており、それらの動機をも自らの格率として採用する。その場合に、動機の秩序を転倒し、自己愛と、その傾向性の動機とを道徳法則遵守の条件とする。そのことにおいて人間は悪なのである。この「動機の秩序の転倒の性癖」が人間の本性の内にあるなら、人間には「悪への自然的性癖」があり、その意味で人間は道徳的に悪であると言い得る。この悪は、あらゆる格率の根拠を腐敗させる故に根本的（radikal）であり、また人間の力によって根絶できぬものである。しかし同時に、この性癖は自由に行為する存在としての人間の内にあるものであるから、克服され得るものでもある。

カントは、以上のように人間における「根本悪」を考えた上で、善への「根源的素質」の回復を問題にする。人間は、道徳法則への尊敬において成立する動機を決して失うことはないから、善への根源的素質の回復ということは、人間のすべての格率の最上の根拠としての道徳法則の純粋性の回復にほかならない。それが回復されることによって、道徳法則は他の諸動機と結合したり、あるいはそれらに従属したりせず、それだけで意志を規定するに十分な動機として、意志に採用されるようになる。そのような態度を確立した人は、直ちに神聖になるのではないにしても、無限の進行のうちで、神聖性に近づく途上にあると言える。しかし、そうした態度の確立はいかにして可能なのか。

人間は、道徳法則への尊敬からではなく、幸福という原理に従って義務を遵奉し、それが道徳法則にかなうということもあり得る。そしてそれが不動の格率として長い習慣になると、そこに態度の漸次的改革と格率の強化とによって、徳が次第に獲得され得る。しかしこのように、経験的に道徳法則にかなうということではなく、純粋に道徳的に善い人間になる、言い換えると、義務以外のいかなる動機をも必要としない人間になるためには、このような漸次的改革によることはできない、それは「心術の革命」によらねばならない、とカントは言う。すなわち、「新たな創造」とも言うべき一種の再生と心情の変化によってのみ人間は新しい人間となる。それは、人間がその格率の根底において腐敗しているからなのである。

しかし、その「心術の革命」はいかにして可能であるのか。カントは、それは義務がそれを命ずるから可能であると言う。かくして、思考法には革命が必然的であるが、性向には漸次的改革が必然的である、人間はその格率の最高の根拠を不動の決意によって逆転させ、原理と思考法において善を受け入れる主体とならなければならぬ、そしてそのことによって、不断の作用と生成のうちに善い人間とならねばならぬ、それが、義務の命ずるところである、とカントは主張する。

人間の内には尊敬の念をもって仰がざるを得ない道徳的素質があるが、その尊敬の念が、格率における動機を倒錯させる性癖を阻止し、諸動機間の秩序を回復させ、それと同時に人間の心情の内にある善への素質を回復させる。こうした自力的努力を要求する宗教が道徳的宗教であり、そこでは人間は誰でも、善い人間になるためには自らの力の限りを尽くさねばならず、そしてそのように善への根源的素質を善い人間になるために利用した場合にのみ、自らの能力の内にないものが一層、高次の協力によって補われるであろうと望むことができる、この場合、こうした高次の協力、すなわち神が人間の至福のために何を為すか、あるいは何を為したかを知ることは本質的なことではなく、したがって、誰にとっても必要なことではない、しかしこの神の協力に値するように人間自身が何を為さねばならぬかを知ることは本質的なことであり、誰にも必要なことである、とカントは

言う。(「たんなる理性の限界内の宗教」北岡武司訳、『カント全集』第十巻一二五〜七一頁取意)

カントはこのように、あくまで道徳の立場を基礎として宗教を考える。ここでは、超越的な作用を考える余地はないし、その意味では自力的に徹底した立場が考えられていると言えよう。しかし、それにもかかわらず、ここにはやはり宗教的生の本質についての深い洞察が示されている。それは、人間の本質の内に悪への性癖が存し、それは人間の力によって根絶できぬ心情における倒錯であり、それを逆転させるためには「心術の革命」を必要とする、としている点である。

カントの両親がピエティスムス(敬虔主義)に帰依していたことはよく知られている。カントは『宗教論』で、信仰によって新たな人間に生まれ変わるというピエティスムスにおける宗教経験の意味を、「理性の限界内」で理解しようとしたと言うことができる。その場合、超自然的な神の恩寵といったものをカントが前提することはできなかったのは、その基本的な立場からして当然である。そこに、「心術の革命」を不動の決意によってなさねばならないとする主張が生まれてくる。

しかし問題は、そうした精神的転換が自力的になされねばならぬと考えるかどうかではなく——もとよりそのことに、道徳の立場と宗教の立場との相違の理解が関わっているが——人間にとって、悪への性癖という心情の倒錯を逆転させるためには、革命的な転換が必要であるとする、まさにそのことなのである。人間が自らの内なる道徳法則に対する尊敬において成立する動機によることなく、自己愛とその傾向性の動機とを道徳法則遵守の条件とするという、動機の秩序の転倒に根本悪をみるということは、人間のあらゆる行為の根底に悪をみるということである。

こうしたカントの立場に対して、西谷啓治先生は次のように批判される。

理性による我意の否定が我意の根元にまで達し得ない限り、理性はあくまで対立の立場を脱しない。周知の如くカントは、幸福を追求する我意と道徳性に立つ理性といふ二元の根本的統一への要求が、最高善に於てのみ満たされると考へた。道徳性から排除された幸福が再び道徳性と結びつくといふことは、実践理性の「要請」としての最高善に於てのみ可能とされた。この立場は、カントがそれを「理性信仰」と呼んだことにも現はれてゐる如く、理性への直接的な信頼であり、理性のオプティミズムである。それはなほ、理性による人間的自主性の自覚といふ啓蒙主義の精神に属するものであつた。然るにかかる態度は、第二批判に於ける如く、実践理性に対立するものとして、単に感性とか傾向性とかいふ如き理性以下にして且つ非主体的なもの、その意味に於て自然的なるものを考へた場合に於てのみ可能である。自然的なるものに対しては、理性の全き力はいはば直線的に発揮され得て、何らの屈折を受けることはない。自らと対等な力の抵抗に逢着し、自らのうちへ撥ね返され、自己反省を強ひられる、といふことはない。理性は全くオプティミスティックな自信のうちに立ち得るのである。併し理性はかかる自信に止まり得ない必然性を内に蔵してゐる。理性の立場は、我意があくまで否定さるべきものであるといふ絶対否定を含み乍ら、然も我意と二元的に対立する。さういふ理性の立場には、本質的に深い矛盾がある。理性の本質に於けるかかる矛盾は、何よりも良心といはれるものの上に反映してゐるといへる。人間が道徳法を意志の規定根拠とし、彼の心術を純粋に道徳的に保つ時、良心はかかる純正なる心術として現れる。それは直接態に於ける良心である。その場合、良心的であることとは、感性や傾向性に従ふことを拒否して、心術をあくまで清潔に操守することである。なすべきが故になし能ふ理性は、揺がざる自信をもつて、そのことを為し得る。然もまさしく其の処に、理性の落ち込む陥穽が、理性自身の内面に伏在して居り、それをカントは看過したのである。その陥穽は嘗てパリサイ人が陥つたものであつた。人間は理性の自律に於て善であり、自己の力に於て義しくあり得る。故に彼は必然的に自己自身を義しと認めざるを得ない。そして彼がより清く良心的であることに努めれば努めるだけ、それだけ強く彼は自己を義認せざるを得ない。即ち、彼の闘ふべきものが、彼のうちなる自然的なるもの、理性以下のものである故に、彼は実践理性の力をあくまで発揮し、あくまで清く良心的であり得ると同時に、彼のうちなる自然的なるものが彼のうちに於ける彼自身ならぬもの、非主体的なるものである故に、彼はそれの克服に於てあくまで彼自身を義認し、その自己義認に於てあくまで確信的であり得る。併し、かく自己が自己自身を義とすることは、道徳の立場が正当に要求し得る権利であると同時に、その内面には深い「高ぶり」が含まれてゐる。そして道徳性はその高ぶりに於てそのまま深い反道徳性に化す。我意と我執を否定した理性の自律は、それ自身一つの「法執」といふべきものであり、その法執は高次の我執なのである。道徳法を守るといふこと自身の内面に、自己自身に執するといふ意味が隠れている。我意を否定した理性の内面から、高い勢位に於ける我意が現はれるのである。それは、理性に於ける絶対否定的な働きが実は相対的なる絶対否定であるからに外ならない。我意に対する絶対否定が真に絶対的でなく、従つて止揚的でない故に、我意の根は潜在的に残され、理性に反作用し、理性自身の我執といふ形で現実的となつて復讐するのである。

直接態に於ける良心のかかる自己矛盾、即ち良心的であればあるほど我執的となり、自己義認的となるといふことは、理性が理性として直接的に働き、何等の挫折もなしに直線的に力を発現するからである。またそのことが可能なのは、否定される我意が単に感性とか傾向性とかいふ如き自然的、非主体的なものとみなされるからである。従つて、かの自己矛盾を脱するためには、自己義認に立つ如き良心の偽善性（パリサイ的な偽善性）を良心自身が反省するのでなければならぬ。それは自らを清しと見做す良心の裏に高次の我意を自覚するといふ良心の立場であり、反省態における良心である。その良心は、自己に於ける道徳性すらが恒に偽りに化するといふ必然性を自覚し、自己のうちに我意の深い根を自覚する。我意はそこでは、道徳的意志に反逆する意志として、また道徳的意志をその道徳的な清さのままで内から虚妄に化する如き意志（然も外ならぬ自己自身の意志）として、自覚に上つてくる。併し我意がかかる根源的なるものとして自覚されてくると共に、直接的な良心にとつては単に自然的・非主体的であつた感性や傾向性の根柢にも、自己自身の意志としての我意が自覚されてくる。欲望とか嗜慾とかも、単に自己のうちなる自然的生命に根差すもの、自然の世界に繋がるもの、即ち自己のうちに於ける自己ならぬものと見るだけで済ますことは出来ない。自己のうちなる非主体的なるものと戦ふといふ立場に立つ限り、主体とその良心的反省は直接的であり、真に反省的な反省ではない。或はその戦は自己と自己との戦、善き自己と悪しき自己との間の戦とも考へられるであらう。（中略）通常、善き自己と悪しき自己の戦と考へられるものは、実は直接的な良心の立場に於ける道徳的意志と傾向性との対立と、次に述べる如き反省的な良心の立場との混じ合つたものであり、その意味で真実の反省に達しない中途の昏迷にすぎない。真実の反省には、自己と自己との戦とか、自己の分裂とかはない。むしろ直接的良心の立場に於ける道徳性と傾向性との対立をも超えた自己統一であり、然もそれは根元悪を中心とした自己統一である。

といふのは、非主体的と見られた傾向性の根柢に主体的な我意（即ち悪しき自己）が自覚されると共に、善き自己といはれるものは自己矛盾に陥る。自己が良心的に清くあらうとすればする程、自己の悪は益々深く自覚されて来、そして自己の善の意識、道徳的な自己義認が、益々深く自己の偽善として自覚されてくる。それ故に、傾向性の根柢に悪しき自己を認識する眼は、同時に道徳的な自己義認の根柢に偽善を認識する眼である。かかる認識は、直接的な自己反省としての良心ではなくして、真に反省的な自己反省であり、反省態に於ける良心なのである。善き自己と悪しき自己との戦といふことは、かかる反省態に於ける良心（真に道徳的な認識）に至らぬ中途の意識である。真実には、悪しき自己の自覚と共に善き自己の根柢にも悪が自覚されるのである。そこでは、傾向性も自己を義しとする良心も、共に我執或は我意の姿として映つて来る。そして善と悪との直接的な対立の根柢に、一層深く根元的な悪が自覚され、道徳性と傾向性とを含めた自己の全体がその悪を中心にして統一されて来る。自己があらゆる面に於て悪なることを認めること、如何なる意味に於ても自らを義しと認め得ないことを認めるといふこと、それが良心であるべきであり、良心の唯一の清さであるべきである。かくして道徳性に立つ実践理性は、道徳的であり理性的であるといふまさしくそのことに於て、自己矛盾に陥るといへる。

それはまた、カントに於ける実践理性批判から宗教論への移り行きでもあつた。併しカントに於てはその移り行きは、その必然性の自覚のもとに遂行されたとは言ひ難い。またそのことの結果は、実践理性批判の立場に於ても宗教論に於ても、夫々のもつ難点として現はれてゐると思ふ。実践理性批判に於ては、実践理性はさきに所謂直接態に於ける良心の立場に止まつてゐる。それは自律的に道徳法則に従ふことに於て自らを義しと認める立場であり、この自己義認が必然的に自己矛盾に陥ることは考へられてゐない。その限りその立場は、実践理性の自律性をその積極的な一面に於て捉へたものではあつても、全面的に捉へたものとは言ひ難い。カントが道徳性の先験的根拠を確立したその不朽の功績は論を俟たないが、その確立が同時に自己矛盾を含み、道徳を超えた立場への移行を現はして来るといふことは看過され得ないのである。（そのことは彼に於ける道徳性の確立が真の確立ではないとか、或は総じて道徳性に根拠がないとかいふことを意味するのではない。道徳性が真に道徳性として確立されて初めてその矛盾も現はれ得るのであり、宗教の立場への移行も可能なのである。道徳の立場にもとづいてのみ道徳の立場が超えられ得る。道徳性の確立なくしては宗教の立場もない）。実践理性批判に於ける上述の欠陥は、何よりも悪の問題に関して現はれてゐる。悪も善と等しく意志規定に係はる述語であり、その悪は道徳法を刺衝とする代りに傾向性に従ふ如き意志規定に成り立つと考へられる。然らばその悪の根源は抑々何処にあるのであるか。もし道徳法に従つての意志規定が善であり、その意志規定の主体的な根源に、叡智的秩序に属する自由が考へられるならば、傾向性に従ふ意志規定の主体的な根源にも、同様に叡智的秩序に属する自由、悪への自由が考へられるべき筈である。悪は道徳法に背いて傾向性に従ふ如き「逆倒せる」意志に成り立つ。その意志の根源には宗教論に所謂「叡智的な行」としての根元悪が考へられねばならぬ。この根元悪が悪の根拠である。

然るにカントは実践理性批判に於ては、悪への自由といふものは考へなかつた。悪の主体的な根拠を問ふに至らず、従つて悪の根拠は意志の主体の内へ向かつて求められる代りに、道徳法に従はぬやうに意志を外から規定する傾向性に求められた。その傾向性に引ずられるのも意志の自己規定である以上、その悪しき意志規定の根拠は意志自身の主体的根柢に求められるべき筈であるが、カントは単に意志を引ずる傾向性そのものに、悪の根拠を求めたのである。（もとより、傾向性がそれ自身で悪だといふのではない。ただ悪しき意志規定の根拠だといふのである）。それは悪の根拠の解明としては明らかに不充分である。勿論カントも、傾向性を根拠とするに就いては、傾向性に従ふといふことに含まれている「自愛」を、道徳法からの逸脱の「普遍的原理」として掲げてゐる。併しその「自愛」の根柢に主体的な自由とか、叡智的秩序に属する行とかいふ如きものは考へてゐない。第二批判では自由は、道徳法則に従ふ自律の側にのみ考へられ、その法則にはづれる意志は、単に他律的とされてゐる。そこでは意志は、傾向性が含むと思はれる自然必然性のうちへ転落する如く考へられ、その転落の背後に悪への主体的な自由は考へられてゐない。そのために、善なる意志規定も直接態としての良心のオプティミズムに止まり、その自己義認がそれだけでは必然的にパリサイ的偽善への帰結を含むといふ反省も現はれなかつた。その点からすれば、宗教論に於ける根元悪の思想が、正しい方向に向つての立場の深化であることは否定出来ないのである。

　併し乍ら、その際先づ気付かれることは、宗教論に於ても、その根元悪の思想にも拘らず、さきに反省態に於ける良心に就いて語つた如き、根元悪を中心としての全自己の統一といふことが考へられてゐないことである。実践理性が道徳性を確立するといふこと自身にその理性の自己矛盾が現はれ、そこに理性を超えた立場への移行が要求されて来、然もその移行は道徳性の確立と理性の自立を通してのみ可能であるが、理性を貫くそのやうな弁証法的なるものは、宗教論では考へられてゐない。そこでは根元悪は、自己全体の根元的な中心とはなつてゐない。即ち理性とその道徳性をも包みつつ、いはばその裏からそれに「否定」の照射をなす如き中心としては捉へられてはゐない。カントは寧ろ、善なる原理と悪しき原理との闘争といふ見地に立ち、主体のうちにも自律的意志と根元悪との闘争を認めてゐる。それは曩に言つた如き善なる自己と悪しき自己との戦といふ立場であり、直接態に於ける良心と反省態に於ける良心との混じ合つた曖昧さを含んでゐる。その曖昧さは、本来弁証法的なる移行である筈のものが、カントの立つ分析論理的な見方に映された結果に外ならない。即ちカントは、理性とその道徳性の立場を宗教の領域へも移し込み、それに対して根元悪を対立せしめているのである。かくして根元悪は、理性をも含めた自己全体の根元的なるものといふ意義を失ひ、真に道徳の立場を超えた宗教独自の立場を開く可能性を与へ得なくなつたと言はざるを得ない。そしてそのことが、宗教を道徳の見地からのみ捉へたといふ、カントの宗教論の根本的な難点と相表裏してゐることは明かである。カントが宗教論に於て根元悪の観念に到つたことは、宗教を問題にする限り当然であり、且つまた、実践理性の立場を悪の問題に関して一層深く吟味して行けば、そこに到達すべき必然性もあるのであるが、併しカントがかの観念を取上げたのは、かく第二批判の立場を更に深く吟味した結果としての必然的な展開とは考へられない。何となれば、第二批判に於ける実践理性の立場はそのまま宗教論のうちへ持ち越され、実践理性とその道徳性の立場が自己矛盾を現はすといふことは、少しも考へられてゐないからである。根元悪は、第二批判に於ける如き道徳性の立場から宗教の立場への、立場の弁証法的発展の結果として、換言すれば、その理性の立場に対する高次の否定性として、現はれて来てゐるのではなく、単に道徳性に対する反対の原理として付加されて来たにすぎない。第二批判と宗教論とは、等しく実践理性とその道徳性の立場に貫かれてゐるのである。そこに、一方では、カントの道徳主義的な宗教観とその難点との由来するところがあり、他方では、根元悪の意義が充分に現はれなかつた所以がある。もし根元悪が全自己の根元的な中心として自覚されたならば、道徳主義的な宗教観に止まり得ず、理性の立場の破れた後に於ける、新しい宗教の立場が求められたであらう。（『西谷啓治著作集』第六巻所収「悪の問題」一三三頁）

西谷先生のカント批判の中心にあるのは、カントの理解が第二批判においても、宗教論においても、実践理性とその道徳性の立場に貫かれている点にある。それが、結局「自己義認」に陥るとされる。これに対して、武内先生はこのように言われる。

カントの根源悪は、悪への性向という言葉で示されている。カントのこの性向の概念は、よく考えてみると非常に深い概念である。性向はあらかじめ人間の心がそちら（悪）へ傾斜されているようにでき上がっていることである。その意味で性向とはあらかじめ傾くこと、すなわちその行為の結果、ある種の享楽をつねに欲求することとなる、あらかじめの傾向性とされている。カントの悪への性向という考えには、非常に含蓄的で豊かなイメージが、この規定に結びつくように形成されている。カントは言う。

例えば、未開人などが酒を知らないかぎり、一生酩酊から酒乱に堕ちる性向が自分にあることを知らないですぎるかもしれない。しかし一度、文明人などが酒を教えると、制御できない欲求という形であらわれてくる心の予向が自覚される。

この例では、予向としてあるもの、私の根源的な性格と、自由意志で行なう自己の行為との関係という問題が——運命的必然と自由意志との対応が——たくみに例示されている。自由意志の行為が過去的必然を呼び醒ますのである。呼び醒ました責任は、どこまでも主体のここ・今のこの行為にある。しかも呼び醒まされたものは、自己を超えた既往の超越的深淵（被投性）である。それを意識するかしないかにかかわりなく、それは私の性向として、すでにあるべくあった。すでにあったのではあるが、それが私の今行なった自由の行為と結びついている。自由の行為は単に呼び醒ましただけなのであろうか？　それは意識の深層への扉を開く鍵であったにすぎないのであるか？　そうではない。私の今・ここの行為こそ、その超越的深淵と同じ性質のものであり、呪文によって呼び出したかと見える私の行為は、実はそれを根とした枝葉や草茎のようなものである。私の今の行為が自由意志で行なわれたとすれば、その深淵的性格も同じように私に帰せられるものでなければならない。

カントの根源悪は被投性として、私の行為の直下に判明する人類の普遍的深淵的な性格である。それがそのように本来ある以上、それを自覚するのが私の責務である。そうしてその責務という観念には、それを呼び出した責任ということから、それを自分の行為によって招致した、招致されたものは同じく自己の行為である、その責任ということにまでひろがっている。

そこでは根源悪の性向が、経験的な日常の習慣や性癖と同じように説明せられ、私が呼び出したものは、私が作ったものでなければならないとする考えが道徳的な前提になっている。（中略）習いが性となった性癖は、どれほど、それを作った初めの一々の行為と異なって見えても、その性癖は、自己の責任において自己が招致したものであることは確実である。

根源悪の場合は、しかし私の一つの行為が直下に見出したこの深淵的性格は、人類全般にわたっているし、また私がその性癖を有したこととの原因については、経験的に自覚的に私が格率の第一原理として採用したことは、かつてなかったにもかかわらず、私自身が招致したものであるとせられねばならない。カントが叡智的行為と呼んだのは、経験的に人類全般にいきわたっていると認めねばならない、しかもそれぞれの個人の自己によって現前し、招致されたとして引き受けられるべき、謎を含んだ概念である。その場合、性向とか、行為と性癖との関係は、カントが叡智的行為と呼んだものを具象化する象徴的なイメージであって、文字通りに理解しようとすると、つまずかざるをえないであろう。（『武内義範著作集』第二巻─二〇九頁）

カントによると、私が自分自身の根底にある「悪への傾向」というものを自覚するのは、私が罪をおかしたときに初めて自分のうちにそういう悪の傾向がすでにあったのだと発見される。例えば酒乱への傾向性を私がもっていても、酒の味を一生知らなければ、この傾向性は一生目覚めないで過ぎてしまうであろう。しかしただ一度でも酒の味を覚えると打ち勝ちがたい、先天的な酒への耽溺が私に目覚めるようなものであるとしている。そこでは先天的な悪の傾向と、現在の自由意志による（悪への）行為とが、絡み合っている。さらにその悪への先天的傾向性も、やはり自分がそういうものを、自分の責任において招致したとしか考えられない。自分が生まれながらにもっていながら、しかもそれがどうしても自分自身が自分の行為によって招き寄せた――いつ行なったかわからないが、とにかく自分が自由に行為して、その習慣性を身につけた、したがってそれに責任をもたねばならない――そういう意味の悪というものが人間の中に、しかも人類全般にあるということ、さらにそういう意味の根源悪が人間にあるという経験的な事実、それはどうしても否めないとカントは言う。（同七七頁）

根源悪がこのようなものであるならば、それを根絶することは、自分の力では不可能ということになる。そこに超越的な力による悪からの解放ということが出てくる（住正定聚）。しかしそれによって悪が根絶されることはない。やはり人間存在を束縛し続ける。それからの本当の解放は、未来において初めて可能ということになる（必至滅度）。カントの言うように、「心術の革命」ということで、本当に悪からの解放が可能なのだろうか。そして格率の強化と態度の漸次的改革によって、人間の在り方が徳として成立するのであろうか。武内先生のカント理解は、十分理解し得ないところがあるが、こういうカントの根源悪の理解とは少し異なった考えが、親鸞には見られる。

親鸞は、『消息』の中でこのように言っている。

まづおのおの、むかしは弥陀のちかひをもしらず、阿弥陀仏をも申さずおはしまし候ひしが、釈迦・弥陀の御方便にもよほされて、いま弥陀のちかひをもききはじめておはします身にて候ふなり。もとは無明の酒に酔ひて、貪欲・瞋恚・愚痴の三毒をのみ好みめしあうて候ひつるに、仏のちかひをききはじめしより、無明の酔ひもやうやうすこしづつさめ、三毒をもすこしづつ好まずして、阿弥陀仏の薬をつねに好みめす身となりておはしましあうて候ふぞかし。

しかるに、なほ酔ひもさめやらぬに、かさねて酔ひをすすめ、毒も消えやらぬに、なほ毒をすすめられ候ふらんこそ、あさましく候へ。煩悩具足の身なればとて、こころにまかせて、身にもすまじきことをもゆるし、口にもいふまじきことをもゆるし、こころにもおもふまじきことをもゆるして、いかにもこころのままにてあるべしと申しあうて候ふらんこそ、かへすがへす不便におぼえ候へ。酔ひもさめぬさきに、なほ酒をすすめ、毒も消えやらぬに、いよいよ毒をすすめんがごとし。薬あり毒を好めと候ふらんことは、あるべくも候はずとぞおぼえ候ふ。仏の御名をもきき念仏を申して、ひさしくなりておはしまさんひとびとは、後世のあしきことをいとふしるし、この身のあしきことをばいとひすてんとおぼしめすしるしも候ふべしとこそおぼえ候へ。

はじめて仏のちかひをききはじむるひとびとの、わが身のわろく、こころのわろきをおもひしりて、この身のやうにてはなんぞ往生せんずるといふひとにこそ、煩悩具足したる身なれば、わがこころの善悪をば沙汰せず、迎へたまふぞとは申し候へ。かくききてのち、仏を信ぜんとおもふこころふかくなりぬるには、まことにこの身をもいとひ、流転せんことをもかなしみて、ふかくちかひをも信じ、阿弥陀仏を好みまうしなんどするひとは、もとこそ、こころのままにてあしきことをもおもひ、あしきことをもふるまひなんどせしかども、いまはさやうのこころをすてんとおぼしめしあはせたまはばこそ、世をいとふしるしにても候はめ。また往生の信心は、釈迦・弥陀の御すすめによりておこるとこそみえて候へば、さりともまことのこころおこらせたまひなんには、いかがむかしの御こころのままにては候ふべき。(『浄土真宗聖典』(註釈版)七三九頁)

親鸞の主張はこうである。現在の人間は無明の酒に酔うている、それをあわれに思って釈迦・弥陀が手立てをつくし、誓願を立て、薬を与えた。その薬を飲んでやっと酔いが醒めつつあるときに、また酒をすすめるようなことは、あってはならないことだ。薬があるからといって、毒を好みなさいというようなことは、あり得ないことだ。身・口・意で自分の思う通りに好きなようにしてよいというのは、薬があるから毒を好めというようなものだ。初めて誓願を聞いた者が、私のような者が浄土へ往生ができましょうかという場合に、自分のこころの善悪によって浄土に迎えてくださるのではないと言いなさい。そういう教えを聞いて、仏を信じるこころが深くなった者は、昔のような心は棄てようと思ってこそ、この世を厭うことになるだろう。また信心というものは、釈迦・弥陀のすすめで起こるものだから、そういう信心が起こったら、どうして昔のままの心であり得ようか、と言うのである。

これは悪無碍（念仏は悪人救済の教えだから、念仏の教えに従う者はどんな悪いことをしてもさわりはない）の主張に対して、親鸞が反対している消息であるが、酒に酔うという喩えと薬を服用するという喩えで、悪の問題をうまく説明しているように思われる。人間の悪は、無明という酒を飲んで酔うているのと同じであるというのは、根源悪は自らがもたらしたものであると同時に、人間の生まれつきのものという考えを表している。しかもその酔いに対して、他力の教えが薬の意味をもつ。薬を服用することによって、次第に酔いが醒めてくる（入正定聚）。しかし、それは一挙に醒めるのではない。次第に醒めてこの世を厭うようになる（必至滅度）、と言うのである。

本願の教えが薬の意味をもつということは、「信巻」にも記されている。

ここをもつていま大聖（釈尊）**の真説によるに、難化の三機、難治の三病は、大悲の弘誓を憑み、利他の信海に帰すれば、これを矜哀して治す、これを憐愍して療したまふ。たとへば醍醐の妙薬の、一切の病を療するがごとし。濁世の庶類、穢悪の群生、金剛不壊の真心を求念すべし。本願醍醐の妙薬を執持すべきなりと、知るべし。**（同二九五頁）

このように、私たちは難化の三機・難治の三病という癒しがたい病気にかかっている（根源悪にあたる）とみるところに、浄土教の人間観の一つの特色がある。そしてそれからの治療が、仏の本願によって可能というのが浄土教の開いた視野である、と親鸞は考えるのである。

二、「正定滅度」について

親鸞において、回心後の生活はいかなるものとして考えられていたのか。それは宗教者の生活倫理として、重要な意味をもつ問題である。従来はそれは、「信楽開発」後の証の問題として考えられていたようである。『教行信証』では、それは「証巻」に「住正定聚・必至滅度」として、また「還相回向」として考えられている。しかし今日では、その問題は、単にこうした「証」に関わる問題としてはかたづけられないように思われる。

それについて重要な指摘をされているのは、田邊元先生である。

唯一切を他力に委せることが信仰の端的である。いはゆる〈おまかせ〉が救済の道に外ならない。此外に何か自力を以て計らひを加へることは皆救済の妨げとなるといふのである。此様な立場にとつては根原悪などといふのは人間の増上慢に外ならないといふべきであらう。悟つた者救はれた者にとつては、抜き去られない悪といふ如きものはないといはれるからである。これは正に其通であるといはなければならぬ。併し斯かる主張が妥当するのは、ただ悟つた者救はれた者に対してであるといふ条件を忘れてはならない。これは悟らず救はれざる者にとつては許されない所である。否、救はれた者といへども、自力の限界に逢着して自己を放棄した者に於ては、寧ろ根原悪がその救済転換の媒介なのであつて、自己の悪の自覚なく懺悔なき所には救済はあり得ないのである。ただ自力に依つて自ら悟り自ら救ふ聖賢の場合に於てのみ、右の主張が妥当する。併し斯かる聖賢はもと神仏と其性を一にすることを要求するものであるから、実は悟るといふことも、又悟に先だつ迷誤といふことも、厳密にはあり得ない道理であつて、畢竟有限なる人間の境涯に於ては善悪の差別は厳然たるものであり、之を抹殺して自然の無差別をそれに置換へようとするのは、人間存在の真実を無視するものといはなければならぬ。無差別の差別は差別の肯定である。決して単なるそれの直接否定ではない。却て否定に媒介せられたる肯定である。いはゆる〈そのまゝ〉とは実は普通の意味に於ける〈そのまゝ〉ではない。斯かる無媒介なる肯定ではなく、却て否定に媒介せられた、絶対否定に於ける一切の転換復活を謂ふのである。我々にとつては、〈そのまゝ〉の立場、自然の在り方が、血の汗を必要とする修道の結果たるのである。〈そのまゝ〉であることが如何に困難であるかは、ただ之を志した者のみそれを知る。初めから善を求め悪を避けようとせず、倫理的苦闘に身を投じたことのない者が、自らを弁護して自己の安易を保たんと欲する為に、倫理を超ゆる絶対無に於ける〈そのまゝ〉の代に、倫理以下の〈そのまゝ〉を置換える無恥無慚こそ、宗教の害悪の最たるものでなければならぬ。〈そのまゝ〉は所与の現実ではなくして、否定の媒介により到達せらるべき目標たるのである。〈そのまゝ〉が〈そのまゝ〉でなく、〈そのまゝ〉でないこと

が却て〈そのまゝ〉たるのが弁証法的事態に外ならない。(『田邊元全集』第九巻「懺悔道としての哲学」第五章—一四八頁)

親鸞は化身土巻に慚愧懺悔といふ語を用ゐている。懺悔は自力の弱きを慚づる慚愧に伴はれる。無慚にも、自力を尽すことなくして自力の無能を説き、他力の全能を謳歌する徒に、他力大悲の摂取は其儘でははたらかないのである。何となれば、絶対はどこまでも絶対媒介であつて、自力の否定を通らなければはたらき得ないからである。絶対他力は却て自らの他者なる自力を媒介として要求し、自力と相関的にのみ実現せられる。その転換媒介が懺悔に外ならない。(同一五〇頁)

こうした田邊元先生の親鸞理解に対して、道徳と宗教とを峻別する立場から批判されたのは、西田幾多郎先生である。直接に田邊先生の所論を批判されたわけではないが、内容的に厳しい批判を展開されていると考えられるのは、次の文章である。

宗教的に迷と云ふことは、自己の目的に迷ふことではなくして、自己の在処に迷ふことである。道徳的と云つても、対象的に考へられた道徳的善に対する自己の無力感からだけでは、如何にそれが深刻なものであつても、その根柢に道徳的力の自信の存する限り、それは宗教心ではない。懺悔と云つても、それが道徳的立場に於てであるならば、それは宗教的懺悔ではない。

普通に懺悔と云つても、それは自己の悪に対する後悔に過ぎない、自力と云ふものが残されて居るのである。真の懺悔と云ふものには、恥と云ふことが含まれてゐなければならない。恥と云ふことは他に対することである。道徳的に云つても懺悔すると云ふことは、客観的自己に対して、即ち自己の道徳心に対して恥づることである。そこには自己が投げ出される、棄てられると云ふことがなければならない。道徳の場合には、それが人に対してであり、社会に対してである。宗教的懺悔即ち真の懺悔に於ては、それは自己の根源に対してでなければならない、父なる神、母なる仏に対してでなければならない。自己の根源に対して自己自身を投げ出す、自己自身を棄てる、自己自身の存在を恥ぢると云ふことでなければならない。（『西田幾多郎全集』第十一巻「場所的論理と宗教的世界観」四〇七頁）

西田先生は、宗教の立場が、自己を捨てるということでなければならないと言われる。そういう西田先生の立場に最も近い考え方は、西谷先生の見かたにみられる。それはすでに前章に引いた、西谷先生の「信仰といふこと」という文章にみられるであろう。

田邊先生と西田先生の考えの相違は、どこにあるのか。それは宗教的生をどう考えるかにあると思われる。田邊先生の指摘は、回心後の宗教者の生活に関わる。西田先生のそれは、むしろ回心そのことに関わる。両先生の指摘は、それぞれ宗教者の在り方について、厳しい指摘を含んでいる。それを如何に理解するかが、これからの宗教者の課題であろう。

それはともかく、『歎異抄』には、こうした念仏者の生き方について、深い理解が示されている。それは「第九条」に見られる。

念仏申し候へども、踊躍歓喜のこころおろそかに候ふこと、またいそぎ浄土へまゐりたきこころの候はぬは、いかにと候ふべきことにて候ふやらんと、申しいれて候ひしかば、親鸞もこの不審ありつるに、唯円房おなじこころにてありけり。よくよく案じみれば、天にをどり地にをどるほどによろこぶべきことを、よろこばぬにて、いよいよ往生は一定とおもひたまふなり。よろこぶべきこころをおさへて、よろこばざるは煩悩の所為なり。しかるに仏かねてしろしめして、煩悩具足の凡夫と仰せられたることなれば、他力の悲願はかくのごとし、われらがためなりけりとしられて、いよいよたのもしくおぼゆるなり。また浄土へいそぎまゐりたきこころのなくて、いささか所労のこともあれば、死なんずるやらんとこころぼそくおぼゆることも、煩悩の所為なり。久遠劫よりいままで流転せる苦悩の旧里はすてがたく、いまだ生れざる安養浄土はこひしからず候ふこと、まことによくよく煩悩の興盛に候ふにこそ。なごりをしくおもへども、娑婆の縁尽きて、ちからなくしてをはるときに、かの土へはまゐるべきなり。いそぎまゐりたきこころのなきものを、ことにあはれみたまふなり。これにつけてこそ、いよいよ大悲大願はたのもしく、往生は決定と存じ候へ。踊躍歓喜のこころもあり、いそぎ浄土へもまゐりたく候はんには、煩悩のなきやらんと、あやしく候ひなましと云々。（『浄土真宗聖典』（註釈

版）八三六頁）

これについて、武内義範先生はこのように記されている。

この『歎異抄』の親鸞と唯円との対話は、もし誰かそれを読む人が第三者の立場でそれを理解しようとしたら、そこにはもう唯円の問いも親鸞の答えも存在しないような、せっぱつまった応答であって、多くの人がするように、いくばくかの唯円の不審の名残りを、軽く受け継いで、それでもって親鸞の同じ解答を期待しうるような種類のものではない。それは、そういう立場からは全く立ち入れない領域であって、そこにふみ入るには、人はまず「弥陀の五劫思惟の願をよくよく案ずれば、ひとへに親鸞一人がためなりけり」という宗教的実存の単独者の立場を、何らかの意義で体得しなければならない。（中略）このような宗教的実存の「一人」の立場に対して、初めてそこだけで遭遇しうる絶対の汝としての弥陀の本願が真実のものとなり、浄土真実の生きた姿、生きたはたらきが彼の心に映じてくる。そうしてこのような親鸞一人の問題が、実は唯円一人の問題であるところに、この応答があり、またそれがすべての人の一人一人の究極の問題であり、またそうなるかぎり、この『歎異抄』の言葉は、かぎりない深さが最も直接な切実さとなって、暖かくわれわれの心に呼びかけ、語りかけてくる、私の心に将来する真実である。（中略）

信は人間の求めるもっとも究極的なものにかかわっている。したがってそれによって得られる喜びもまた「よろこぶこころのきわまりなきかたち」として踊躍歓喜を伴っているはずである。けれどもそれだけが信楽の唯一の表現ではない。宗教的体験の歓喜や法悦の後には、その精神の緊張が弛緩した状態も、やがてまた必然的に継起してくる。神秘主義者たちが「魂の闇夜」と呼んだのは、このような神に見離された孤独と寂寥のことである。しかし真の慶喜はいわゆる「魂の闇夜」をくぐりぬけた「往生一定のたのもしさ」でなければならない。親鸞が言っているのは、この「我ならぬ」真実の深さと力強さについてである。この『歎異抄』の唯円の問いは、おそらく日頃唯円が親しんでいた親鸞の『唯信鈔文意』の次の言葉を予想してのことであろう。「この信心をうるのを慶喜という。信心をえて慶喜するひとは諸仏にひとしいひととなづけることができる。慶はうべきことをえて、そのあとでよろこぶことである。喜はこころのうちにつねによろこぶこころである、すなわち信心をえてのちによろこぶことである。喜はこころのうちにつねによろこぶこころがたえないで、憶念がつねにあることである。踊躍することである。踊は天におどるのをいう、躍は地におどるのをいう、よろこぶこころの際限のない有様をあらわす語である。」

親鸞も唯円もこの踊躍歓喜の体験をもっている。それはかつてもあったし、今もおろそかになってはいるが、間歇的に存在しはする。しかし信によってするどくされた自己反省は、これを信仰の確かさの最後の根拠、真理の最高の規準にすることをこばむのである。憶念のつねなる喜びはそこにはないから。ではどこにそれは見出されるべきであるか？　われわれは次の

「よろこばぬにて、いよ〱往生は一定」という逆説的な言いあらわしのうちに、とぎすまされた信楽が、心光に輝いているのを見出すであろう。（『武内義範著作集』第二巻一一〇九頁）

親鸞にも唯円にも踊躍歓喜の体験はあった。しかし、それだけが信仰の真理基準の尺度ではない。もちろん、信は究極的なものにかかわっている。したがって、それによって得られるよろこびもまた、「よろこぶこゝろのきはまりなきかたち」としての踊躍歓喜を伴っているはずである。けれども、それだけが信楽の唯一の表現ではない。宗教的体験の歓喜や法悦の後には、その精神の緊張が弛緩した状態も、やがてまた必然的に継起してくる。真の慶喜はいわゆる「魂の闇夜」をくぐりぬけた「往生一定のたのもしさ」でなければならない。親鸞が言っているのは、この「我ならぬ」真実の深さと力強さについてである。（同第五巻一二三三頁）

「歓喜」という問題は、親鸞にとって大きな問題であった。「信巻」に引用される第十八願成就文にも「信心歓喜」の語があり、その釈文にも「身心の悦予を形すの貌なり。」と記されている。一般に、「歓喜」という感情が宗教経験に伴うことは、たとえばジェイムズの『宗教的経験の諸相』にも取り上げられている。親鸞はそれを、『一念多念証文』にも『唯信鈔文意』にも述べている。

「信心歓喜乃至一念」といふは、「信心」は如来の御ちかひをききて疑ふこころのなきなり。「歓喜」といふは、「歓」は身をよろこばしむるなり、「喜」はこころによろこばしむるなり。

うべきことをえてんずとかねてさきよりよろこぶこころなり。（『浄土真宗聖典』（註釈版）六七八頁）

この信心をうるを慶喜といふなり。慶喜するひとは諸仏とひとしきひととなづく。慶はよろこぶといふ、信心をえてのちによろこぶなり。喜はこころのうちによろこぶこころたえずしてつねなるをいふ。うべきことをえてのちに、身にもこころにもよろこぶこころなり。（同七一二頁）

この問題は、宗学においても、異安心につながるとして、その解説に苦心が払われたところである。論題としては、「歓喜初後」の問題として、たとえば次のような解説が試みられている。労謙院（善譲）の説をみてみよう。

問、成就文の歓喜は初起の一念なりや、信後相続なりや、又信後の喜を信心の処に明し給ひたるものなりや。答、古来異説紛紜たり、先ず一義では、此は相続の喜を以て信心の処に名けたものなりと云ふ、二に信後に所聞所得の廻向を取り出して喜ぶ故に歓喜とは相続の念なり（明教院の義意）、三に歓喜とは信心の相貌なり、獲得の相を顕す身心の機を顕すとのたまふ故に信後相続の喜を以て初一念に名くるにも非ず、又相続の念仏にも非ず、祖は一念を釈して「顕信楽開発時剋之極促」等と、信の一念の極促について歓喜を釈し給ふ、何ぞ相続の喜ならん等と云々（浄信院の義意）、四に、歓喜は信の当対が歓喜にして即ち往生の大事を安堵したことなり、摂取不捨の謂を信じて往生の大事を決定して少しも貪瞋の焼湿を怖れず、安心安堵する信心を歓喜といふなり、五に、成就の文の歓喜は体相共に顕わしたもの、体とは無疑の信、相とは歓喜、信心の体と信相の歓喜と並べて説いたもの、そこで『信巻』一念釈に広大難思の慶心を顕すとの給ふものが以相顕体の釈なり、其外種々の義あれども今弁ずるに遑あらず、此等の義を以て考へたまふべし。問、先輩の義を縷々聞くといへども、各々巧あるに似て其是非弁へがたし、何れの義に随うて可ならんや。答、何れも先輩力を尽したまひし義なれば宗意に害はなかるべし、別に義を設くるにも及ばざるところなれども、研究の一助に今一義を弁せば、歓喜は固より初発相続に通ずれども成就の文のごときは正しく初起が当前、兼ねては相続して通ずるなり。問、其義何を以て知るや。答、高祖已に異訳を以て助顕し給ふとき、歓喜愛楽の四字を以て成上起下とし給ひし其中に於て、歓喜の二字を殊に成上の義を主とするを顕し給ふ、依つて『信巻』成就の全文を引き給ふとき一念浄信を歓喜せんと、上信に属して点を下し給ふ、又一念を釈し給ふときも「彰広大難思慶心」との給ふ、又「能発一念喜愛心」と云ひ、又『銘文』には「一念慶喜の真信よく発すれば」等と『讃』では「一念慶喜するひとは、往生かならず定まりぬ」と、（中略）故に『信巻』に成就の文を引点し給ふて、信心歓喜せんこと乃至一念せんと、信心に歓喜を属し給ふ、又『讃』に「一念慶喜するひとは、往生必ず定まりぬ」等との文意をば信心を得るを慶喜と云へり。『二巻鈔』には慶の言は獲信の言葉なりとのたまふ、皆是れ初起一念の言葉とし給ふ。問、正しく初起にあること上来の引文にて了知すれども、相続を兼ぬるとは何を以て知るや、答、是は歓喜を信心に属して見るときは上に弁ずる如く初発となる、又下に属して歓喜、乃至と組合せて見る時は、歓喜が相続の義となる、歓喜相続に約して釈し給ふもの多く此意に依る。（中略）《増補》信心と歓喜とは同時なり、爾らば歓喜は何を種として生ずるぞと云ふに、法体もと大安慰の徳あるが故に領受の一念歓喜自ら存す、爾ればば無疑の信心より生ぜざるものかと云はば、然らず、体相の差別本よりある故に、体に具はる相なれば、体より起こる歓喜心と云ふべし、爾りと雖も、次第前後ありて生ずるにあらず、体相ありながら同時なり、法相の三法展転因果同時の如し、爰に知る、歓喜の一念とは即ち初の聞信一念なることを、歓喜亦正因なりやと云はば、本より体相の異ある故に、因体を指定するときの名は信心にして歓喜に非ず、以上『清涼遺芳』の意なり。（『真宗百論題集』上、九〇頁）

これはどういうことを言うのかと言えば、「歓喜」という喜悦の感情が「信心開発」という浄土教の宗教体験に必ず伴うべきかどうかを問題にしていると考えられる。その趣旨は、第十八願成就文には「信心歓喜」というから、「歓喜」という喜びの感情は信心開発の最初にあるのか、あるいは信心開発の後に相続してあるのかを問うのである。これに対して古来異説が多様にあるが、労謙院は歓喜は初起にあるが相続を兼ねているという。すなわち喜びの感情は初めから起こり、ずっと続いてゆくと言うのである。しかし、増補の文では、信心と歓喜は同時にあると言う。そうなら

「歓喜」が往生の正因と言ってよいかといえば、いや往生の正因は「信心」であると言うのである。これは親鸞の文証からいっても、信心と歓喜は同時にあるが、歓喜はあくまで感情の動きであって、その歓喜があるからといって宗教的な回心が起こったとは言えないという意味である。そして喜びの感情があるからといって、信心開発の証しとはならないと言う。その解釈は他の論者にも共通のことで、おそらく「歓喜正因」という異義が主張されたことに対する批判であろうと思われる。それについては、『歎異抄』第九条の理解が決定的な意味をもつであろう。

「証巻」の後半は「還相回向」についての説明で終わっている。「還相回向」とはどういうことか。それについて「証巻」ではこう記されている。

二つに還相の回向といふは、すなはちこれ利他教化地の益なり。すなはちこれ必至補処の願（第二十二願）**より出でたり。また一生補処の願と名づく。また還相回向の願と名づくべきなり。『註論』**（論註）**に顕れたり。ゆゑに願文を出さず。『論の註』を披くべし。**（『浄土真宗聖典』（註釈版）三一三頁）

この後、『浄土論』と長文の『論註』（下）をひき、「入一法句」「二十九種荘厳」について述べ、きわめて抽象的な議論を展開する。そこには、浄土教を仏教に位置づけようとする親鸞の配慮があ

るのではないだろうか。そして最後に、

しかれば、大聖の真言、まことに知んぬ、大涅槃を証することは願力の回向によりてなり。還相の利益は利他の正意を顕すなり。ここをもつて論主（天親）は広大無礙の一心を宣布して、あまねく雑染堪忍の群萠を開化す。宗師（曇鸞）は大悲往還の回向を顕示して、ねんごろに他利利他の深義を弘宣したまへり。仰いで奉持すべし、ことに頂戴すべしと。（同三三五頁）

という言葉で終わっている。その趣旨は『正像末和讃』に「南無阿弥陀仏の回向の　恩徳広大不思議にて　往相回向の利益には　還相回向に回入せり」「往相回向の大慈より　還相回向の大悲をう　如来の回向なかりせば　浄土の菩提はいかがせん」（同六〇九頁）とうたうことと同じである。それについては「真仏土巻」において、「往還回向」として問題にしたい。

三、「称名報恩」について

「称名報恩」（『真宗百論題集』上、二三四頁）ということは、親鸞歿後に出てきたと考えられる。しかしその考えが親鸞になかったとは言えない。たとえば論題には、労謙院（善譲）が、「高祖は（称名報恩を）何れに依りたまふや」という問いを立て、「七祖の中、先づ龍樹に依り給ふ、其義は七祖に貫通するなり」と答え、『易行品』を引いている。また浄満院（円月）は、「信後の称名は正因已満の行なるが故に、これを業成位に置かずして、現生十益を明す中には知恩報徳の益と名け、後に西河、終南の釈を引いて其義を証明して称名報恩の宗義を弁定したまう、『正信偈』『和讃』等皆此意なり」と言い、専精院（鮮妙）は、「信心正因、称名報恩の義は一家の常教なり」と言い、さらに、「称名は報恩とする相承ありや」という問いを立て、「『正信偈』南天章に此義を顕して下六祖に及ぼし、吉水章に信疑決判を出して上六祖に泝るに、信因称報は七祖相承の法門なることを顕示し給ふ」と答えている。要するに、「信心正因・称名報恩」は三国七祖に伝統の教えであり、浄土教にとって基本的な教えであると言うのである。

しかし、それは「如来回向の信心」を浄土教の中心と主張する親鸞について言えることで、一般に浄土教の流れの中で生まれてきた教えではない。浄土教で成立した教えは、「称名正定業」とか「往生之業念仏為本」（『浄土真宗聖典』（註釈版）一八五頁）とか言われるように、「称名念仏」を中心と考えなければならぬであろう。それなら親鸞における「称名報恩」という主張は、どのような意味をもつのであろうか。

親鸞においては、信心開発のときに、往生成仏の因は満足し、それが「信心正因」と言われるのであるから、称名は往生の正因ではない。称名は阿弥陀如来の摂取を喜び、その感謝の思いが現れているものとされる。それでは称名は無意味であるかといえば、そこに信心開発後の称名の意味づけが試みられることになる。それはやはり、「称名念仏」の宗教的生にとっての意味というものを考えなければならぬように思われる。一言で言えば、それは宗教的生の反復という意味をもつのではないであろうか。

そういう意味をもつということが反省されることなしに、教学上では、「称名報恩」が論じられてきた。しかし、「このうへの称名は、御恩報謝と存じよろこびまうし候ふ。」（同一二二七頁）という領解文の言葉は、教団のレベルで形成された言葉である。専精院は、浄満院と同じく、「信後の称名たるや正因已弁の作業、信海流出の事業なれば、是れ即ち知恩報徳なり」と言うが、それは事後に意味づけをしたにすぎない。その他、「称名策励」の論題も、かなり会通に苦労しているのは、やはり「称名」についての浄土教の伝統と、親鸞の独自な教えとの相違をどうにかして通さねばならぬという課題を意識するからであろう。それなら、どうして「称名」の意味を別な観点から考えようとしなかったのか。そこに教学の問題点があると思われる。

武内先生は諸仏の「称名」を「宇宙的なコーラス」と考え、私たちの念仏をそれに和することと考えられた。ここでそれを考えるならば、「称名報恩」は諸仏の咨嗟称揚に、私たちが和することと理解できよう。そうした理解によって、「称名報恩」ということも、一層広い視野で受け止められるのではないだろうか。

第六章　宗教的世界

――「真仏土巻」の根本問題――

つつしんで真仏土を案ずれば、仏はすなはちこれ不可思議光如来なり、土はまたこれ無量光明土なり。しかればすなはち、大悲の誓願に酬報するがゆゑに、真の報仏土といふなり。すでにして願います、すなはち光明・寿命の願（第十二・十三願）これなり。（『浄土真宗聖典』（註釈版）三三七頁）

一、宗教的世界について

浄土教はその名の示す通り、本来、浄土願生の教えであった。仏教の他の宗派のように、「さとり」を第一義に求めるものではない。その点に、浄土教が仏教とは流れを異にするものではないかという説が出てくる理由がある。しかし浄土教は、大乗仏教の一つとして成立したものであり、仏教徒たちはそのことに何の疑問も抱かなかった。その意味では、先に引用した鈴木先生の指摘は正しいと言わねばならない。浄土教が仏教であることに何の疑問もないのである。しかし、そのもともとの教えは、現世では修行をしてさとりをひらくことはいろいろ邪魔が入って困難であるから、一旦浄土に生まれて、何の邪魔もなく修行をしてさとりに達するということであった（別時意趣）。しかしそういう教えは退けられ、浄土は凡夫の生まれるさとりの世界（報土）であるという理解に転じていった。そこに浄土は、凡夫にとって到達すべき究極の目的地であるという考え方が成立してくる。それに対して親鸞の浄土観は、全く新しい視野をひらくものであった。親鸞は、決して浄土を衆生の到達すべき理想界とは考えていない。むしろそこから光がさしこむことによって、初めてこの現実界が意味をもつと考えていたのではないだろうか。

二、「浄土」について

現代は、浄土という表象が最も受け入れ難くなっている時代である。地動説から天動説への宇宙観の移りゆきは、単に宗教的世界観から科学的世界観への変化ということにはとどまらない。まさにコペルニクス的革命といってよい大きな変革が、人間の意識に起こったのである。親鸞の「地獄は一定すみかぞかし」（同八三三頁）という言葉は、親鸞の生きた時代の世界観を背景としている。自らの業によって、その結果を死後も受けるという考えは、仏教徒全般の共通理解であった。そういう考えが受け入れ難くなったという意味が、現代の科学的世界観にはある。

しかし、宗教的世界観には、科学的世界観とは異なった存在理由がある。それは感覚的に捉えられる世界を示すものではない。その意味では、実証的な世界を言おうとするものではない。しかし、人間は実証的な世界のみを求めるわけではない。むしろ宗教的世界観は、人間の求めてやまない自己の在所を示すという意味をもつ。科学的世界観にはそれがない。十五億年先の宇宙を誰が見るのか、巨大なガスと化した太陽を地球上の誰が観察するのか。そこには一切を無意味とするニヒリズムがあらわれている。たとえば、スマトラ沖の大津波は、宇宙的なレベルで言えば、一つの地表の動きの結果にすぎないかもしれない。しかし、たまたまその津波で、わが子を奪われた父親にとっては、それではすまない運命的な大事件であろう。子を失った悲しみは、生涯消えない苦悩としてその父親に残る。それを癒すのは、科学的世界観ではない。それは、波に消えた子を悲しむ父親の悲しみを癒さない。それを癒すのは、宗教的な慰め以外にはない。そこに宗教的な世界観・人生観の意味があるのである。それは、人類がどれほど宇宙的な視野を広げてもなくならない。「浄土」という表象は、そうした宗教的表象の一つである。それは、人間の求めてやまない真実というものに関係している。

それについて、武内先生のおっしゃっていることを聞いてみよう。


親鸞はその生涯を通じて自分自身に対しても、自分を包む周辺の世界に対しても、徹底的に苛責なく真実ということを求めた人であった。『歎異抄』第四章のうちに「末とほりたる」という言葉があるが、親鸞はその末とおりたる真実を求めてやまなかったと言えよう。その結果、親鸞の経験しなければならなかったことは、自己自身の心のうちにも世間にも末とおりたる真実というものが、どこにも存在しないということであった。この末とおりたる真実が存在しないということのうちには、さらにそれを求める真実心もまた自己のうちにも世間にも存在しないということが含まれている。

こうして、徹底的に苛責なく批判する自己批判の底から、そのような自己批判をもなしえないという、もう一段底の深い自己批判が生まれてくる。それは徹底できないという自己の誠実のなさ、おおまかに言えば、自己の有限性に対する徹底した自覚であって、その徹底した自覚がまた、どこまでも未徹底にとどまっているということである。そのような矛盾を含んだ自己批判は、それだけでは、内に喰いこみながら無限に深まっていく絶望にすぎないが、この矛盾を超え、これを包むものとして、超越的な仏のあなた（彼方）からの末とおりたる真実心というものが現われてくると、そこにようやく落着するところが見出される。（中略）親鸞の浄土真実というのは、そのような真実心の彼岸の大地性であって、それはどこまでも、人間に対しては、あなた（彼方）のものでありながら、それが同時に、真の人格、あなた（汝）からのものとして、私の心によびかけ、語りかけてくる、私の心に将来する真実である。言いかえると、浄土真実とは、そのような仕方で、超越的であるとともに内在的な、内在的であるとともに超

越的な絶対的真理の将来する現実である。（『武内義範著作集』第五巻一二三三頁）

「証巻」において「正定滅度」と、「還相回向」とを明らかにした親鸞は、「真仏土巻」において、それらの証果を成立させる根拠としての真仏・真仏土を明らかにしようとする。したがって、この巻の根本問題は、武内先生の言われるあなたから開かれる真実と、その世界、すなわち真仏・真土としての「浄土」と、その「浄土」に生まれること、すなわち「往生成仏」という問題であろう。

真仏・真仏土について、まず何よりも注意をひくのは、親鸞がそれを「光明」と表現していることである。すなわち、「仏は則ちこれ不可思議光如来なり。土はまたこれ無量光明土なり」という。これは、当時の阿弥陀仏やその浄土の一般的な表象に比較するならば、きわめて特色のあるものと言わねばならない。一般的には、仏身については、『観経』所説の定善第九観「真身観」の仏身が、仏土については、『大経』所説の浄土や、『観経』所説の定善の諸観、『阿弥陀経』所説の浄土荘厳、さらには源信の『往生要集』に明らかにされる欣求浄土十楽中の第四「五妙境界楽」に説かれる浄土の相等がよく知られたものであったと思われる。仏はすぐれた相好をそなえ、金色燦然とした身より光明を放ち、諸仏菩薩を従えて念仏行者を摂取する姿が、浄土は七重の欄楯・羅網・行樹でとりまかれ、金銀等の七宝で荘厳された宝池・階道・楼閣などのある極楽国土が表象されているのである。これに対して親鸞は、仏は「不可思議光如来」、仏土は「無量光明土」と言って、それ以外の表象を一切加えない。これはどういうことなのであろうか。

言うまでもなく『教行信証』は、親鸞の宗教的経験の論理的表現である。自己の宗教経験を基礎として、経・論・釈の引用・訓読・解釈を展開し、それによって、自らの経験の普遍的意味を見出そうとするのが、この書の制作の意図であったと言うことができる。それ故に、この書を理解するにあたっては、その表現を生むに至った親鸞の宗教経験そのものに迫ることが求められる。

この場合、親鸞が仏身・仏土について、一般の表象をとらず光明のみに限定したのは、そこに独自の経験があったからと考えられる。それは単に、空想的・神話的な表象を退け、浄土教を非神話化して大乗仏教の中に位置づけようとする思想的動機（それもあったかもしれないが）のみによるものではないであろう。むしろ親鸞の宗教的生そのものが、大乗仏教の流れに沿うものであったからこそ、その表現が大乗仏教の精神にかなうものとなり、また、空想的・神話的イメージから離れたものとなったのではないであろうか。親鸞は自己の宗教経験に基づいて、真仏を不可思議光如来、真仏土を無量光明土と言うのである。このことを立ち入って考えてみよう。

『一念多念証文』に、親鸞は「本願一乗無礙真実功徳大宝海」という語を解釈して、このように言う。

いま一乗と申すは、本願なり。円融と申すは、よろづの功徳善根みちみちて、かくることなし、自在なるこころなり。無礙と申すは、煩悩悪業にさへられず、やぶられぬをいふなり。真実功徳と申すは名号なり。一実真如の妙理、円満せるがゆゑに、大宝海にたとへたまふなり。

一実真如と申すは無上大涅槃なり。涅槃すなはち法性なり、法性すなはち如来なり。宝海と申すは、よろづの衆生をきらはず、さはりなく、へだてず、みちびきたまふを、大海の水のへだてなきにたとへたまへるなり。この一如宝海よりかたちをあらはして、法蔵菩薩となのりたまひて、無礙のちかひをおこしたまふをたねとして、阿弥陀仏となりたまふがゆゑに、報身如来と申すなり。これを尽十方無礙光仏となづけたてまつれるなり。この如来を、南無不可思議光仏とも申すなり。この如来を、方便法身とは申すなり。方便と申すは、かたちをあらはし、御なをしめして、衆生にしらしめたまふを申すなり。すなはち阿弥陀仏なり。この如来は光明なり、光明は智慧なり、智慧はひかりのかたちなり。智慧またかたちなければ不可思議光と申すなり。この如来、十方微塵世界にみちみちたまへるがゆゑに、無辺光仏と申す。しかれば、世親菩薩（天親）は尽十方無礙光如来となづけたてまつりたまへり。（『浄土真宗聖典』（註釈版）六九〇頁）

この文の趣旨は、諸仏が世に出られる所以は、阿弥陀仏の本願を説いて一切衆生を真実功徳大宝海へ導き入れることにあるが、この宝海というのは、一実真如、すなわち無上大涅槃をいうのであり、一切衆生を分け隔てなく受け入れられるから海にたとえられるのである。この一実真如の宝海より形を現されたのが阿弥陀仏であり、この如来は光明にほかならないから、不可思議光仏と申すのである、と、こういうことであろう。ここには、阿弥陀仏が光明であるとする理由が示されている。形なき一実真如宝海から形を現したのが阿弥陀仏であるから、それは光明と表現すれば十分なのであり、それ以上の具体的表象を必要としないという親鸞の考えが読み取れる。

このことを『唯信鈔文意』ではこのように言う。

「極楽無為涅槃界」といふは、「極楽」と申すはかの安楽浄土なり、よろづのたのしみつねにして、くるしみまじはらざるなり。かのくにをば安養といへり。（中略）「涅槃界」といふは、無明のまどひをひるがへして、無上涅槃のさとりをひらくなり。「界」はさかひといふ、さとりをひらくさかひなり。大涅槃と申すに、その名無量なり、くはしく申すにあたはず、おろおろその名をあらはすべし。「涅槃」をば滅度といふ、無為といふ、安楽といふ、常楽といふ、実相といふ、法身といふ、法性といふ、真如といふ、一如といふ、仏性といふ。仏性すなはち如来なり。この如来、微塵世界にみちみちたまへり、すなはち一切群生海の心なり。この心に誓願を信楽するがゆゑに、この信心すなはち仏性なり、仏性すなはち法性なり、法性すなはち法身なり。法身はいろもなし、かたちもましまさず。しかれば、こころもおよばれず、ことばもたえたり。この一如よりかたちをあらはして、方便法身と申す御すがたをしめして、法蔵比丘となのりたまひて、不可思議の大誓願をおこしてあらはれたまふ御かたちをば、世親菩薩（天親）は「尽十方無碍光如来」となづけたてまつりたまへり。この如来を報身と申す。誓願の業因に報ひたまへるゆゑに報身如来と申すなり。報と申すは、たねにむくひたるなり。この報身より応・化等の無量無数の身をあらはして、微塵世界に無礙の智慧光を放たしめたまふゆゑに尽十方無礙光仏と申すひかりにて、かたちもましまさず、いろもましまさず、無明の闇をはらひ悪業にさへられず、このゆゑに無礙光と申すなり。無礙はさはりなしと申す。しかれば、阿弥陀仏は光明なり、光明は智慧のかたちなりとしるべし。」（同七〇九頁）

ここでは、はじめに、極楽としての仏土を述べ、それが涅槃界、すなわちさとりの世界であることを明らかにし、その涅槃が仏性であり法性であるとして、そこから方便法身である尽十方無碍光如来があらわれると言い、その如来は智慧光であって、色も形もないと記している。言い換えれば、色も形もない法性法身の真如から形をあらわして方便法身の姿を示し、衆生済度の誓願を成就して報身となり、さらに多くの応化身をあらわして十方世界に光明をはなつのが無碍光如来であるから、無碍光如来は光明にほかならないというのである。要するに、真仏も真仏土も、あらゆる表象を超えているのであって、もし表現するなら光明としか言いようがないというのである。しかもその光明は、「智慧のかたち」すなわち智慧をあらわすものであって、人間の経験する光ではない。「超日月光」と言われるように、太陽や月の光をも超えるすぐれた光とされる。それはこの光明が、真如実相をあらわすものであるからである。暗黒に光が到来すれば、一切の事物が照らし出されるように、衆生の無明の闇の中に如来の智慧光が到来したならば、真如実相があらわならしめられる。そのはたらきを光明と言うのである。仏身・仏土は、そのようなはたらきを起こす源としてある。それは、現世から超在する静止的な場所ではなく、現世を照らし出す光源であると親鸞は考えていたのではないだろうか。

従来の固定的な仏身観・仏土観を転じて、そのいずれをも光明と表現した親鸞の独自な理解は何に基づいているのか。それは、親鸞自身の信心開発の事実によると考えられる。親鸞は自らの宗教経験に基づいて、仏身・仏土を光明と表現したのである。そのことは「行巻」の「正信念仏偈」にも示されている。「よく一念喜愛の心を発すれば、煩悩を断ぜずして涅槃を得るなり。凡聖・逆謗斉しく回入すれば、衆水海に入りて一味なるがごとし。摂取の心光、つねに照護したまふ。すでによく無明の闇を破すといへども、貪愛・瞋憎の雲霧、つねに真実信心の天に覆へり。たとへば日光の雲霧に覆はるれども、雲霧の下あきらかにして闇なきがごとし。」（同二〇三頁）。信心獲得によって得られる現生十種の益の中、第六の心光常護の益を言っているのであるが、それはそのまま正定聚に住する信心の行者の在り方でもある。正定聚に住する者は、そのまま直ちに滅度に至ることが約束されている。正定聚ということはそういうことである。正定聚の位につき不退転に住することは、すでに達せられたことであるが、同時にそのことは、未だ達せられていない滅度に至ることを約束している。そういう二つのことを同時に実現し得るはたらきを表現しようとすれば、光明というほかかない。如来より発する光明のはたらきとすることによって、初めて現に起こっていることと、未だ起こっていないこととが不離に成立するとして表現され得る。闇黒の中に光が到来すると、一切が照らし出されると同時に光源のあることが明らかとなる。光源なしに光の到来することはない。光の到来は同時に、光源の存在を示しているのである。照らし出されることにおいて光の到来を知り、同時に、光源の存在を知る。それを親鸞は、「たとへば日光の雲霧に覆はるれども、雲霧の下あきらかにして闇なきがごとし。」（同二〇四頁）と言い、また「われまたかの摂取のなかにあれども、煩悩、眼を障へて見たてまつらずといへども、大悲、倦きことなくしてつねにわれを照らしたまふといへり。」（同二〇七頁）と言うのである。真仏・真仏土を親鸞が光明と表現するのは、そうした理解を基礎としているように思われる。

現在性と将来性という二つの契機を同時に表現し得る表象は、光のほかはない。色や形、音や香りではその二契機を表現し得ない。それだけではなく、親鸞が本願真実の教えに遇ったとき、それは彼の長年にわたる心の闇を破る光であった。そのことは、「信巻」末に『論註』を引いて、「たとへば千歳の闇室に、光もししばらく至れば、すなはち明朗なるがごとし。闇、あに室にあること千歳にして去らじといふことを得んや。」（同二九九頁）と言っていることからも推測できる。こうした自らの宗教経験に基づいて、人々を信心開発へ導き、「住正定聚・必至滅度」の証果を得させる根源として、真仏・真仏土を光明と表現したのであろう。

「真仏土巻」において、親鸞は、第十二願（光明無量の願）・第十三願（寿命無量の願）の願文をあげた後、それらの願の成就文を引いてこのように言う。

願（第十二・十三願）**成就の文にのたまはく**（『大経』上）、**「仏、阿難に告げたまはく、**〈**無量**

寿仏の威神光明、最尊第一にして、諸仏の光明の及ぶことあたはざるところなり。乃至このゆゑに無量寿仏をば無量光仏・無辺光仏・無礙光仏・無対光仏・炎王光仏・清浄光仏・歓喜光仏・智慧光仏・不断光仏・難思光仏・無称光仏・超日月光仏と号す。それ衆生ありて、この光に遇ふものは、三垢消滅し、身意柔軟なり。歓喜踊躍し善心生ず。もし三塗勤苦の処にありて、この光明を見れば、みな休息を得てまた苦悩なけん。寿終への後、みな解脱を蒙る。〉」（同三三七頁）

阿弥陀仏の十二の別名をあげて、その光明のはたらきを示し、その光に遇う者は貪・瞋・痴の三毒が消え、身心が柔軟になり喜びに満ち、もし地獄・餓鬼・畜生の境涯にあってこの光を見るならば、みな苦悩がなくなって、命終わって後、苦悩の境涯から解脱することができると言うのである。そして、この「解脱」ということをめぐって、『涅槃経』を引用し、十三の文によって真仏・真仏土の本質を明らかにしようとする。「解脱」は如来であり涅槃であり仏性である。その如来すなわち涅槃は、常・楽・浄であって、有為の法ではない。「諸仏如来は煩悩起らず、これを涅槃と名づく。所有の智慧、法において無礙なり、これを如来とす。」「如来は身心智慧、無量無辺阿僧祇の土に遍満したまふに、障礙するところなし、これを虚空と名づく。如来は常住にして変易あることなければ、名づけて実相といふ。」（同三四八頁）。これらの文は、かならずしも理解が容易ではないが、親鸞は、『涅槃経』の文を自由に引用して、真仏・真仏土が、さとりの境地として人間の表象や観念を超えていることを言おうとしているのであろう。その趣旨は、先掲の成就文の「この光明を見れば」を信心獲得、「みな休息を得て苦悩なけん」を住正定聚、「寿終へて後、みな解脱を蒙る」を必至滅度にそれぞれあてはめ、その滅度、すなわちさとりの境地を語ろうとするものにほかならぬと考えられる。

『涅槃経』の引用に続く『浄土論』『浄土論註』『讃阿弥陀仏偈』『観経疏』等の引用も同様で、すべて真仏・真仏土の在り方とそのはたらきとを説くものであり、それをまとめて、親鸞は、

しかれば、如来の真説、宗師の釈義、あきらかに知んぬ、安養浄刹は真の報土なることを顕す。惑染の衆生、ここにして性を見ることあたはず、煩悩に覆はるるがゆゑに。『経』（涅槃経・迦葉品）には、「われ十住の菩薩、少分仏性を見ると説く」とのたまへり。ゆゑに知んぬ、安楽仏国に到れば、すなはちかならず仏性を顕す。本願力の回向によるがゆゑに。また『経』（同・迦葉品）には「衆生未来に清浄の身を具足し荘厳して、仏性を見ることを得」とのたまへり。（同三七〇頁）

と言うのである。ここには、真仏・真仏土がさとりの境地として、衆生にとって、あくまで未来的なものであることが示されている。そのように言われる理由は、惑染の凡夫である私たちは現に煩悩に覆われ、不浄の身を具足しているからである。その身から解脱するとき、初めて仏性があらわ

になる。それが親鸞の確信であったのである。

三、「往還回向」について

「往相と還相」ということについて、従来の理解は、先にも述べたように、往相とは往生浄土の相状、還相とは還来穢国の相状というのであり、廻向とは、廻転趣向の意味で、阿弥陀仏が本願のはたらきによって、私たち衆生に往生浄土と還来穢国との二つのはたらきを得させることと理解されていた。これに対して、その意味をもっと拡げて考えなければならないことを指摘されたのは、田邊元先生である。

元来往相と還相といふのは、浄土真宗に於て、相対者たる人間衆生が、絶対者たる阿弥陀如来の他力にはたらかれて自力を脱し、如来の大悲に摂取せられてこれに帰入し、救済に入らしめられ、浄土往生に決定せられる向上の方向を往相といふに対し、そのやうに救済に摂取せられる人間は、その享けるところの仏の大慈大悲に対する感謝報恩から、仏に奉仕協力してそれを他の衆生に頒ち伝達するために、その一旦往生した彼岸浄土から、此土現生に還来しなければならぬ。これが還相です。還相はそれゆゑ、往相的信がそれにより証しせられる証であるといはれます。しかし交互媒介の立場からいへば、信も自を他のために犠牲にする行為に証されて初めて信たることを実にするのですから、正統的宗教で単純に解する如く、ただ一方的に信が証に先立ち往相が還相を根拠づけるとは、考へることができません。同時に反対に、信が証に、往相が還相に媒介せられるのでなければならぬのです。これ往即還、還即往といはれるゆゑんです。（『田邊元全集』第十一巻―五二一頁）

それをめぐって、さらに、武内義範先生はこのように言われている。

「将来する浄土」ということで言ったことであるが、浄土は将来にあるのではなくて、将来から現在に将来している。現在が現在としてあるというときに、いつでも浄土は現在に将来している。将来から現在にという形で、浄土が、阿弥陀仏が、ここにあなたとして来ている、というのが「汝」というものの本来の姿である。通常われわれは対等な者として私と汝とを考えて、二つのリンゴをテーブルの上に置くように、私と汝とを出遇いの場に置いて、そして私と汝との出遇いとか、出遇いの場というようなことを言っている。しかしほんとうの意味の出遇いというのは、親鸞が法然に出遇ったような、そういう出遇いというものである。そのように考えると、道というものは、私が道を歩むというときに、その道において汝に出遇う。その汝は涅槃からの、彼岸からの人として私に出遇う。親鸞にとって法然はそういう人であったわけであるが、そういう形で私と汝の出遇いのあるところにほんとうの道があり、道としての汝がある。往相と還相というのも道のあり方である。往相のあるところに還相があり、還相のあるところに往相がある。われわれが往相においてまず浄土に往って、それから菩薩として還ってくるというように、そういう考え方もできるが、往相・還相が一つであるところに道がある、それが念仏の道というものの考え方ではなかったか。親鸞の場合、そういう考え方ではなかったかと私は考えている。

と言うのは、『教行信証』では「教巻」の初めに「つつしんで浄土真宗を按ずるに、二種の廻向あり。一つには往相、ふたつには還相なり。往相の廻向について真実の教行信証あり」と言って、『教行信証』の大部分を往相廻向という形で展開し、「証巻」で初めて還相廻向ということを出しているが、『正像末和讃』を読むと、いつも往相と還相は一緒にして、「如来二種の廻向の」とか「往相・還相の廻向に」とか言われていて、往相と還相とは二つ一緒になって働いて、それが弥陀廻向ということであり、念仏であると、そういう形でわれわれの方に来ているものとして捉えられていると思うからである。(『武内義範著作集』第一巻―三七三頁)

われわれは往相とか還相とか、あるいは私とか汝とか言っても、出遇う方の私の方からだけ問題に迫っていこうとするが、本当の意味の出遇いというものは、ちょうどジャングルの中で突然旧い道に出遇うときのように、どこで出遇ったかということがわからない、出遇ってみたら向こうの道の中に入っていた、それがほんとうの出遇いではないだろうか。法然に親鸞が遇うというときも、それは親鸞が尋ねていって法然に出遇ったのであろうが、出遇ってみると、遇うべくして遇ったのであって、法然はずっと親鸞を待っていた、そういうところが出遇いの体験の中にあるのでなければ、本当の出遇いではないのではないか。つまり汝というものが支配している道に、私が入ってゆくのである。私と汝が対等で、チョークと時計が対等にこの机の上にあるというような意味で、二つ並んである場として道があるのではなくて、道に出遇うというときは、あなたからのものとしての道において、汝をあなた（彼岸）として受け止める、そのときに、道もまたあなた（汝）に属するという人格的な面があると思う。「念仏者は無礙の一道なり」と言われるときの「念仏の道」というのもそういうふうにして向こうから現われてくる絶対の道であって、その道に出遇ったというところに、われわれの生きがいが生じてくる。

往相・還相ということを言うときにも、往相と還相とまず二つあって、時間的に往相が先で還相が後だと、そういう普通の解釈でなしに、往相と還相は本来一つであるべきだと田邊元博士は強調された。往相と還相ということは、自信教人信の自信と教人信のような関係であり、私が信仰を得るということは、私が他の人に信仰を与える教化活動と一つになって働いたときに、初めて満たされる。私と阿弥陀仏との関係は、単に私と汝という関係にとどまるものではなく、いつも私が他の人に阿弥陀仏の慈悲を伝えるという教化活動を伴わなければ、信仰が信仰にならない。また阿弥陀仏の阿弥陀仏としての働きは、そういう人間をいちいち阿弥陀仏の慈悲によみがえらせて、本来の人間にするというところにある。われわれが阿弥陀仏の慈悲をいただくということは、必ず他の人にその慈悲を伝えることであり、人に伝えるということは、その人がまた他の人に伝えることである。そういうふうにして、念仏の道というのが社会的に、世界の中に、展開していかなければならない。仏陀の方から言っても、阿弥陀仏が阿弥陀仏としてただ彼岸の世界にいるというだけなら、それは阿弥陀仏ではない。阿弥陀仏が慈悲の主体であるというときには、阿弥陀仏はいつもこの世界に出てきて、衆生を救っていなければならない。衆生を救うという働きがあって初めて阿弥陀仏は阿弥陀仏である。(同三七五頁)

往相と還相ということと、往相から還相へということで考えると、普通、教・行・信・証というのは往相の道であって、此岸から彼岸に通ずる一つの道だと言われる。しかし往相と還相が一つになって働いている「念仏の道」というものについて考えるならば、教・行・信・証というものは、初めから終わりまで絶対者の将来している現在の中にある道である。教をとれば行・信・証が摂まっている。行をとれば教・信・証すべてが摂なっている。すなわち道の全体の景観の中で、それぞれが念仏の中にある教・行・信・証だと、そういうことだと思われる。(同三七九頁)

利他教化、すなわち「自信教人信」ということがほんとうにできるのは、浄土往生の後だと親鸞は言うが、それは非常に逆説的で、むしろその点にこそ、親鸞が「身を粉にしても」という仕方で「教人信」の世界をこの現世において実現し、そのための道を邁進している所以がある。彼岸において(いまだ)は、此岸において(すでに)ということと同一体であって、両者は一つの身体のごとく働いているが、後者を正面の側だとすると、前者はその背中側が出ているのである。利他教化は後のことだ、今はしなくてもいい、今後に残しておく、というのではなくて、「教人信」はいくらしてもできない、いくらしてもほんとうの「教人信」にならない、如来でなくてはできないのだと考えながら、まさにそのゆえに「教人信」に専心しているところに、自らのものではない還相活動というものが、われにもあらぬ力で働くのではないか。（同頁）

こうした田邊元先生や武内義範先生の「往相・還相」についての理解は非常に示唆的である。親鸞も『正像末和讃』では、「南無阿弥陀仏の回向の　恩徳広大不思議にて　往相回向の利益には還相回向に回入せり」、「往相回向の大慈より　還相回向の大悲をう　如来の回向なかりせば　浄土の菩提はいかがせん」（『浄土真宗聖典』（註釈版）六〇九頁）と、つねに往相・還相を一つに言っている。「往還回向」とは、そういうことを言うのではないかと考えられる。

武内先生は、とくに往相・還相の考えが、浄土教の、否、むしろ仏教の基礎と考えられ、そのことを次のようにおっしゃっている。

親鸞の教えによると、光は汝と私の遭遇によって成立する。汝はあなた・遠方から私に遭遇すべく来たり、私とあなたとははからずも相会するのである。しかし、これは私の方からの言い分で、貴方は最初から（遠くから）相会すべく用意してここ・今に来たのである。親鸞の教えではこの遭遇が大切で、出会いのうち、私の方からの出会いを往相、あなたから来たり給うそれを還相と言う。（『武内義範著作集』第五巻―四六一頁）

これは、武内先生の親鸞理解のエッセンスと言ってもいいが、仏身・仏土が光明と表現される理由、他力ということ、如来回向ということ、往相・還相ということ、そのすべてを語るもので、同時に宗教というものの本質を語っていると言えると思う。そして、ここで「親鸞の教えではこの遭遇が大切」と言われるところを、「親鸞の教えではこの遭遇に気づくことが大切」と理解するところに、私の考えがある。

久松真一先生は、「絶対主体道」という立場から、この往相・還相という考え方に鋭い批判をされている。久松先生はこう言われる。

真宗では、現実の私どもが如何に信を得ても現在還相であることは決して出来ない。また信を得たということは、つまりそれが正定聚に入ったということ、そして、即得往生ということは、即得と言っても、それは決して往生したということではなくして、往生が治定した状態であることになっておりますからして、妙好人というものは正定聚位であって、決して還相位ではない。ここに真宗の中世的なところがある。だからして、浄土真宗も新しい形態に脱皮しなければならない。それには往相・還相というものが現生において成り立つということにならなければならない。弥陀に助けられるということを言いますが、弥陀に助けられてであるにしても、とにかく現生において還相位を得て、無的主体というものが現生において働くということになる。それが仏教の極致でありますし、またそれが仏教から見た人間の本当の在り方である。また、仏教から見た人間の真の在り方であるだけではなくして、仏教から見ようが見まいが、それが人間の本当の在り方である。それが本当の妙好人でなければならない。ところが真宗ではそういうことは言えない。だからして、古い信仰に閉じこもっている人には、其処の所がぬけきれない。ところが近世人というものは、其処にいることができないし、またそういうものでは納得がゆかない。それから、弥陀に救けられるということでも、浄土真宗では往還回向というが、往還ともに弥陀一仏に回向せられているということになる。そういうことになると、還相位においてさえ、私どもは弥陀に助けられているということになる。しかし、滅度を得た私どもは法性法身であるから、還相位においては弥陀と私との差別というものはないはずである。薗林遊戯地門に出ても、私にとって他者的な弥陀がなおあって、その弥陀に助けられて、働かされているということは、どうも不合理である。（『久松真一著作集』第二巻「絶対主体道」三七六頁）

久松先生は、「絶対主体道」という立場から、「往相・還相」という考えの矛盾を指摘される。浄土真宗が、妙好人は正定聚位であって、還相位ではないというところに、不徹底なところがあると言われる。

しかし、「還相はいったん浄土に生まれてのち」という考えは、やはり親鸞の徹底した人間の在り方の洞察から出ているとみなければならない。何故人間は浄土へ生まれて後、初めて如来の力によって還相のはたらきに出ると言わねばならないか。それは、現世で信が獲られても、なおそこに私たちが生きている限り、宿世の業縁に支配されていると言わざるをえない事態があるからである。「さるべき業縁のもよほさば、いかなるふるまひもすべし」(『浄土真宗聖典』(註釈版)八四四頁)と言われるような人間の在り方を思うとき、あるいは、「機法二種の深信」という信の在り方を思うとき、そこに、「現当二益」(現世と当世〈未来世〉の二世で利益を受けるということ)という証の在り方が考えられるのである。

そういうことを抜きにして、還相位で衆生済度にはたらきをするのは浄土に往生して仏になった私だから、その仏のはたらきを弥陀が助ける必要がないという考え方は、浄土教の「信」というものが、「地獄は一定すみか」という自覚と一つに結びついており、それが重要な一つの契機になっているということについての理解が十分でないところから出てくるように思われる。

四、「往生」について

「往生」ということがどういうことを意味するのかということについては、『教行信証』は、ほとんど語っていない。ただ、『大無量寿経』の「皆受自然虚無之身無極之体」という句や、『浄土論』の「如来浄土華衆　正覚華化生」、『浄土論註』の「同一念仏無別道故」という句が、「真仏土巻」の末（『浄土真宗聖典』（註釈版）三七二頁）に引かれているだけである。

『一念多念証文』には、

「即得往生」といふは、「即」はすなはちといふ、ときをへず、日をもへだてぬなり。また「即」はつくといふ、その位に定まりつくといふことばなり。「得」はうべきことをえたりといふ。真実信心をうれば、すなはち無礙光仏の御こころのうちに摂取して捨てたまはざるなり。摂はをさめたまふ、取はむかへとると申すなり。をさめとりたまふとき、すなはち、とき・日をもへだてず、正定聚の位につき定まるを「往生を得」とはのたまへるなり。（同六七八頁）

とあり、また『唯信鈔文意』には、

「即得往生」は、信心をうればすなはち往生すといふ。すなはち往生すといふは不退転に住するをいふ。不退転に住すといふはすなはち正定聚の位に定まるとのたまふ御のりなり。これを「即得往生」とは申すなり。「即」はすなはちといふ。すなはちといふは、ときをへず、日をへだてぬをいふなり。（同七〇三頁）

と記されている。これらの文章より見れば、「往生を得」とか「往生す」ということは、真実信心を獲得すれば直ちに正定聚の位につき、不退転に住するということを意味するとされていることが理解される。それは、「往生」といっても浄土に生まれることを言っているのではない。正定聚の位につくことを「往生を得」と言っているにすぎない。

さらに、『一念多念証文』には、善導の『法事讃』から「致使凡夫念即生」という語を引いて、

「念」は如来の御ちかひをふたごころなく信ずるをいふなり。「即」はすなはちといふ。ときをへず、日をへだてず、正定聚の位に定まるを「即生」といふなり。「生」はうまるといふ。これを「念即生」と申すなり。また「即」はつくといふ。つくといふは、位にかならずのぼるべき身といふなり。世俗のならひにも、国の王の位にのぼるをば即位といふ。位といふはくらゐといふ。これを東宮の位にゐるひとはかならず王の位につくがごとく、正定聚の位につくは東宮の位のごとし。王にのぼるは即位といふ。これはすなはち無上大涅槃にいたるを申すなり。

信心のひとは正定聚にいたりて、かならず滅度にいたると誓ひたまへるなり。これを「致とす」といふ。むねとすと申すは、涅槃のさとりをひらくをむねとすとなり。「凡夫」といふは、無明煩悩われらが身にみちみちて、欲もおほく、いかり、はらだち、そねみ、ねたむこころおほくひまなくして、臨終の一念にいたるまで、とどまらず、きえず、たえずと、水火二河のたとへにあらわれたり。かかるあさましきわれら、願力の白道を一分二分やうやうづつあゆみゆけば、無礙光仏のひかりの御こころにをさめとりたまふがゆゑに、かならず安楽浄土へいたれば、弥陀如来とおなじく、かの正覚の華に化生して大般涅槃のさとりをひらかしむるをむねとせしむべしとなり。これを「致使凡夫念即生」と申すなり。（同六九二頁）

と言っている。ここでも、真実信心を獲得すれば、直ちに正定聚の位につき定まることを「念即生」と言い、それは皇太子の位につくのと同じで、皇太子が王の位につくと同様に、正定聚の位についた信心の人はやがて涅槃のさとりに至ると言っている。われわれ凡夫は命終わるまで、煩悩がたえぬが、そうした煩悩のたえぬわれわれが、本願力に乗じて歩んで行けば、仏の光明におさめとられ、浄土に生まれてさとりに達することができると言うのである。

ここで、「即得往生」や「念即生」について親鸞が言っていることは、『消息』で言っていることと同じである。「往生を得」とか「往生す」ということを、「住正定聚・必至滅度」ということとして言っているのである。たとえば、「真実信心の行人は、摂取不捨のゆゑに正定聚の位に住す。このゆゑに臨終まつことなし、来迎たのむことなし。信心の定まるとき往生また定まるなり。」（同七三五頁）、「まづ善信（親鸞）が身には、臨終の善悪をば申さず、信心決定のひとは、疑なければ正定聚に住することにて候ふなり。さればこそ愚痴無智の人も、をはりもめでたく候へ。如来の御はからひにて往生するよし、ひとびとに申され候ひける、すこしもたがはず候ふなり。」（同七七一頁）、「浄土へ往生するまでは、不退の位にておはしまし候へば、正定聚の位となづけておはしますことにて候ふなり。まことの信心をば、釈迦如来・弥陀如来二尊の御はからひにて発起せしめたまひ候ふとみえて候へば、信心の定まると申すは、摂取にあづかるときにて候ふなり。そののちは正定聚の位にて、まことに浄土へ生るるまでは候ふべしとみえ候ふなり。」（同七九三頁）。これらの『消息』の文における「往生」という語の意味と、先掲の『一念多念証文』や『唯信鈔文意』における「往生」という語の意味とは同じである。親鸞は、「住正定聚」と「必至滅度」とを不離のこととして捉え、それによって、「即得往生」を説明しようとしている。「往生」という語の意味を二様に理解し、それを区別して用いているのではない。経釈の論理的順序としては、「即得往生」や「念即生」が先であって、証果としての「住正定聚・必至滅度」が後であろうが、親鸞の体験的事実としては、「住正定聚・必至滅度」が先であって、それによって「即得往生」や「念即生」を説明しようとしているのである。

『教行信証』においては、他の場合にも、親鸞の体験的事実に基づいて、経・論・釈の語の解釈が試みられることが多いことは、一々の例をあげるまでもないであろう。「信巻」の「観経三心釈」の「至誠心釈」や「廻向発願心釈」も、本願力回向の真実信心の開発という事実に即して、親鸞独自の訓点が施されているのであって、その文意が漢文の文脈として、元来そう読まれるべきだと親鸞が考えていたわけではないであろう。「即得往生」や「念即生」についても同様である。「往生を得」という語が、元来「正定聚の位につく」という意味を有すると考えて、「命終わって浄土に生まれる」という普通の意味と区別してそういう意味を明らかにしているのではなく、真実信心の開発したときに、「正定聚に住し、必ず滅度に至る」という証果を得たという親鸞の体験的事実に基づいて、「往生を得」という語の説明をしているのである。

先にも言ったように、自らの体験的事実に基づき、その普遍的意味を、経・論・釈の語句の解釈を媒介することによって得ようとする試みが、親鸞の著作を一貫する制作意図であるとするなら、それを理解するにあたっては、まずその表現の基礎となっている体験的事実に迫らなければならない。ただ論理的構成という観点からのみ理解しようとするならば、そうした表現を生む、生きた事実というものを見失うことになるであろう。この場合、問題は、親鸞が真実信心を獲得した場において、その証果としていかなることを確信したか、それを親鸞の表現を通して理解することにある。親鸞が信心開発の場において受け止め得たことは、その信心が自らの起こすものではなく、如来より回向されたものであり、その故に決して失われるものではなく、したがって自己は不退転に住したのであり、そこから当然、如来のはからいにより、浄土に往生し、さとりに至ることが約束されているということであった。それが親鸞にとって、「往生を得」ということの具体的な内容であったのである。

「住正定聚・必至滅度」ということが、真実信心を獲得したときに得られる証果として、親鸞においては一つのことであると言ったが、それは何に基づいているのか。それは、「信心」というものの在り方に基づいていると言わねばならない。先に述べたように、「真実信心」は機法二種の深信をその内容とする。機の深信は、罪悪生死の凡夫である自己をいうもので、先掲の『一念多念証文』に言う「無明煩悩われらが身にみちみちて、欲もおほく、いかり、はらだち、そねみ、ねたむこころおほくひまなくして、臨終の一念にいたるまで、とどまらず、きえず、たえず」(同六九三頁)ということを言うものにほかならない。そうした凡夫が涅槃に達し得るのは、やはり命終わる時でなければならない。それを「信巻」には、「念仏の衆生は横超の金剛心を窮むるがゆゑに、臨終一念の夕、大般涅槃を超証す。」(同二六四頁)と言うのである。しかし同時に、信心を得たとき、「とき・日をもへだてず、正定聚の位につき定まる」(同六七九頁)のであり、それは、「信巻」に「横超断四流」の「断」を釈して、「往相の一心を発起するがゆゑに、生としてまさに受くべき生なし。趣としてまた到るべき趣なし。すでに六趣・四生、因亡じ果滅す。ゆゑにすなわち頓に三有の生死を断絶す。」(同二五五頁)と言うのと同じである。「三有生死を断絶す」ということは、不退転の位についたということにほかならない。それは、願力によって往生を定められたということであり、法の深信をいうものである。したがって、機の深信は必至滅度に対応し、法の深信は住正定聚に対応する。機法二種の深信が一具のものであると同様に、住正定聚と必至滅度とは一つのことなのである。真実信心という事柄の内容が、機法二種の深信として自覚に上るのと相応じて、住正定聚と必至滅度ということが一つの証果として与えられることが明らかになるのである。

現に正定聚不退転に住するということと、命終わってかならずさとりに達するということとが、同時に一つの証果として信心の行者に与えられるからこそ、親鸞は、善導の『般舟讃』を引いて、「信心のひとは、その心すでにつねに浄土に居す」（同七五九頁）と言うのである。身は罪悪生死の凡夫として穢土にあっても、心はすでに浄土にあるという、そのことは、つねに貪欲・瞋恚・愚痴から離れられぬ煩悩具足の凡夫ということと矛盾するように見えるが、そうした煩悩にみちたままで心は浄土にあるという、それは浄土が彼方でありつつ、またすでに今ここに臨在していると受け止められているから言い得るのである。浄土が現世から超在する場所としてあるならば、身は穢土にあり、心は浄土にあるという表現は身心の分離を言うことになろう。しかし、浄土は無量光明土であり、その光明はすでに信者のもとに至り届いている、その光明の中に心はすでにあり、常に離れることはない、それ故に、信心の人は常に、すでに浄土にあると親鸞は言うのである。光源は離れていても、光はすでに今ここに届いている、その光によって煩悩具足の身も明らかになる。否、煩悩具足の身が明らかになるそのことにおいて、光が届いていることが知られるのである。

仏身・仏土を表現するものとして、親鸞が光明以外の表象をほとんど用いなかった理由は、このような真実信心の在り方と結びついた証果の理解に基づいていると考えられる。「方便化身土巻」においては、第十九願・第二十願の機に対応する化身・化土をあげ、『観経』真身観の仏や浄土、あるいは懈慢界や疑城・胎宮を言うのも、そうした表象が意味をもつのは、第十八願の機ではないことを明らかにするものであろう。

このように、浄土を無量光明土と見、信心獲得のときに正定聚に住し、必ず滅度に至るという証果を得たとする親鸞の宗教的生において、現実の死はどのように受け止められていたのか。そのことを示しているのは、次の最晩年の消息である。

なによりも、去年・今年、老少男女おほくのひとびとの、死にあひて候ふらんことこそ、あはれに候へ。ただし生死無常のことわり、くはしく如来の説きおかせおはしまして候ふうへは、おどろきおぼしめすべからず候ふ。まづ善信（親鸞）が身には、臨終の善悪をば申さず、信心決定のひとは、疑なければ正定聚に住することにて候なり。さればこそ愚痴無智の人も、をはりもめでたく候へ。如来の御はからひにて往生するよし、ひとびとに申され候ひける、すこしもたがはず候ふなり。としごろ、おのおのに申し候ひしこと、たがはずこそ候へ。かまへて学生沙汰せさせたまひ候はで、往生をとげさせたまひ候ふべし。（同七七一頁）

この消息の大体の意味は、こういうことであろう。去年から今年にかけて、老少男女の多くの人々が亡くなったことは悲しいことだが、生死無常の理は、如来が詳しく説かれていることだから、いまさら驚いてはなりません。私としては、そういう臨終のよしあしは問題にしない。信心決定の人は、疑心がないから正定聚に住している。だからこそ、おろかな人も、めでたく臨終を迎える。これは如来の計らいで往生するのだと人々が言っているのは、少しもまちがってはいない。年来、私が皆に言っていることは、まちがっていない。学者たちのような論義をしないで、浄土往生をとげなさい。このように言う親鸞は、死を迎えることは自然のこととしている。死を怖れ、臨終が善い悪いを言うのは、自力で何とかしようと思うからである。信心を決定した上は、如来にまかせるほかはない。そのように、自分の計らいを捨てているからこそ、おろかな人も終わりを全うすることができるのである。

このように、死を自然のこととして受け止めることができるのは、「還相回向」ということと深く結びついているように思われる。「還相回向」が実現されるということは、消極的・否定的な死を、積極的・肯定的なものに転じ得る。と言っても、もとより死を求め願うということではない。「必至滅度」が光源へ還ることを意味するなら、当然そこからはたらき出ることが、自ずからのこととして実現され得よう。光は光源から照射されて初めて光としてある。収斂する光は、そのまま発散する光でもある。光を受けて光の中に還ることは、同時に外へ輝き出ることである。そういうことが「還相回向」ということである。先にあげた『正像末和讃』に、「往相回向の利益には　還相回向に回入せり」と言い、また「往相回向の大慈より　還相回向の大悲をう」というのは、光源へ帰入させるはたらきが、同時に、光源から発する還相のはたらきであることを言うものにほかならない。如来の回向として往相・還相の利益が与えられるということは、如来の慈悲が、信心の行者を現世も来世も貫通しているということである。信心獲得の身になっても、生きている限り煩悩から離れられない罪悪深重の凡夫を、如来の光明は照射すると同時に包摂するのである。そのように受け止められるとき、初めて死は自然のこととなろう。

『阿弥陀経』に説く、名号を執持して一日もしくは七日、一心不乱であれば命終に臨んで仏菩薩が現前し、行者は心転倒せずして浄土に往生する、という教えは、当時の浄土願生者にとって大きな心の支えであった。しかし、親鸞はそれをなお自力の心あるものとして退ける。そこには、本当の安心はない。今、如来回向の信心が開発するならば、もはや臨終の善悪や来迎を問題にする必要はない。「如来のはからい」によって往生するのであり、しかも同時に「還相回向」が約束されているという。本願力に乗託することによって、現世において光明に摂取されるとともに、来世において衆生済度にはたらき出ることが定められる。そうしたことが約束されることにおいて、死は自ずからのこととなる。「臨終来迎・浄土往生」ということと「住正定聚・必至滅度」ということには、宗教的生の捉え方において、根本的な転換のあることが理解されよう。

「真仏土巻」をめぐって、「浄土」「往還回向」「往生成仏」について論じたが、親鸞は、浄土を金色に輝く彼岸の世界とは見ず、あくまで光明と表現される動的なはたらきと見ていると言ったが、そのことは、『浄土和讃』の「観音・勢至もろともに　慈光世界を照曜し　有縁を度してしばらくも　休息あることなかりけり」、「安楽浄土にいたるひと　五濁世界にかへりては　釈迦牟尼仏のごとくにて　利益衆生はきはもなし」（同五五九頁）や、『歎異抄』の「浄土の慈悲といふは、念仏して、いそぎ仏に成りて、大慈大悲心をもつて、おもふがごとく衆生を利益するをいふべきなり。」、あるいは「ただ自力をすてて、いそぎ浄土のさとりをひらきなば、六道四生のあひだ、いづれの業苦にしづめりとも、神通方便をもつて、まづ有縁を度すべきなり。」といった言葉からも理解できよう。親鸞にとっては、観音・勢至はもとより、釈尊も、三国七祖も、わけても師法然は、智慧の光明界から出現した還相の菩薩にほかならなかったのである。

「往生」についての理解も、ユニークであると言わざるを得ない。元来、「浄土へ往いて生まれる」ということを意味する「往生」という概念を、親鸞は、単に未来的に「死後浄土に生まれること」とも理解していないし、単に現在的に「不退転に住すること」とも理解していない。「住正定聚・必至滅度」は、信心獲得によって得られる証果として、あくまで一つのことである。それが親鸞自身の宗教経験において得られた確信であった。現世において決して退転しない正定聚の位につき、同時に命終わってかならず浄土に生まれてさとりに達し、衆生済度のはたらきに参加するという約束を得る、それが本願力回向によって私たちに与えられる利益であり、人間のはからいをまじえない事柄である、こうした確信に基づいて、『一念多念証文』や『唯信鈔文意』の「即得往生」についての解釈を試み、『消息』においては「往生」について、「信心決定のひとは、正定聚に住し、終わりもめでたく、如来のはからいにて浄土往生する」というのが親鸞の理解の根本である。当時の浄土教徒の重大な関心事であった「浄土往生」の固定観念に引きずられて「往生」を二義的に解釈したのではなく、「住正定聚・必至滅度」が如来の与えられる証果であるという確信に基づいて、親鸞は、「往生」という語の解釈を試みたと考えるべきではないだろうか。

「真仏土巻」においては「往生」について、「皆受自然虚無之身無極之体」とか「如来浄華衆、正覚華化生」というだけで、それ以上の説明をしていないのも、浄土往生ということには、それほど大きな関心はなかったのではないかと思われる。むしろ命終の後については「還相回向」ということが、より大きな関心事として親鸞の心を捉えていたのではないだろうか。親鸞にとっては、「還相回向」ということは、単に死後のはたらきということではなく、如来の衆生救済のはたらきに参加できるという約束が与えられているということであり、それが現在の生を支え、現在の生が意味づけられるという面がある。『歎異抄』の「念仏して、いそぎ仏に成りて、大慈大悲心をもつて、おもふがごとく衆生を利益する」(同八三四頁)とか、「ただ自力をすてて、いそぎ浄土のさとりをひらきなば、六道四生のあひだ、いづれの業苦にしづめりとも、神通方便をもつて、まづ有縁を度すべきなり」(同八三五頁)といった言葉は、そういう考えに基づいているのである。それがまた、大乗仏教の大乗仏教たる所以でもある。それがなければ、「還相回向」ということも空想に終わってしまうであろう。「住正定聚」「必至滅度」と「還相回向」が一つに結びついたものとして受け止められるところに、親鸞の宗教的生の意義があり、それを成立させる根源は、光明と表現される真仏・真土の動的なはたらきによる。そうした真仏・真土のはたらきは、さらに回光返照して現実の世界を照らし出す。真如に照らし出された迷妄の現実界の様相はいかなるものか、それを明らかにするのが、最後の「方便化身土巻」である。

仮の仏土とは、下にありて知るべし。すでにもつて真仮みなこれ大悲の願海に酬報せり。ゆゑに知んぬ。報仏土なりといふことを。まことに仮の仏土の業因千差なれば、土もまた千差なるべし。これを方便化身・化土と名づく。真仮を知らざるによりて、如来広大の恩徳を迷失す。これによりて、いま真仏・真土を顕す。これすなはち真宗の正意なり。経家・論家の正説、浄土宗師の解義、仰いで敬信すべし、ことに奉持すべきなり。知るべしとなり。（同三七二頁）

「真仏土巻」の最後に、化身・化土の世界が明らかにされる。それは、あくまで如来の報土として存在の意味があるのである。現象世界は、それ自身として存在の意味をもつものではない。そのことが「化身土巻」において述べられる。

第七章　現実世界

——「方便化身土巻」の根本問題——

つつしんで化身土を顕さば、仏は『無量寿仏観経』の説のごとし、真身観の仏これなり。土は『観経』の浄土これなり。また『菩薩処胎経』等の説のごとし、すなはち懈慢界これなり。また『大無量寿経』の説のごとし、すなはち疑城胎宮これなり。

しかるに濁世の群萌、穢悪の含識、いまし九十五種の邪道を出でて、半満・権実の法門に入るといへども、真なるものははなはだもつて難く、実なるものははなはだもつて希なり。偽なるものははなはだもつて多く、虚なるものははなはだもつて滋し。ここをもつて釈迦牟尼仏、福徳蔵を顕説して群生海を誘引し、阿弥陀如来、本誓願を発してあまねく諸有海を化したまふ。すでにして悲願います。修諸功徳の願（第十九願）と名づく、また臨終現前の願と名づく、また現前導生の願と名づく、また来迎引接の願と名づく、また至心発願の願と名づくべきなり。

（『浄土真宗聖典』（註釈版）三七五頁）

しかるにいま『大本』（大経）によるに、真実・方便の願を超発す。また『観経』には、方便・真実の教を顕彰す。『小本』（小経）には、ただ真門を開きて方便の善なし。ここをもって三経の真実は、選択本願を宗とするなり。また三経の方便は、すなはちこれもろもろの善根を修するを要とするなり。

これによりて方便の願（第十九願）を案ずるに、仮あり真あり。また行あり信あり。願とはすなはちこれ臨終現前の願なり。行とはすなはちこれ修諸功徳の善なり。信とはすなはちこれ至心・発願・欲生の心なり。この願の行信によりて、浄土の要門、方便権仮を顕開す。（同三九二頁）

いま方便真門の誓願について、行あり信あり。また真実あり方便あり。願とはすなはち植諸徳本の願これなり。行とはこれに二種あり。一つには善本、二つには徳本なり。信とはすなはち至心・回向・欲生の心これなり。二十願なり　機について定あり散あり。往生とはこれ難思往生これなり。仏とはすなはち化身なり。土とはすなはち疑城胎宮これなり。（同三九七頁）

一、現実世界について

われわれの生きる現実の世界を、宗教的世界からどう見るかということは、宗教者共通の関心事である。親鸞は、『教行信証』の第六巻において、現実世界を真実世界への前段階として位置づけている。それが「方便化身土」、すなわち現実世界の意味である。そういう親鸞の現実界の位置づけに最も早く着目されたのは、武内義範先生である。先生の最初の『教行信証』理解が、『教行信証の哲学』と題され、副題に「方便化身土巻の研究」と記されたのは、「方便化身土巻」の重要な位置に着目されたからと思われる。

「方便化身土巻」は、他の五巻に比してかなり長い巻である。前半には、浄土への方便の行信が述べられており、それが助正論（往生の業は五正行のうち、第四の称名行であり、それが正定業であるとする議論）として論述の余地があり、また三願・三經・三機・三往生というようなそれぞれの立場の位置づけという親鸞の教学体系を理解する上で大きな意味をもつ問題があるが、後半には、親鸞在世当時の世界観や思想についての批判的紹介が記され、それは、今日ではあまり意味をもつものではない。それが、江戸時代の宗学者がこの巻の註釈に他の巻ほど多くのページを削かなかった理由であるかもしれない。ここでは、前半において特に問題になる「信罪福」ということと、「三願転入」と「真俗二諦」について考えたい。

二、「信罪福」について

「方便化身土巻」がそれに先行する「真実五巻」に対しての「方便」であるとともに、直接には「真仏土巻」を受けていることは、前章最後に引用した「真仏土巻」末尾の文によって明らかである。この「方便化身土巻」の意義については、従来は「簡非」と「権用」の二義があげられた。「簡非」とは、前五巻が弘願門、すなわち浄土真実の教・行・信・証の四法を説くのに対して、この巻は要門・真門、すなわち方便の教・行・信・証を説き、簡び捨てられるべきことを意味し、「権用」とは、真実の本願海に転入する前段階として、権（かり）に用いられることを意味する。「方便」には簡非・権用の二義があるから、この巻は両面をもつというのである。

とくに、『大無量寿経』の四十八願中、第十九願と第二十願をめぐって、それぞれを『観無量寿経』『阿弥陀経』にあて、その行信の内容を詳しく明らかにするとともに、「顕彰隠密義」というそれぞれに隠された深義を述べ、最後に「三願転入」という三願の立場を統摂する視野を明らかにするまでの部分は、人間の宗教精神の在り方を三類型によって統一的に把握するとともに、その内容を分析解明するものとして、『教行信証』全体の理解にも重要な意義をもつものと考えられる。それについては、すでに武内先生の著作をめぐって紹介したので、ここでは第十九願・第二十願の立場が、第十八願の立場にどのような意味をもつかを考えてみよう。

真実の四法とは、教は『大無量寿経』、行は「称無礙光如来名」の大行、信は「至心・信楽・欲生」の三心、証は「難思議往生」であり、方便の四法とは、要門については、教は『観無量寿経』、行は「修諸功徳」の諸行、信は「至心・発願・欲生」の三心、証は「双樹林下往生」、真門については、教は『阿弥陀経』、行は「植諸徳本」の称名、信は「至心・回向・欲生」の三心、証は「難思往生」とされる。ここに、真実・方便の対応における親鸞の教学の大綱を見ることができる。

しかし、この真実に対して、方便を方便たらしめるものは何か。すなわち、第十八願・住正定聚の立場に対して、何が人間の宗教的精神を第十九願・邪定聚や第二十願・不定聚の立場にとどめるのかが問題である。それはもとより、自力執心であり、行としては定善・散善の修諸功徳と善本・徳本の自力称名であろうが、その自力執心の内容が何であるかが問われねばならぬ。

それについて、「方便化身土巻」では『大経』の次の文が引かれる。「もし衆生ありて、疑惑の心をもつてもろもろの功徳を修して、かの国に生ぜんと願ぜん。仏智・不思議智・不可称智・大乗広智・無等無倫最上勝智を了らずして、この諸智において疑惑して信ぜず。しかも、なほ罪福を信じて、善本を修習して、その国に生ぜんと願ぜん。このもろもろの衆生、かの宮殿に生じて、寿五百歳、つねに仏を見たてまつらず、経法を聞かず、菩薩・声聞聖衆を見ず。」（同三七七頁）。この文より見れば、まさに「疑惑仏智・信罪福」こそ、自力執心の内容なのである。『正像末和讃』の「誡疑讃」には、それが一層明確に記されている。「不了仏智のしるしには　如来の諸智を疑惑して　罪福信じ善本を　たのめば辺地にとまるなり」、「罪福信ずる行者は　仏智の不思議をうたがひて　疑城胎宮にとどまれば　三宝にはなれたてまつる」、「罪福ふかく信じつつ　善本修習するひとは　疑心の善人なるゆゑに　方便化土にとまるなり」、「仏智うたがふつみふかし　この心おもひしるならば　くゆるこころをむねとして　仏智の不思議をたのむべし」（同六一〇頁）。ここには、『歎異抄』にあるように、「自力のこころをひるがへして、他力をたのみたてまつれば、真実報土の往生をとぐるなり。」（同八三三頁）という親鸞の主張が明らかに見られる。

「信罪福」とは善因楽果・悪因苦果の因果の理を信ずることであり、インドの一般的な道徳律であるとともに、仏教徒にとっても基本的な道徳律であった。浄土教においても、たとえば、『観経』散善の上輩生想を説く中に、上品中生・上品下生について「深く因果を信じ、大乗を謗らず」の語があり、また『大経』下巻の五善五悪を説く中にも因果の理が背景になっている。因果律を否定することは撥無因果の邪見なのである。しかるに、その因果を信ずることが、ここでは仏智疑惑であり、自力執心と退けられるのは何故なのか。

「方便化身土巻」に、「おほよそ大小聖人・一切善人、本願の嘉号をもつておのれが善根とするがゆゑに、信を生ずることあたはず、仏智を了らず、かの因を建立せることを了知することあたはざるゆゑに、報土に入ることなきなり。」（同四一二頁）と記されている。「本願の嘉号をもつておのれが善根とする」とは、自力の称名念仏に励んでそれを善根とすることである。またそれは、「罪福を信じて、善本を修習」（同四〇〇頁）することにほかならない。これに対して、「本願を憶念して自力の心を離る」（同三九五頁）ことが他力に帰すということであり、その他力（本願力）に帰して初めて、本願海に入ることができるのである。

親鸞は、罪福を信じることと、自力の行に励むこととは同じことと考えている。なぜなら、人は善因楽果・悪因苦果を信じるからこそ善根をおさめようとする。善根功徳を積む心理的条件は、因果の理を真とする意識である。因果を信じなければ、廃悪修善の努力は生じないであろう。そこに道徳律としての因果律の意味がある。しかし、またそこに自らの努力に執するという態度が生まれる根拠がある。

　第十八願の立場、本願力回向の信心が開発するところは、自力の執心が捨てられるところである。一切の自力のはからいが捨てられて、ひたすら本願の真実が信楽されるところである。そこではもはや因果の理は問題ではない。むしろ、因果関係が超えられると言ってよいであろう。それが「横超断四流」と言われるのである。「信巻」には、「断といふは、往相の一心を発起するがゆゑに、生としてまさに受くべき生なし。趣としてまた到るべき趣なし。すでに六趣・四生、因亡じ果滅す。ゆゑにすなはち頓に三有の生死を断絶す。ゆゑに断といふなり。」（同二五五頁）と記されている。因果律の支配する世界を超え出ることこそ、仏教の目指すところであった。生死の世界は、業輪廻の限りなく繰り返される世界である。その輪廻の束縛から解き放たれない限り、苦悩を断滅したとは言えない。罪悪深重の凡夫は、一切のはからいを捨てて本願力に随順することによって、生死の輪廻から脱することができる。それは同時に、善因楽果・悪因苦果の因果律の世界から超え出ることでもある。

　そういう立場から見れば、第十九願・第二十願の立場は、善根功徳を修するにせよ、称名念仏を行ずるにせよ、自力に執するものであり、また罪福を信じることにおいて、因果の理の支配する世界を出るものではないと言えよう。親鸞はそうした洞察に基づいて、信罪福を第十九願・第二十願の立場の特色として捉える。したがって、そうした自力執心の立場から第十八願の立場への転入は、道徳意識の上から言っても一つの転換であると言わねばならない。

しかし、因果の理を信じ、悪をやめ善に励むことが仏智疑惑ということになるなら、一切の道徳的行為は無意味になるであろう。親鸞の言おうとしたことは、もとよりそういうことではなく、「いづれの行もおよびがたき身」という自覚に基づいて本願への信順を人々にすすめるのであるが、そこに宗教と道徳の立場との根本的な問題があることも見逃し得ないことである。

現に、東国の門弟たちの間に造悪無碍の邪偽をめぐって混乱があったことが、親鸞の消息などで知られる。後にも揚げるが、たとえば、『親鸞聖人御消息』に、

なによりも、聖教のをしへをもしらず、また浄土宗のまことのそこをもしらずして、不可思議の放逸無慚のものどものなかに、悪はおもふさまにふるまふべしと仰せられ候ふなるこそ、かへすがへすあるべくも候はず。北の郡にありし善証房といひしものに、つひにあひむつるることなくてやみにしをばみざりけるにや。凡夫なればとて、なにごともおもふさまならば、ぬすみをもし、人をもころしなんどすべきかは。もとぬすみごころあらん人も、極楽をねがひ、念仏を申すほどのことになりなば、もとひがうたるこころをもおもひなほしてこそあるべきに、そのしるしもなからんひとびとに、悪くるしからずといふこと、ゆめゆめあるべからず候ふ。煩悩にくるはされて、おもはざるほかにすまじきことをもふるまひ、いふまじきことをもいひ、おもふまじきことをもおもふにてこそあれ。さはらぬことなればとて、ひとのためにもはらぐろく、すまじきことをもし、いふまじきことをもいはば、煩悩にくるはされたる儀にはあらで、

わざとすまじきことをもせば、かへすがへすあるまじきことなり。(同八〇〇頁)

とある。親鸞は、放逸無慚の徒として善証房という者の名をあげ、その「悪はおもうさまにふるまうべし」という主張を厳しく退ける。凡夫だからといって、盗みをしたり、人を殺したりしてよいはずがない。元来盗心のあるような者でも、浄土往生を願い念仏を申すような身になったら、そのまがった心を思い直して当然だのに、そういう反省もない人に、「悪くるしからず」などということはもってのほかだ、人間というものは、煩悩にくるわされて、思いがけずに、してはならぬことをしたり、言ってはならぬことを言ったり、思ってはならぬことを思ったりするのである、そうだのに、そんなことは往生のさわりにならぬからといって、してはならぬことをしたり、言ってはならぬことを言うのは、煩悩にくるわされたのではなく、わざとそうするのである。そんなことは決してあってはならぬことである、このように親鸞は言う。

ここには、罪悪深重でありながら、本願力回向の信心を獲得して浄土往生を約束された者が、あらためて日常生活でいかにあるべきかという問題が述べられている。親鸞は、他の消息でも繰り返しこのことを記し、門弟たちを懇切に指導している。法然門下の一念義・多念義との対立にもからんで、造悪無碍という主張に対して、親鸞は厳しく批判しなければならなかったのであろう。しかし、その考えが東国の門弟たちに十分理解されたとは思えない。たとえば、『歎異抄』第十三条の唯円の言葉にも、親鸞の『消息』とは微妙に食い違う考えが読み取れる。それは、「信罪福」は

「仏智疑惑」にほかならぬとして、ひたすら本願力に信順することを教える親鸞の教えそのものが、原理的に「悪くるしからず」という面を有していたからであり、「薬あればとて、毒をこのむべからず」（同八四三頁）という抑制は、門弟たちにはそれほど強い意味をもち得なかったからであろう。

このような念仏者の社会生活における道徳の問題を解決するためには、あらためて因果律を回復する以外には道はなかった。それはもとより自力の努力につながるとして否定された「信罪福」ではなく、仏因仏果を信ずるということだった。しかし仏因仏果を信じるということは、因果律の大きな枠組みの中に再び入るということである。そこでは親鸞の教えが果たした如来回向の信心によって、業輪廻の流れから脱するという意味は失われるのではないであろうか。

親鸞の曾孫、覚如は、その著『改邪鈔』に、「おなじく祖師（親鸞）の御門流と号するやから、因果撥無といふことを持言とすること、いはれなき事」という条をあげ、このように言う。

それ三経のなかにこの名言をもとむるに、『観経』に「深信因果」の文あり。もしこれをもへるか。おほよそ祖師聖人御相承の一義は、三経ともに差別なしといへども、『観無量寿経』は機の真実をあらはして、所説の法は定散をおもてとせり。機の真実といふは、五障の女人・悪人を本として、韋提を対機としたまへり。『大無量寿経』は深位の権機をもつて同聞衆として、所説の法は凡夫出要の不思議をあらはせり。大師聖人（親鸞）の御相承はもつぱら『大経』にあり。『観経』所説の「深信因果」のことばをとらんこと、あながち甘心すべからず。

たとひかの『経』（観経）の名目をとるといふとも、義理参差せばいよいよいはれなかるべし。そのゆゑは、かの『経』（同）の「深信因果」は、三福業の随一なり。かの三福の業はまた人天有漏の業なり。なかんづくに、深信因果の道理によらば、あに凡夫往生の望みをとげんや。まづ十悪において、「上品に犯するものは地獄道に堕し、中品に犯するものは餓鬼道に堕し、下品に犯するものは畜生道におもむく」といへり。これ大乗の性相の定むるところなり。もしいまの凡夫所犯の現因によりて当来の果を感ずべくんば、三悪道に堕在すべし。人中・天上の果報なほもつて五戒・十善まつたからずは、いかでか望みをかけんや。いかにいはんや、出過三界の無漏無生の報国・報土に生るる道理あるべからず。しかりといへども、弥陀超世の大願、十悪・五逆・四重・謗法の機のためなれば、かの願力の強盛なるに、よこさまに超截せられたてまつりて、三途の苦因ながくたちて猛火洞燃の業果をとどめられたてまつること、おほきに因果の道理にそむけり。もし深信因果の機たるべくんば、植うるところの悪因のひかんところは悪果なるべければ、たとひ弥陀の本願を信ずといふとも、その願力はいたづらごとにて、念仏の衆生、三途に堕在すべきをや。もししかりといはば、弥陀五劫思惟の本願も、釈尊無虚妄の金言も、諸仏誠諦の証誠も、いたづらごとなるべきにや。おほよそ他力の一門においては、釈尊一代の説教にいまだその例なき通途の性相をはなれたる言語道断の不思議なりといふは、凡夫の報土に生るるといふをもつてなり。もし因果相順の理にまかせば、釈迦・弥陀・諸仏の御ほねをりたる他力の別途むなしくなりぬべし。そのゆゑは、たすけましまさんとする十方衆生たる凡夫、因果相順の理に封ぜられて、別願所成の報土に凡夫生まるべからざるゆゑなり。いま報土得生の機にあたへましますす仏智の一念は、すなはち仏因なり。かの仏因にひかれてうるところの定聚の位、滅度に至るといふは、すなはち仏果なり。この仏因仏果においては、他力より成ずれば、さらに凡夫のちからにてみだすべきにあらず、また撥無すべきにあらず。しかれば、なにによりてか「因果撥無の機あるべし」といふことをいはんや。もつともこの名言、他力の宗旨をもつぱらにせらるる当流にそむけり。かつてうかがひしらざるゆゑか。はやく停止すべし。（同九三七頁）

ここで言うのは、その要旨を言えばこういうことである。浄土三部経の中に、「因果」ということを言っているのは、『観経』に「深信因果」という語がある。親鸞聖人のお伝えになった教えには浄土三部経に差別はないが、『観経』は機の真実をあらわし、定散二善を説いている。『大経』は凡夫が生死解脱する不思議を明らかにしている。親鸞聖人のお伝えになったのは、もっぱら『大経』であるから、『観経』の「深信因果」の語をとるのは、かならずしも満足すべきことではない。かりにその語をとっても、意味が食いちがうなら一層その語をとる理由がないことになる。というのは、『観経』の「深信因果」は三福業の一つであり、人天界の業である。とくにその道理によれば、凡夫が浄土に往生できようか。凡夫は現在の悪因によって、未来の苦果を受けるのであるから、どうして浄土に生まれることができよう。しかし、弥陀如来の本願は、罪悪深重の凡夫のためのものであるから、その本願の力によって悪因苦果を超えるのである。これは大いに因果の道理に背いている。もし深信因果ということなら、自業自得で三途に堕ちることになる。そうなると、弥陀の本願も、釈尊の説教も、諸仏の証誠もむなしいことになってしまう。そもそも他力の法門が、釈尊のふつうの教えを離れた不思議の教えであるというのは、凡夫が報土へ往生するというからである。もし因果の理にまかせるなら、この他力の教えがうそになってしまう。なぜなら、凡夫が浄土に生まれ得ないからである。しかし今、凡夫に与えられる仏智の一念は、仏因である。また住正定聚・必至滅度は仏果である。この仏因・仏果は他力より生まれるのであるから、凡夫の力でみだしたり、なくしたりすることはできない。だからどうして「因果撥無」などと言えようか。

覚如がこのように、「因果撥無」を退ける議論を試みるのは、現実に、因果否定を説く者が浄土門に多くあったからであろう。すでに「造悪無碍」を説く者が親鸞在世中にもあったことが、親鸞の消息などによって知られるが、おそらくそれとの結びつきの中で、「因果撥無」が説かれたのであろう。それがある程度説得力をもつことは、ここに引いた覚如の議論からも推測できる。因果の理が正しいなら、凡夫は地獄に堕するしかない、凡夫が浄土往生ができるなら、因果の理が否定されざるを得ないのである。しかしそれでは一般に道徳というものが否定されてしまう。いかなる悪事を為そうとも、何の果をも生まないとなれば、「悪さわりなし」ということは当然のこととなり、社会生活は成立しなくなる。そこにあらためて、因果撥無の説を退けねばならぬ必然性が生まれてくる。

親鸞が造悪無碍を厳しく退けたことは、先にあげた消息などでみることができるが、念仏者の社会倫理というようなことは、あらためて説くことはなかったと言ってよいであろう。しかし、覚如は仏因・仏果を説くことによって、因果撥無の説を否定し、因果律そのものを改めて支持しようとした。その議論は形式的と言えぬこともないが、そこには、念仏者の社会倫理という問題がからんでいるのである。

法然門下においても、「念仏停止」の根拠となったのは、念仏者の反社会的・反道徳的行為であったと言われる。この問題を原理的に解決するためには、「深信因果」を説くしかなかったと言えよう。しかしそれは、他面では、「よきこころのおこるも、宿善のもよほすゆゑなり。悪事のおもはれせらるるも、悪業のはからふゆゑなり。」（同八四二頁）という決定論的な考えにつながるものがある。親鸞の「さるべき業縁のもよほさば、いかなるふるまひもすべし」（同八四四頁）という語と、「それほどの業をもちける身にてありけるを、たすけんとおぼしめしたちける本願のかたじけなさよ」（同八五三頁）という語の相即に示される動的な宗教的生の捉え方に対して、過去世の善悪業に支配される現在の生という捉え方は、宗教的生の意味を失わせるものと言わざるを得ない。にもかかわらず、こうした因果の理を立てなければならなかったのは、親鸞歿後の教団形成という問題が、からんでいたからではないであろうか。

親鸞は、自力の修行によっては生死を出離し得ぬ自己という事実から出発する。いずれの行も及びがたい身は「地獄は一定すみか」（同八三三頁）なのであり、その故に「ただ念仏して、弥陀にたすけられまゐらすべしと、よきひと（法然）の仰せをかぶりて、信ずるほかに」（同八三二頁）道はなく、そこでは、「たとひ法然聖人にすかされまゐらせて、念仏して地獄におちたりとも、さらに後悔すべからず候ふ」（同頁）と言われるのである。そのような立場は自力の行を励んで成仏するということではなく、「自力のこころをひるがへして、他力をたのみたてまつれば」（同八三三頁）ということであり、そこからみれば、自力作善はかえって仏智不思議を疑う者にほかならない。自力作善に励む者は、因果の理を信ずる者である。それ故に「深信因果」が退けられるのである。第十九願・第二十願の宗教的精神を自力の立場とし、「信罪福・疑惑仏智」というのもそうした観点からである。しかし信心の行者が因果の世界から解放されるという面が強く主張されると、そこに当然、「悪無碍」の問題が出てくる。「悪くるしからず」は直ちに因果撥無につながる。現実の社会生活で出てくるその問題に対して、あらためて因果撥無は邪見とし、因果の理を肯定せざるを得なくなる。それが覚如の解釈である。さらに宿善や宿業ということも問題になるであろう。しかし、そうしたことが親鸞の教えに結びつくかどうかは、やはりあらためて検討されねばならぬであろう。

さらに現代においてこうした宗教的生の問題を考えようとするとき、そこに新たな観点が求められてくる。というのは、現代においては、因果律を問題にするとしても、それはあくまで現象の世界に限定しようとする。直接経験の範囲で原因・結果の関係を確認することはできても、それがそのまま精神的世界に適用されるとは考えていない。ニーチェの言う「道徳的世界解釈の崩壊」ということは、キリスト教的世界のみにあてはまることではない。「背後世界の虚構性の暴露」ということと一つに、一切の道徳的価値が信じられなくなるという事態が起こってきているのである。親鸞において、そういう意味でのニヒリズムが問題になっているわけではないが、道徳的世界解釈を破るというその方向に、また新たな考え方が成立するのではないであろうか。

三、「三願転入」について

「三願転入」ということは、「方便化身土巻」に記される親鸞の次の文に基づいている。

ここをもつて愚禿釈の鸞、論主の解義を仰ぎ、宗師の勧化によりて、久しく万行諸善の仮門を出でて、永く双樹林下の往生を離る。善本徳本の真門に回入して、ひとへに難思往生の心を発しき。しかるに、いまことに方便の真門を出でて、選択の願海に転入せり。すみやかに難思往生の心を離れて、難思議往生を遂げんと欲す。果遂の誓（第二十願）、まことに由あるかな。ここに久しく願海に入りて、深く仏恩を知れり。（同四一三頁）

この「三願転入」について、その思想的意味を明らかにされている武内先生のお考えについてはすでに初めに紹介したが、さらにその意味を考えるために、少し角度を変えて、あらためて考えてみよう。武内先生はこのように見られる。

三願転入というのは、『大無量寿経』に説かれている阿弥陀仏の衆生を救済するための四十八の誓願のうちで、第十九願・第二十願・第十八願の三つが宗教的自覚の三段階に相応するという親鸞の省察であって、これはまた『観無量寿経』『阿弥陀経』『大無量寿経』の説くところともそれぞれに相応するとせられる。親鸞は、この浄土三部経の説くところを、宗教的意識の観想と倫理（定善と散善）の第一段階、阿弥陀仏の選択本願に基づきながら、かえってそれの反動として自力的に働く宗教的決断としての念仏という第二段階、さらにその自力的決断が絶対他力に転ぜられて真の信楽が開発することとなる第三段階にあてて考えることによって、表面上ではそれぞれ異なる三経典の説く内容を、動的発展に即して統一した。親鸞のこの三願転入の教義は、ニーチェの精神の「三つの変形」を想起させる。精神はまず積徳の重荷にたえて砂漠に行く駱駝にならねばならぬ。しかし、それは無人の砂漠でいっさいの価値を転倒し、積荷をなげすてる獅子の勇猛心に突然変容する。そうしてその獅子は、さらに再び転じて赤子の無垢な創造性にならねばならない。親鸞の三願転入も、そのような宗教的精神の変容を他力的に、しかも正像末の歴史観と相即させて自覚するものであると言えよう。（『武内義範著作集』第五巻―一二三四頁）

親鸞は第十九願をその内容から「修諸功徳之願・臨終現前之願……至心発願之願と名づく」と規定して、この願の特色を示しています。つまりそれは十方の衆生が菩提心を発して、もろもろの功徳を行なって、至心に発願して、わが国（阿弥陀仏の極楽浄土）に生じたいと思うとしよう、このように至心、発願、欲生という三つの心、三心を発して浄土に生まれたいと思う衆生があったら、彼らの命が終わるときに、私が多くの菩薩たちとともにその人の前にあらわれて、浄土に導くことができなかったら、私は仏にはならない、ということです。第十九願には、このように仏がこの誓いに相応する行者のために、臨終に来迎することが説かれています。それはこの願のたいへん重要な一面ですが、それよりも親鸞はその願のうちに、「菩提心を発し」という言葉があるのを注意していると思います。と申しますのは、菩提心を発しという言葉が出てきますのは第十九願だけで、第二十願、第十八願にはこの言葉がございません。

法然は『選択集』の中で、往生のためには念仏のほかにはいっさいのものは要らないというふうに教えました。その結果菩提心というものも、自力として否定するに至りました。

その菩提心を否定したというのがまず第一にけしからんというのが、明恵の法然に対する批判であります。彼は菩提心というのは、通仏教的な原理で、いかなる宗派に属するにしても、仏教の立場というものが、そもそも成立するためには菩提心というものがなければならないと主張します。もしその菩提心を否定してしまったならば、それはたとえ浄土教であろうと何であろうとこれはもう外道だ、天魔だ。そういうのが『摧邪輪』における明恵の法然批判の一番根本のところであります。

それに対して親鸞の『教行信証』は、法然の死後大体十二年ぐらいになりますが——あるいはもっとなりますか、これは初稿本『教行信証』の年代をいつにするかで変わってまいりますが——時代の移り変わりとともに問題意識も発展して、新しい角度からこの問題に接近します。さらに晩年の親鸞は、「菩提心」を否定したのちに、浄土の菩提心、横超他力の菩提心というものを新しく出してくるわけです。法然の否定した自力の菩提心とは、いわゆる理想主義的な自心建立（自己定立）であって、そのような菩提心というものが無力であることが自覚せられ、理想的人間が挫折したのちに、親鸞が考えている横超他力の菩提心というのがはじめて出てくるものだと、そう考えます。

それでいわゆる自力主義（理想主義）的な形で考えられた菩提心というものがどういうふうにして挫折してゆくかということを、第十九願から第二十願、第二十願から第十八願という展開の中で宗教的意識の発展に沿って見てゆこうとするのです。（同二七八頁）

第十九願の在り方から第二十願の在り方へ、第二十願の在り方から第十八願の在り方へというふうに移る意識の発展は、第十九願の意識自体が、宗教的意識の最初の段階として自覚しているそのままの構造が次第に深められてゆくこと——それのもっていた真理への自負と努力精進が、経験の中で蹉跌するとか、あるいはいっそう高いところから見れば、はじめからもっていた自己矛盾というものが、経験のある時期から意識自体にも明白になることによって、この矛盾を超えた、いっそう新しい段階に高められ深められてゆくときの意識の形態の段階的発展となります。第十八願の方から廻光返照された光と、第十九願の意識自体がもっている内在の光、そういうものを交錯させながら親鸞は三願転入というものを考えております。（同二八一

頁）

さらに親鸞の「顕彰隠密義」という捉え方について、先生はこのように見られる。

親鸞の考え方は、第十九願というような宗教的意識に対応し、この意識を教導するものとして『観無量寿経』があると考えます。それから第二十願というものに対応するものとして『阿弥陀経』がある。それから第十八願というものに対応するものとして『大無量寿経』というものがあると、こう考えます。それでは第十九願に対応するものとしての『観無量寿経』というものは、第十九願だけのものかといいますと、親鸞はその問題につきましては、『観無量寿経』（観経）というものにも、『阿弥陀経』（小経）というものにも、「顕彰隠密の義」があると申します。顕彰隠密の義ありと言いますのは、あらわにあらわれている在り方（意味）と、隠された在り方（密意）とがあるということです。あらわにあらわされている在り方で示されているものと、そのあらわにあらわれた在り方の背後にあって、それを手掛りとしてそこへ教導しようとする窮極真実の意義をなしているものとがある。それで、第十九願をあらわす観経の中には、定善と散善（観想と倫理、定・散の二善）が説かれている。で、定・散の二善というものを浄土に生まれる手だてとして教えているというのが、あらわな『観無量寿経』の教えの建前である。しかし隠密の意味は、隠れたほんとうの意図はそういうものを超えて、そういうものを否定して、観想とか、倫理がそれに基づいている自心建立の立場、自力の心というものを、ことごとく否定し尽くして、弥陀の本願に純粋に頼る純粋な他力の立場というものを開き、この宗教心の第一段階を高め深めてそこへ到達させることが第十九願の隠れた意味である、隠密の意義であると、親鸞はそういうふうに考えます。

このようにあらわな意味と隠れた意味というものをもってきて、『観無量寿経』と『阿弥陀経』とを第十九願と第二十願とに当てはめて考察するのは、これは宗教的な意識の構造の方から見ると、宗教的な意識自体の構造に明らかなものと言いますか、宗教的意識がそれ自体で明らかなものと、それからいっそう高い段階に高まって、あとから見たときにそれはこういう意味だったのだなというふうに理解される、いっそう高い立場から見たときにはじめて明らかになるもう一つの意味ということに当たると思います。（同二七九頁）

こうした武内先生の言葉からも理解できるように、先生は「三願転入」ということを、単に親鸞の経歴の告白と考えてはおられない。そこには、宗教的精神の自覚向上についての深い考察が含まれている、言い換えれば、人間の宗教意識が、どのように進展してゆくかということについての洞察が示されていると見られるのである。「三願転入」ということがそういう意味をもつものと見られたとき、初めて、「方便化身土巻」が現代のわれわれにとってもつ意味も明らかにされよう。

親鸞の見かたとしても、第十八願の段階に達する前段階が無意味に設けられたものとは考えにくいであろう。この世界そのものが宗教的に意味づけられてこそ、首尾一貫したものとなるであろう。「方便化身土巻」の理解と「真仏土巻」の理解とは相即していなければならない。その意味で、方便化身土は、親鸞にとってすでに経歴した境地ではない。むしろ仏身仏土から廻光返照された光によって、その意味を明らかにされた世界でなければならないと思われる。

「方便化身土巻」は、この後、聖道・浄土の二門について、正像末史観との関連において浄土の教えがすぐれている所以が論じられる。

まことに知んぬ。聖道の諸教は、在世・正法のためにして、まったく像末・法滅の時機にあらず。すでに時を失し機に乖けるなり。浄土真宗は、在世・正法、像末・法滅、濁悪の群萠、斉しく悲引したまふおや。（『浄土真宗聖典』（註釈版）四一三頁）

その後、真偽勘決として、外教の真偽が検討され、そして、長文の『日蔵経』『月蔵経』『大集経』等の引用があり、さらに『弁正論』等の引用があり、最後に『論語』の引用によって巻が閉じられる。これは親鸞が当時の世界観・儒教思想を批判的に紹介しようとするものと考えられる。

四、「真俗二諦」について

こうした浄土教の在り方について、最後に大きな問題として残るのは、やはり社会倫理の問題である。親鸞の信心正因という思想の有する意味は理解できるとしても、そこから、信者としての念仏者が如何に生きるべきかということは直ちには出てこない。浄土教徒は社会的実践としての道徳について、どのような態度をとるべきか。それが問題として出てくるのは、次第に拡大する親鸞の門弟が教団を形成する頃になってからではないかと思われる。親鸞はそれについて、明確な指針を与えなかったと言えよう。そのことについて最も鋭い批判を表明されたのは、先にも触れた田邊元先生である。

(絶対は) 相対を自らの否定的媒介とし、常にこれを赦し活かすのですから、その統一の半面には分裂、過誤、顚落の悪が裏付けることを免れません。従つてそれを通して絶対の統一が保たれるには、悪が悪のままで善に転ぜられ、愛とか慈悲とかいふものによつて絶対に攝取せられる事以外に救済の途はないわけです。もはや相対者たるわれわれは自力によって解脱することはできないのであつて、われわれが絶対無にはたらかれ、自己の罪悪深重にして地獄必定なることを自覚懺悔せしめられ、それと共に絶対の大慈われわれを救ふことを信証せしめられるばかりです。その信証を媒介する行として念仏といふものが、他力浄土の信仰を確保する方法となつたのです。「南無阿弥陀仏」（「阿弥陀仏に帰命せよ」の意）の名号は、阿弥陀仏が衆生救済の本願を成就するために衆生に呼びかける招喚の声ですから、その名号たるはたらきが衆生に対する阿弥陀仏の存在に外なりません。それに応ずる衆生の称名念仏は、自ら弥陀の本願に与り、その功徳を他の衆生に頒たんとする報恩の行であり自己の救済の証であります。（中略）しかしながら、どこまでも否定的媒介の立場に立つて、絶対もなほいはゆる絶対媒介でなければならぬといふ弁証法を徹底するのには、もはや悪が善によつて打克たれることが絶対帰入の条件であるといふ理想主義を棄てて、倫理の二元的対立の立場を、絶対否定的に止揚しなければなりません。ところでこのやうな否定的媒介の立場といふものは、決して直接に倫理を否定し無視することを意味するものではないことは勿論です。却て反対に、命がけで厳粛に倫理を実践しようと努力するからこそ、初めて自己の無力も自覚され、悔恨から懺悔を通じて絶対の愛に転ぜられ、大悲に救済せられることができるのです。しかるに、浄土教といふものが倫理の媒介なしに説かれ、懺悔の転換を経ずして念仏の行が勧められることになると、（中略）弁証法は、その原動力である否定性を失つて、単なる直接の教理に頽落せざるを得ない。しかも他の宗門の立場で、教理の修得や戒律の実践が義務として重んぜられるのと異り、他力念仏の立場では一般に当為を斥け自力の努力を軽んずる結果、倫理以上に超出するかはりに、倫理以下に頽落することを免れません。仏教中でも念仏の宗門が、最も堕落してをるのではないかと思はれるのはこの理由によるでせう。（中略）絶望的苦悩と帰依安心とは、相互に矛盾し否定し合ひながら、緊張を通じて相透入し、相依り相支へ、もつて無限の深みに動静一如、生死即涅槃の統一をなすものと思はれます。親鸞の遺言として伝へられる、「それがし閉眼せば、加茂川にいれて魚にあたふべし」といふ語の如き、末流念仏者の安易な満足に似てもつかぬ、むしろ禅者の峻厳超脱に通ずるものがあるといふべきでせう。私はここに、他力浄土の信仰が屢々さう解せられるごとくに感傷的安逸的なものでなくして、あくまで否定媒介の厳粛なるものであることを信ぜざる能はざるものです。それはまさに弁証法的であるといはなければなりません。（『田邊元全集』第十一巻―五〇一頁）

こうした念仏者の社会的実践ということについて、従来は「真俗二諦」ということが言われてきた。それはどういう意味においてであるか。

「真俗二諦」という語は、仏教一般では、さとりの境地そのものを顕わす「真諦」と、世間での在り方を示す「俗諦」という二つの在り方の関係を語るもので、表現を絶する真如法性の世界を、いかにして現実の人間の表現によってあらわすかという、いわば形而上学的問題に関わるものであったが、浄土真宗の東西両派では、その概念が、信者の現実生活についての倫理規範という問題につながるものと理解され、とくに明治以降は、宗派の社会的態度を表現するものとして用いられた。たとえば、ある辞書によると、「真俗二諦」という語を教義上の概念として用いるようになったのは明治以降であるが、その淵源は、浄土の教えそのものの基礎に発するとしている。その理由は、その意義にあり、「真諦」は超世間的教法であるが、「俗諦」は世間的教法であり、とくに浄土真宗は、在家生活のままで浄土往生をとげる教えであるから、「真諦」と平行して「俗諦」の教えがあるのであり、両者の関係について、相資とか相依とか言われる。「真諦」の信仰は「俗諦」の実践を資助し、「俗諦」の実践は「真諦」の教義の宣伝に資助するというのである。その意味で、両者は密接に結びついている。しかし「真諦」の信仰があればみな徳者になるかというと、それはかならずしもそうとは言えない。というのは、そこに信者の修養ということがある。修養というのは、信者が道徳的向上をはかることであり、そこで初めて信者の在り方は全うされる、と言う。

こうした考えは、浄土真宗の教えからすれば、大きな問題をもつと言わねばならない。親鸞の教えは、「罪悪深重・煩悩熾盛」の衆生が弥陀の本願を信じ、念仏して浄土往生の身になるという教えである。そこには当然「罪悪深重」のわが身に気づくということが、信の大きな契機になるということがある。その「罪悪深重」ということは、単に教義上のことではなく、自らの日常についての厳しい反省という面を伴う。現に、「機の深信」といわれるものは、自己の罪悪生死の凡夫たることに気づくということであり、また『正像末和讃』には、「愚禿悲歎述懐」として「浄土真宗に帰すれども　真実の心はありがたし　虚仮不実のわが身にて　清浄の心もさらになし」（『浄土真宗聖典』（註釈版）六一七頁）とうたわれている。「悪人正機」という言葉は、浄土真宗の教えを表現するものとして理解されているのである。しかし、国法を守り、人道を履行し、罪悪を慎むということが念仏者の在り方であるということになり、さらに道徳的に修養しなければならないということになると、社会的に善人でなければならないということになるであろう。その矛盾は、一方を真諦、他方を俗諦とするということでは到底解消できぬものを含んでいる。そこに、「真俗二諦」が教義理解上の大きな問題となる理由があったと言えよう。

論題としての「真俗二諦」についての説明には、その背景に「領解文」の「このうへは定めおかせらるる御掟、一期をかぎりまもりまうすべく候ふ」（同一二二七頁）という言葉があり、この「掟をまもる」ということと「罪悪生死の凡夫」ということとをどのように会通（矛盾する両説を調和させて、意味の通じるようにすること）するかということが、論者の苦心するところのように見える。たとえば、浄満院（円月）はこのように言う。「彼聖道門の如きは諸悪莫作衆善奉行の教相なるが故に、微小の世善もこれを勧め些細の罪悪もこれを誡むるを以て誤つもの少なからん、吾が真宗に於ては超世の妙法を驀直に弘通するが故に、若し掟の一門を設けて厳誡せざるときは、或は仏意を誤るものあらん、（中略）是に於てか真俗二諦の教導を設けて両輪双翼一も欠くべからざる旨を孜々として諭示し給ふ。（中略）三信苟も如実なるときは必ず称名随つてあり、是を如実修行相応と云ふ、如実の行者にして人道に乖き王政に戻ることは万々これあるべからずと雖も、或は僻見を以て仏意を誤るものあらんことを恐るるが故に掟の教導あり、十念の称名は内に向かつて信心を相続し、掟は外に対して謗難を防ぎ、以て如実の行状を成ずるなり。（中略）それ真俗二諦分離して之を見るときは、人道を護り王法を本とするが如きは諸宗に通ずる所の教導にして真宗に局るに非ず、然りと雖も之を以て真俗二諦の法義とするときは我宗教となるなり、爾れば俗諦は世間通途の義に順ずるの法なるを以て、若しこれに乖くときは忽ち他の謗難を受くる故に対外防難を主とす、又称名は信心相続の相にして真諦門に属す、故にこれを内に向ふと云ふ、俗諦の如きは世間通途の教義なり、故に外に対すと云ふ、已に世間出世間の別あり、故に之を内外に分つのみ、然るに掟の教導あるや、ただ外難を防ぐに限るに非ず、真俗二諦の法義としてこれを真宗の教法とするときは、称名と並べ馳せて如実の行相を成じ、而も仏化助揚の用あり。」（『真宗百論題集』下、七七五頁）

要するに、浄土真宗においては、真俗二諦とは、真諦は称名相続を言い、俗諦は掟を守ることを言うので、両者相俟って真宗の教法となると言うのである。しかしそこには、「いかなる悪人も救われる」ということと、「念仏者が人道に乖き王法に悖ることはあり得ない」とすることとが、いかなる根拠によって一致するのかという問題が残る。そこに、「真俗二諦」が現代においてあらためて問われる理由があると言えよう。

親鸞は『教行信証』において、「真実四法」「方便四法」について述べ、弥陀の本願がいかに衆生に届いているかを明らかにしたが、その本願に遇うた衆生がいかに生きるべきかについては、十分に『教行信証』では説明を与えていないように見える。それについては、むしろ門弟たちに与えた『消息』の中で具体的に語っているようである。その一、二について、引いて見よう。

われ往生すべければとて、すまじきことをもし、おもふまじきことをもおもひ、いふまじきことをもいひなどすることはあるべくも候はず。貪欲の煩悩にくるはされて欲もおこり、瞋恚の煩悩にくるはされてねたむべくもなき因果をやぶるこころもおこり、愚痴の煩悩にまどはされておもふまじきことなどもおこるにてこそ候へ。めでたき仏の御ちかひのあればとて、わざとすまじきことどもをし、おもふまじきことどもをもおもひなどせんは、よくよくこの世のいとはしからず、身のわろきことをおもひしらぬにて候へば、念仏にこころざしもなく、仏の御ちかひにもこころざしのおはしまさぬにて候へば、念仏せさせたまふとも、その御こころざしにては順次の往生もかたくや候ふべからん。(『浄土真宗聖典』(註釈版) 七四四頁)

なによりも、聖教のをしへもしらず、また浄土宗のまことのそこをもしらずして、不可思議の放逸無慚のものどものなかに、悪はおもふさまにふるまふべしと仰せられ候ふなるこそ、かへすがへすあるべくも候はず。北の郡にありし善証房といひしものに、つひにあひむつるることなくてやみにしをばみざりけるにや。凡夫なればとて、なにごともおもふさまならば、ぬすみをもし、人をもころしなんどすべきかは。もとぬすみごころあらん人も、極楽をねがひ、念仏を申すほどのことになりなば、もとひがうたるこころをおもひなほしてこそあるべきに、そのしるしもなからんひとびとに、悪くるしからずといふこと、ゆめゆめあるべからず候ふ。煩悩にくるはされて、おもはざるほかにすまじきことをもふるまひ、いふまじきことをもいひ、おもふまじきことをもおもふにてこそあれ。さはらぬことなればとて、ひとのためにもはらぐろく、すまじきことをもし、いふまじきことをもいはば、煩悩にくるはされたる儀にはあらで、

わざとすまじきことをもせば、かへすがへすあるまじきことなり。（同八〇〇頁）

要するに、親鸞は、「悪くるしからず」とか「悪はおもうさまにふるまうべし」とするような考えを厳しく退けている。しかも、第一の消息にみられるように、初めて教えを聞く者と、教えを聞いて信ずる心の深くなった者とを明確に区別して、前者には「わが心の善悪を問題にせず、本願によって浄土往生が必定だ」と言うが、後者には、「もとは悪いことを思ったりしたりしたが、今はそういう心を捨てようと思ってこそ、この世のことを厭うしるしだ」と言っている。ここには念仏者の社会倫理といってよいものが見られる。親鸞は、念仏者はいかにあるべきかということは言わなかったが、その基本的な在り方については、明確な態度を示している。「仏を信ぜんとおもうこころがふかくなったもの」が、どうしてむかしのこころのままであろうかと言う。そんな者は、「順次の往生」も困難だとさえ言うのである。

親鸞は、「薬あり、毒を好めと候ふらんことは、あるべくも候はず」という言葉以外には、その根拠を明確に示さなかったが、信心を喜ぶ者が悪を思うままに行うというようなことは、あるまじきことと考えていたのである。その関心の中心にあったのは、本願を聴いて念仏する身になるということで、それ以外のことには、あまり関心をもたなかったといってよいであろう。それでは親鸞は、社会的な実践ということを、どう考えていたのかというと、それについては、『教行信証』の「信巻」に記された阿闍世王の言葉に示されていると思われる。それは、「世尊、もしわれあきらかによく衆生のもろもろの悪心を破壊せば、われつねに阿鼻地獄にありて、無量劫のうちにもろもろの衆生のために苦悩を受けしむとも、もつて苦とせず。」（同二八七頁）という言葉である。これはその前に記された「真実信心はすなはちこれ金剛心なり。金剛心はすなはちこれ願作仏心なり。願作仏心はすなはちこれ度衆生心なり。度衆生心はすなはちこれ衆生を摂取して安楽浄土に生ぜしむる心なり。」（同二五二頁）という言葉と相応じている。阿闍世王は、「無根の信」を得て心が転じ、衆生のために地獄におちてもかまわないと思うようになったというのが親鸞の理解であり、それが、親鸞の社会的実践というものであったと考えられる。

親鸞にとっては、「願作仏心・度衆生心」であって、「業・輪廻」の迷いを出ることが第一に目指すべきことであり、それが達せられたならば、「自信教人信」という伝道こそが、為すべき唯一の行為と考えられたのであろう。

『教行信証』の「信巻」に長文の『涅槃経』を引いて、阿闍世王の物語りを記しているのは、自分のことを語ることがほとんどなかった親鸞が、阿闍世王に仮託して、念仏者の回心とそこに開かれてくる世界を示したかったのではないだろうか。そしてそれは当然、拡大しつつある教団のメンバーに、教団のあるべきすがたを示すものでもあったのである。その意味では、「願作仏心・度衆生心」という言葉は、重い意味をもつものと考えられる。

第八章　時代精神

――「後序」をめぐって――

ひそかにおもんみれば、聖道の諸教は行証久しく廃れ、浄土の真宗は証道いま盛んなり。しかるに諸寺の釈門、教に昏くして真仮の門戸を知らず、洛都の儒林、行に迷ひて邪正の道路を弁ふることなし。ここをもつて、興福寺の学徒、太上天皇　後鳥羽院と号す、諱尊成　今上土御門院と号す、諱為仁　聖暦、承元丁卯の歳、仲春上旬の候に奏達す。主上臣下、法に背き義に違し、忿りを成し怨みを結ぶ。これによりて、真宗興隆の大祖源空法師ならびに門徒数輩、罪科を考へず、猥りがはしく死罪に坐す。あるいは僧儀を改めて姓名を賜うて遠流に処す。予はその一つなり。しかれば、すでに僧にあらず俗にあらず。このゆゑに禿の字をもつて姓とす。空師（源空）ならびに弟子等、諸方の辺州に坐して五年の居諸を経たりき。皇帝　佐渡の院、諱守成　聖代、建暦辛未の歳、子月の中旬第七日に、勅免を蒙りて入洛して以後、空（源空）、洛陽の東山の西の麓、鳥部野の北の辺、大谷に居たまひき。同じき二年壬申寅月の下旬第五日

午時に入滅したまふ。奇瑞称計すべからず。別伝に見えたり。（『浄土真宗聖典』（註釈版）四七一頁）

一、『教行信証』成立の背景

「後序」に、最初に記されるのは、承元元年（一二〇七）の法難である。このとき、後鳥羽天皇は、先に提出されていた興福寺奏状によって、念仏停止の弾圧を下し、法然をはじめ、門下の主だった者を、死罪と流罪に処した。親鸞はそのことを、この「後序」に、「主上臣下、法に背き義に違し、忿りを成し怨みを結ぶ。」（同四七一頁）と激しい言葉で記している。その後、何度かにわたって、南都・北嶺の旧仏教徒たちの主導によって、念仏停止が行われ、専修念仏の教団はそのつど激しい弾圧にさらされた。

この頃、政治の世界では大きな事件が起こっている。当時の権力者は源氏であり、平家の権力を奪取して鎌倉に幕府を作り、従来の権力構造を一変した。それを象徴する事件が承久の変である。最初の念仏停止から十五年目、後鳥羽上皇は承久三年（一二二一）北条泰時追討の院宣を下し、幕府軍は西上、反乱軍を破り、後鳥羽・順徳・土御門の三上皇を流罪に処した。以後、鎌倉幕府の京都支配は徹底的となった。しかし、『教行信証』には一切その記載はない。親鸞には、そうした政治世界についての関心は全くなかったのであろうか。

二、時代精神ということ

親鸞は、歴史ということをどのよう理解していたか。それについて、武内先生は次のように記されている。

（慈円は）歴史的過程というものを正・像・末の三時に区分します。つまり釈迦仏の死後、正法が五百年、像法が一千年、末法が一万年という時代区画によって、時代の経過とともに次第に人間は堕落し、道徳的・宗教的価値が下降してゆくというふうに考えています。これだけなら末法思想の一般的な考え方で、当時の人は誰もがそう信じていました。それによると、このように歴史は正法から像法、末法というふうに、正・像・末という三時を通って下降してゆくのですが、しかし慈円によると、このように下降してゆく段階の中でも、その段階のところどころで、当の時代に生きている人間の道徳的宗教的奮起と精進を手掛りとして、時代はもう一度盛り返すことができる。というのは歴史の下降してゆく下降線というものは、何と言いますか、一種の螺旋形のように考えられていて、全体としては正・像・末という三時を通って下降しますけれども、その下降の仕方は、一つ一つの円環をとれば上から下への下降だけでなく、反対の、下から上への上昇もありうるようなものと考えます。しかし全体の方向は依然螺旋形におりてゆくのです。

　ですから、いちいちの時代でもう一度新しく始めて、もう一度新しい形で宗教的なあるいは倫理的な人間の精神を奮い立たせて、退廃した現代をあるべき秩序に高めることができるというのです。——慈円の『愚管抄』はそういうふうな考え方の末法思想であります。しかし慈円の考え方では、回復される歴史の理想は、各時代ごとにそれぞれであっても、やはり全体としては堕落の方向をたどるわけですし、そして理想的な状態は以前の過去に求められます。具体的には、王朝時代の藤原氏と天皇を中心にしたような過去の政治を、いっさいの文化とか倫理とか宗教とかの、あらゆる意味の標準に考えている、そのような歴史観に慈円は立っております。

　親鸞の場合は正・像・末は親鸞一人の内面の事実でもあった。時代とともに崩れ落ちてゆく歴史の運命とその否定の苛酷性を、彼は一身に引き受けて受け止めた、歴史のもっている否定性というものを自分の身で直接に体験した、と言うべきでしょう。末法というもののもっている運命的な否定の苛烈さというものを身でじかに体験してゆくうちに、その体験の中から、新しい時代に呼応する、新しい宗教的精神というものに呼びさまされた。そこに親鸞と慈円との非常な違いがあります。慈円は親鸞の先生であったかなかったかはわかりませんが、親鸞のいだいている歴史観とは——同じような正像末史観の一面をもっていますが——右と左というくらい反対の方向にあります。」（『武内義範著作集』第五巻一二五八頁）

親鸞の場合、彼の史観は正像末の時代区分を離れては、理解することができない。しかし正像末の史観を彼はどのような仕方で、彼の宗教的実存の問題として受けとめていたのであろうか？（同第二巻―一三〇頁）

正像末の史観が、第一に兼実などの公卿の日記に見られるように、歴史的必然として（中略）傍観的に解された場合と、第二に明恵に代表されるように、この史観の否定性を主体化し、内面化した立場と（中略）第三に、長明の場合のように正像末の無常観に徹して、深刻な人間の生存（有り居）についての洞察にもたらされた末法感（中略）、第四に掲げた慈円の歴史哲学では、正像末の史観の客観的な否定は、主体的な自己否定と相即するだけでなく、さらに否定は否定の否定としての肯定に転換させられている。（中略）（場合のように、四つの理解がある）。

親鸞では正像末の史観は、如来の遺子の悲痛として自覚される点は、第二と同じ立場である。しかし正像末の史観は、三願転入の体験によっていっそう内面化・主体化せられ、倫理的理想主義と（来迎思想に見られるような）観想的唯美主義は、第十九願から第二十願への転入によって克服される。そうして第二十願の宗教的決断の反復を通して、人間がその全存在をもって汝として将来する仏の名号に遭遇し、帰属する体験の自覚の深化によって、――自力と他力との葛藤の最終点で――第二十願を超えた第十八願の世界を、真実の宗教的生の在り方として開き顕わすこととなる。（同第二巻―一五〇頁）

これは、武内先生の独自の理解で、先生の親鸞理解と深く結びついて理解された親鸞の歴史観である。

これに対して、親鸞自身の時代観は次のようなものであった、と考えることができる。この「後序」の前、「方便化身土巻」には、親鸞のその時代観が記されている。

しかるに正真の教意によって古徳の伝説を披く。聖道・浄土の真仮を顕開して、邪偽異執の外教を教誡す。如来涅槃の時代を勘決して正像末法の旨際を開示す。(『浄土真宗聖典』(註釈版)四一五頁)

しかれば、穢悪濁世の群生、末代の旨際を知らず、僧尼の威儀を毀る。今の時の道俗、おのれが分を思量せよ。

三時の教を案ずれば、如来般涅槃の時代を勘ふるに、周の第五の主、穆王五十三年壬申に当れり。その壬申よりわが元仁元年 元仁とは後堀河院、諱茂仁の聖代なり 甲申に至るまで、二千一百七十三歳なり。また『賢劫経』『仁王経』『涅槃』等の説によるに、すでにもって末法に入りて六百七十三歳なり。(同四一七頁)

正像末の三時の史観とよばれるこの史観には、時の推移についてのある種の暗い諦念がある。しかし親鸞はそれを逆転する。それが「三願転入」の文の後に記されるこの言葉である。

まことに知んぬ、聖道の諸教は在世・正法のためにして、まつたく像末・法滅の時機にあらず。すでに時を失し機に乖けるなり。浄土真宗は在世・正法、像末・法滅、濁悪の群萌、斉しく悲引したまふをや。（同四一三頁）

かくして、親鸞は普遍の場に出る。時代精神を克服して、歴史を超える世界に立つのである。こうしたことがいかにして可能なのか。それは、親鸞の開く世界がそうした視野を持つものであったからと言えよう。「誓願一仏乗」（同一九五頁）という表現がそれを示している。

この後、記すことは、若い時からの師法然との個人的な交渉のみである。その法然の入滅を聞いた親鸞は、流罪先の越後から京都へは帰らなかった。帰洛するのは、ずっと後の六十歳頃と思われる。

しかるに愚禿釈の鸞、建仁辛酉の暦、雑行を棄てて本願に帰す。元久乙丑の歳、恩恕を蒙りて『選択』（選択集）を書しき。同じき年の初夏中旬第四日に、「選択本願念仏集」の内題の字、ならびに「南無阿弥陀仏　往生之業　念仏為本」と「釈綽空」の字と、空の真筆をもつて、これを書かしめたまひき。同じき日、空の真影申し預かりて、図画したてまつる。同じき二年閏七月下旬第九日、真影の銘は、真筆をもつて「南無阿弥陀仏」と「若我成仏　十方衆生　称我名号　下至十声　若不生者　不取正覚　彼仏今現在成仏　当知本誓重願不虚　衆生称念必得往生」（礼讃）の真文とを書かしめたまふ。また夢の告げによりて、綽空の字を改めて、同じき日、御筆をもつて名の字を書かしめたまひをはんぬ。本師聖人（源空）今年は七旬三の御歳なり。（同四七二頁）

ここには、まず建仁辛酉の年（一二〇一）、自分が念仏門に帰入したことが記され、その後元久乙丑の年（一二〇五）、師法然に、その著『選択本願念仏集』の書写をゆるされ、また内題の字ならびに「綽空」という自分の名を書いてもらったこと、さらに師の影像の図画と、また後に、その影像の銘文とそのときに夢告によって改めた自らの名（おそらく「善信」）を師が直筆で記されたことが、感激をもって書かれている。それから、最後に、師の著『選択集』の解題と、その書写ならびに師の影像を図画したことの意味が記されるのである。

『選択本願念仏集』は、禅定博陸　月輪殿兼実、法名円照　の教命によりて撰集せしむるところなり。真宗の簡要、念仏の奥義、これに摂在せり。見るもの諭り易し。まことにこれ希有最勝の華文、無上甚深の宝典なり。年を渉り日を渉りて、その教誨を蒙るの人、千万なりといへども、親といひ疎といひ、この見写を獲るの徒、はなはだもつて難し。しかるにすでに製作を書写し、真影を図画せり。これ専念正業の徳なり、これ決定往生の徴なり。よりて悲喜の涙を抑へて由来の縁を註す。（同四七三頁）

そして、喜びの結語を述べて、本書を終わっている。

慶ばしいかな、心を弘誓の仏地に樹て、念を難思の法海に流す。深く如来の矜哀を知りて、まことに師教の恩厚を仰ぐ。慶喜いよいよ至り、至孝いよいよ重し。これによりて、真宗の詮を鈔し、浄土の要を摭ふ。ただ仏恩の深きことを念うて、人倫の嘲りを恥ぢず。もしこの書を見聞せんもの、信順を因とし、疑謗を縁として、信楽を願力に彰し、妙果を安養に顕さんと。『安楽集』（上一八四）にいはく、「真言を採り集めて、往益を助修せしむ。いかんとなれば、前に生れんものは後を導き、後に生れんひとは前を訪へ、連続無窮にして、願はくは休止せざらしめんと欲す。無辺の生死海を尽さんがためのゆゑなり」と。

しかれば末代の道俗、仰いで信敬すべきなり、知るべし。

『華厳経』（入法界品・唐訳）の偈にのたまふがごとし。「もし菩薩、種々の行を修行するを見て、善・不善の心を起すことありとも、菩薩みな摂取せん」と。（同四七三頁）

この「後序」と呼ばれる文は、親鸞が自分の心情を吐露した文章である。これ以外のところでは、あからさまな自らの気持ちを言わない親鸞が、この文では溢れるような感情のこもった言葉で、師法然に対する不当な弾圧を非難し、その恩顧を記し、また簡潔な文で、自分が念仏門に帰入したことを記している。その推敲が生涯にわたった苦心の著作『教行信証』を終えるにあたり、その感慨もひとしおであったのであろう。その気持ちは、康元二年（一二五七）二月九日の夜寅の時に感得したという「弥陀の本願信ずべし　本願信ずるひとはみな　摂取不捨の利益にて　無上覚をばさとるなり」（同六〇〇頁）とうたう気持ちと同じであろう。本願を信じたならば、仏の力によって無上覚のさとりに達するということは、「生死出づべき道」として親鸞が仏道に志して以来、目指すところであった。それを今、遇いがたくして遇うことのできた師法然の教えによって実現できた喜びは、何ものにも代えがたいものであったと思われる。

親鸞は、その生涯を念仏の伝道に捧げた。「自信教人信」（自ら信じ、人に教えて信ぜしむる）こそ、師法然の教えに参じたことの証しであった。

『歎異抄』の末尾に、「流罪の記録」としてこういう文章がある。

> 後鳥羽院の御宇、法然聖人、他力本願念仏宗を興行す。時に、興福寺の僧侶、敵奏の上、御弟子のなか、狼藉子細あるよし、無実の風聞によりて罪科に処せらるる人数の事。
>
> 一　法然聖人ならびに御弟子七人、流罪。また御弟子四人、死罪におこなはるるなり。聖人（法然）は土佐国幡多といふ所へ流罪、罪名藤井元彦男云々、生年七十六歳なり。
>
> 親鸞は越後国、罪名藤井善信云々、生年三十五歳なり。
>
> 浄聞房　備後国　澄西禅光房　伯耆国　好覚房　伊豆国　行空法本房　佐渡国　幸西成覚房・善恵房二人、同じく遠流に定まる。しかるに無動寺の善題大僧正、これを申しあづかると云々。

遠流の人々、以上八人なりと云々。
死罪に行はるる人々
　一番　西意善綽房
　二番　性願房
　三番　住蓮房
　四番　安楽房
　二位法印尊長の沙汰なり。

親鸞、僧儀を改めて俗名を賜ふ。よつて僧にあらず俗にあらず、しかるあひだ、禿の字をもつて姓となして、奏聞を経られをはんぬ。かの御申し状、いまに外記庁に納まると云々。流罪以後、愚禿親鸞と書かしめたまふなり。(同八五五頁)

これも、法然以下の念仏者の断罪に対して、深い憤りを示すものにほかならない。『歎異抄』のこの記録は、誰が何のために記したのか、つまびらかではないが、ここには、親鸞のこの事件についての評価が見られる。すなわち「無実の風聞によりて罪科に処せらるる」という言葉である。親鸞は、この事件をあくまで「興福寺僧侶の敵奏」と「無実の風聞」によると考えていた。もしそうなら、四人の死罪はゆゆしき問題である。

ここには、政治に対する深い不信がある。それは同時に、人間世界に対する深い不信であった。そうした態度は、親鸞には一貫している。

親鸞は、決して専修念仏に対する弾圧を許さなかった。しかしそれを、政治的活動によって表現しようとはしなかった。そこに、親鸞の社会的行為についての一つの態度がある。

親鸞は「本願を信じ、念仏申す」人生が自らの人生であると考えていた。それ以外の生き方は考えられなかったのである。こういう考え方は現代の人間にとって、十分理解できないことであるかもしれない。しかし、それが親鸞の生きた時代の態度であったのである。

第九章　『歎異抄』第十三条について

――「業」の問題――

『歎異抄』の第十三条に記された「業」をめぐる問題は、親鸞の思想を理解する上で大きな意味をもつとともに、現代において宗教的な世界観・人間観というものを考える上でも重要な意味をもつと考えられる。今までのそれについての解明を試みた諸論説の中で、最も的確な理解を示されたのは、武内義範先生である。次に、まず、『歎異抄』第十三条の全文を掲げ、それについての先生の所説を紹介しよう。

弥陀の本願不思議におはしませばとて、悪をおそれざるは、また本願ぼこりとて、往生かなふべからずといふこと。この条、本願を疑ふ、善悪の宿業をこころえざるなり。よきこころのおこるも、宿善のもよほすゆゑなり。悪事のおもはれせらるるも、悪業のはからふゆゑなり。故聖人（親鸞）の仰せには、「卯毛・羊毛のさきにゐるちりばかりもつくる罪の、宿業にあらずといふことなしとしるべし」と候ひき。

またあるとき、「唯円房はわがいふことをば信ずるか」と、仰せの候ひしあひだ、「さん候ふ」と、申し候ひしかば、「さらば、いはんことたがふまじきか」と、かさねて仰せの候ひしあひだ、つつしんで領状申して候ひしかば、「たとへばひとを千人ころしてんや、しからば往生は一定すべし」と、仰せ候ひしとき、「仰せにては候へども、一人もこの身の器量にては、ころしつべしともおぼえず候ふ」と、申して候ひしかば、「さてはいかに親鸞がいふことをたがふまじきとはいふぞ」と。「これにてしるべし。なにごともこころにまかせたることならば、往生のために千人ころせといはんに、すなはちころすべし。しかれども、一人にてもかなひぬべき業縁なきによりて、害せざるなり。わがこころのよくてころさぬにはあらず。また害せじとおもふとも、百人・千人をころすこともあるべし」と仰せの候ひしかば、われらがこころのよきをばよしとおもひ、悪しきことをば悪しとおもひて、願の不思議にてたすけたまふといふことをしらざることを、仰せの候ひしなり。そのかみ邪見におちたるひとあつて、悪をつくりたるものをたすけんといふ願にてましませばとて、わざとこのみて悪をつくりて、往生の業とすべきよしをいひて、やうやうにあしざまなることのきこえ候ひしとき、御消息に、「薬あればとて、毒をこのむべからず」と、あそばされて候ふは、かの邪執をやめんがためなり。まったく、悪は往生のさはりたるべしとにはあらず。持戒持律にてのみ本願を信ずべくは、われらいかでか生死をはなるべきやと。かかるあさましき身も、本願にあひたてまつりてこそ、げにほこられ候へ。されぱとて、身にそなへざらん悪業は、よもつくられ候はじものを。また、「海・河に網をひき、釣をして、世をわたるものも、野山にししをかり、鳥をとりて、いのちをつぐともがらも、商ひをし、田畠をつくりて過ぐるひとも、ただおなじことなり」と。「さるべき業縁のもよほさば、いかなるふるまひもすべし」とこそ、聖人（親鸞）は仰せ候ひしに、当時は後世者ぶりして、よからんものばかり念仏申すべきやうに、あるいは道場にはりぶみをして、なんなんのことをしたらんものをば、道場へ入るべからずなんどといふこと、ひとへに賢善精進の相を外にしめして、内には虚仮をいだけるものか。願にほこりてつくらん罪も、宿業のもよほすゆゑなり。されば善きことも悪しきことも業報にさしまかせて、ひとへに本願をたのみまゐらすればこそ、他力にては候へ。『唯信抄』にも、「弥陀いかばかりのちからましますとしりてか、罪業の身なればすくはれがたしとおもふべき」と候ふぞかし。本願にほこるこころのあらんにつけてこそ、他力をたのむ信心も決定しぬべきことにて候へ。おほよそ、悪業煩悩を断じ尽してのち、本願を信ぜんのみぞ、願にほこるおもひもなくてよかるべきに、煩悩を断じなば、すなはち仏に成り、仏のためには、五劫思惟の願、その詮なくやましまさん。本願ぼこりといましめらるるひとびとも、煩悩・不浄具足せられてこそ候うげなれ。それは願にほこらるるにあらずや。いかなる悪を本願ぼこりといふ、いかなる悪かほこらぬにて候ふべきぞや。かへりて、こころをさなきことか。（『浄土真宗聖典』（註釈版）八四二頁）

この文章で最初に問題になるのは、「よきこころのおこるも、宿善のもよほすゆゑなり。悪事のおもはれせらるるも悪業のはからふゆゑなり。」という言葉である。これは、親鸞の言葉ではなく、『歎異抄』の編者の唯円の言葉とされるもので、現世の善悪の行業はすべて前世の善悪の行業のしからしめるもので、現世での私たちの行為の自由な決定を否定し、すべては宿命、あるいは過去の行為によって決定されているという考え方に基づくものであり、ふつうは運命論、あるいは決定論と言われる。こういう主張は、この『歎異抄』第十三条以外には、親鸞の著作等には見られないものである。果たして、親鸞がこうした考えをもっていたのであろうか。

この『歎異抄』第十三条についての武内先生の理解は次のようなものである。

『歎異抄』第十三によると、親鸞はあるとき唯円に、ひと千人を殺してこないか、そうすれば必ず往生するであろうと言った。唯円が「仰せではあるが、自分の力では一人も殺せそうにありません」と言うと、「それならばさきほど何故、私が言ったことを間違いなくやると、あなたは私に約束したのか」と反問した。彼はさらに語を続けて「これでわかるであろうが、何事も思うようになるならば、私が往生のために千人殺せと言えば、あなたはすぐそのとおりに殺すであろう。しかしあなたに一人も殺しうる業縁がととのっていないので、それで殺さないのである。自分の心が善なる性質であるので、殺さないのではない。また殺したくないと思っても、業縁次第では百人千人を殺すこともあるであろう」と教えたという。唯円は、これはわれわれが自分の心の善し悪しばかり言って、本願の不思議でたすけられることを忘れているのを、わが師親鸞がいましめられたものであるとしている。（中略）『歎異抄』（第十三）は続けてかつて親鸞の常陸の門下の中から邪義が起こって、悪をつくったものを救済しようというのが、もともと弥陀の本願なのだから、故意に悪いことをして往生の業にしたらよいと言って、いろいろ悪事を行なっている由が聞えてきたとき、親鸞が京都から「本願の薬があるからといって悪をこのんではならない」と言っていましめたのは、このような邪見に執している人の間違いを捨てさせるためのものであったと記している。

多屋頼俊氏はこの問題に関係のあるような親鸞の書簡を五通あげているが（『歎異抄新註』一一八頁）、そのうち「薬あり毒をこのめと候らん事はあるべくも候はずとぞおぼえ候へ」という語の示されているのは、『末燈鈔』第二十である。今この文の大体の意味を解説する前に、まず『末燈鈔』第十六のこれに関連のある文書の意味を記すと、「何よりも聖教の教えも知らず、また浄土教のまことの深い意義も知らないで、言いようもなく放逸無慚な人々の中で、悪は思いのままにするがよいと言われていることこそ、返す返すもあるべからざることである。私が関東に逗留していた頃に、北の郡《こおり》にいた善乗房という者を、ついに親しくしなかったのを見なかったのであろうか。凡夫であるからといって何事も思うようにしてよいとして、盗みをもし、人をも殺しなどしてよいものであろうか。以前に盗心のあった人も、極楽を願い、念仏を申すほどに宗教心が目覚めてくれれば、以前の邪悪な心を当然懺悔する（改心する）ようになっているべきであるのに、そのような様子も見えない人々に、悪はしたいようにするがよいということは、決して言ってはならない。煩悩の力に狂わされて、自分が欲せぬ悪事をしてしまい、言うまじきことを言い、思うまじきことを思うのが人間の罪障である。往生に障りがないとしても、人に対して悪意を含み、なすまじきことをなし、言うまじきことを言えば、これはもう煩悩に狂わされたのでなく、ことさらに悪を行なうのである。そのようなことは返す返すあってはならない」ことであるとしている。

この書簡では「煩悩に狂はされて、思はざるほかに」行なう（業に起因する）行動と、わざとなすまじきことをする造罪無礙の人の行動とが判然と区別されている。ここで往生に障りがないとしても、と訳した「さは（障）らぬことなりといへども」という表現は、ほとんど同一のか、あるいは類似の言葉が親鸞の他の書簡に出ている。「往生にさはり無ければとて、ひがごとを好むべしとは、申したること候はず」（『親鸞聖人御消息集』五）とか「われ往生すべければとて、為まじき事をもし……」（『末燈鈔』第十九）とかである。また同第二十の「煩悩具足の身なればとて、心にまかせて、身にもすまじきことをも許し、口にも言ふまじきことをも許し……」というときは、(1)人間はもともと煩悩具足のものだから仕方がないではないかという意味と、(2)どうせこうなのだとして心にまかせ口にまかせ身にまかせて、すまじきことを勝手気儘にするというのと、(3)煩悩具足の衆生に与えられたのが弥陀の本願名号の功徳なのだからというのと、三つの意味がある。最後の場合は、「さはらぬ事なれば」と同じことになる。

そしてここで問題にしている煩悩具足の自覚は、そのような（最後の場合のような形の）ものである。

親鸞はそれではこのような「往生にさはり無し」とすることを、それはそれとして真理であると考えていたのかというと、そうではない。『末燈鈔』第十九の「それでも自分は往生できるのだからとして、なすまじきことをもし、思うまじきことをも思い、言うまじきことを言うのは、あるべきことではない。貪欲の煩悩に狂わされて、不可抗力的に欲が起こるとか、瞋恚《しんい》の煩悩に狂わされて、妬むべきでないものを妬む、そうして因果の理を破って、他人を害する間違った行為を行なう心が起こるとか、愚痴の煩悩にまどわされて思うまじきことを思い企てるのが、人間の煩悩の姿である。結構な仏の本願があるからといって、わざとすまじきことなどをし、思うまじきことを思いなどするのは、ほんとうにこの世を厭う心もなく、自分が悪人の身であることを知らないのだから、実際は念仏に志もなく、また仏の本願にたよる志もない人である。それで、たとえその人が念仏をとなえていても、そのような心ばえでは、第十九願の機（第十九願に相応する宗教心の主体）のように、次の世で念仏にはげんで、いつか来々世に往生をとげるというところまでもいっていない。……」という文では、明らかに「われ往生すべければ」という考え方を親鸞は否定している。

『末燈鈔』第二十の文は、「貴方がたは、昔は弥陀の誓いも知らず、阿弥陀仏も申さないものであったが、釈迦弥陀の導きで、今は弥陀の誓いを聞き始めている身である。貴方がたは皆もとは無明の酒に酔うて、貪欲・瞋恚・愚痴の三毒ばかり好んで食していたのであるが、今は無明の酔いもだんだん少しずつ醒め、三毒を好まないで、阿弥陀仏の薬をつねに好み食する身になっているのである。それを酔いもなお醒めやらぬに重ねて酔いをすすめ、毒も消えやらぬになお毒をすすめることは、浅慮の至りである。煩悩具足の身であるからといって、心にまかせて、身において、すべきでないことを気儘にし、心において、思うべきでないことを思うにまかせて欲望し、何でも心のままでよいと皆が言うことは、返す返すも、不都合である。酔いも醒めぬさきになお酒をすすめ、毒の消えぬのにいよいよ毒をすすめるようなものだ、薬あり毒をこのめということは不条理きわまることであると思う」と言うのである。

『歎異抄』は、これらのいましめを特殊な場合に応じてのいましめであって、弥陀の本願の深い意味を明らかにしているものではないとしているが、これらの書簡によって見るかぎり、決してそのような第二義的なものではない。むしろ反対にたとえどのような悪人でも本願をたのめば、救われるというのは、自分の罪に絶望して、本願を信じない人に対する最初の教えである。それを聞いて本願を信ずる心が起これば、その人はもとの状態のままではいないと判然と親鸞は言っている（『末燈鈔』第二十）。

以上の親鸞の書簡と比べると、『歎異抄』のこのような唯円の考え方は、むしろ善悪の宿業論的決定論に立っているとするべきであろう。『歎異抄』は「よきこころの起こるも宿善（前世でなした善根）のもよおす故である、悪事を欲望し行為するのも悪業がはからう故である」

と言い、親鸞も「兎の毛羊の毛のさきに入るほどの塵ばかりの僅少の罪でも宿業に基づかないものはない」と言ったという。しかし、それは「濁世の起悪造罪は暴風駛《しう》雨にことならず」と親鸞が和讃した業の深みから把えられた人間の実相のことであって、わざとすまじきことをするような次元での議論ではない。（中略）罪業も罪の不安と一つに開示される人間の実存の有限性・罪障性の自覚と、それと相即する濁世と呼ばれる歴史的運命的世界、つまり、罪において開明される、自己と世界とを包む根源的時間性の問題で、「わざとすまじきことを」と言われるような次元での問題ではない。

このような宿業感がただそれだけ取り出されると、それは著しく運命論的なものとなるであろう。しかし親鸞の業感には「弥陀五劫の思惟の願をよくよく考えると、親鸞一人のためであった。それでこのように多くの業をもっている身であるのに、それをたすけようと思召しになった本願のありがたさよ」（『歎異抄』第十八）という述懐につらなっている。親鸞は自己の存在の全体、人間性の全体、宇宙の全体をおおっている業の中心に立って、弥陀の本願に照らされている。業を親鸞一人に荷負させるその自覚が、また本願のめぐみに輝いている親鸞一人を示している。いわゆる機の深信と法の深信の相即関係である。『歎異抄』は親鸞のこの述懐が機の深信の「自身は現にこれ罪悪生死の凡夫、曠劫よりこのかたつねに没しつねに流転して出離の縁あることなしと信ず」（自分はまことに罪悪生死の人間で久遠の過去からこのかた、罪悪生死の輪廻の海につねに沈み、流転していて、少しもそこから脱れ出る縁がないものであることを、決定してふかく信じる）という善導の言葉と少しも相違しないと言っているが、彼の述懐はまた法の深信「決定してふかくかの阿弥陀仏の四十八願は、衆生を摂受してうたがひなくおもんぱかりなければ、かの願力に乗じてさだめて往生をうと信ず」（『教行信証』二一三六頁参照。弥陀の四十八願は、衆生を摂受するための本願である。これを信じて疑いなく遅慮することがなければ、弥陀の本願力に乗じて、必ず往生することができることを、決定して深く信じる）の表現でもある。もし機の深信が法の深信に翻るところを考えないと、この立場は上述のように決定論となってしまう。（『武内義範著作集』第二巻一一〇〇頁）

以上、長文の引用をしたが、『歎異抄』第十三条をめぐる理解として、従来表明されたものの中で、適切なものは、ここに記した武内先生の理解以外には存在しないように思われる。

こうした『歎異抄』第十三条の有する問題を指摘しているのは、末木文美士氏である。末木氏は「『歎異抄』の現代」という論文で、山折哲雄氏の著作『悪と往生』について批判しながらこう言っている。「『歎異抄』は、たとえそこに親鸞の言葉を引いていても、その文脈は完全に唯円の問題意識に従って再解釈しなおされているのであり、『歎異抄』を単純に親鸞に結びつけることは厳に戒めなければならない。」、「いま『歎異抄』の読み直しが要求されるとすれば、それは今まで親鸞の陰に隠れていた唯円という一人の思想家の再発見である。今まで『歎異抄』を通して親鸞の思想と考えられていたもの、あるいはそこから描かれていた親鸞像は、じつはかなりの部分が親鸞ではなく、唯円に当てはまるものなのである。とはいえ、もちろん唯円は親鸞を離れて自立した思想家ではありえない。親鸞があくまでもとになっている。親鸞とどこが一致し、どこが相違するか。今後の『歎異抄』研究は、そこをきめ細かく検討していかなければならない。」（末木文美士著『近代日本と仏教』一五三頁）

武内先生は、『歎異抄』第十三条の考え方は唯円の考え方であり、親鸞においては、「さるべき業縁のもよほさば、いかなるふるまひもすべし」（『浄土真宗聖典』（註釈版）八四四頁）という言葉と、「それほどの業をもちける身にてありけるを、たすけんとおぼしめしたちける本願のかたじけなさよ」（同八五三頁）という言葉とが相即していることを、適切に指摘されている。それが、「業を親鸞一人に荷負させるその自覚が、また本願のめぐみに輝いている親鸞一人を示している。」、「もし機の深信が法の深信に翻るところを考えないと、この立場は上述のように決定論となってしまう。」（『武内義範著作集』第二巻―一〇五頁）ということである。

宗教的世界観・人間観は、現代の人間にとって、どういう意味をもつのか。それが現代の宗教をめぐる最大の問題ではないであろうか。科学的世界観・人間観が普及し、それだけが正しく、それ以外はすべて顧みるに値しないように扱われているが、果たしてそうであろうか。百万光年単位の銀河世界を一体だれが見るのか。おそらく、理論的には、あるいは客観的・実証的な世界の見かたとしては、科学的世界観が正しいと考えられよう。しかし、人間はそれだけでは満足しない。個々の人間存在の意味をたずねる。科学的世界観・人間観はそれに答え得ない。業・輪廻というような考えは、宗教的な世界観を背景にしている。そして宗教的な世界観・人間観は、罪や苦悩という意味を含んでいる。しかし、それが中心のテーマではない。むしろそれからの脱却が目指されている。しかしそのことに気づかれることは多くはない。

『歎異抄』第十三条に述べられた業報の問題については、覚如の『口伝鈔』にもこのように記されている。

これによりて、あるときの仰せにのたまはく、「なんだち、念仏するよりなほ往生にたやすきみちあり、これを授くべし」と。「人を千人殺害したらばやすく往生すべし、おのおのこのをしへにしたがへ、いかん」と。ときにある一人申していはく、「某においては千人まではおもひよらず、一人たりといふとも殺害しつべき心ちせず」と云々。上人かさねてのたまはく、「なんぢわがをしへを日ごろそむかざるうへは、いまをしふるところにおいてさだめて疑をなさざるか。しかるに一人なりとも殺害しつべき心ちせずといふは、過去にそのたねなきによりてなり。もし過去にそのたねあらば、たとひ殺生罪を犯すべからず、犯さばすなはち往生をとぐべからずといましむといふとも、たねにもよほされてかならず殺罪をつくるべきなり。善悪のふたつ、宿因のはからひとして現果を感ずるところなり。しかればまつたく、往生においては善もたすけとならず、悪もさはりとならずといふこと、これをもつて准知すべし。(『浄土真宗聖典』(註釈版)八七九頁)

この文章も、『歎異抄』と同様、善悪という行業は、浄土往生に関係しないと言っている。しかし、ここでも善悪の行業が、それだけ取り出されて、宿命論的に問題にされている。おそらく門弟たちには、親鸞のこのたとえ話が、その次元で理解されるにとどまったのであろう。その意味では、このたとえ話は、「悪さわりなし」とするような立場につながっていると思われる。

親鸞の言うことは、これらの言葉と微妙に異なっている。『口伝鈔』に言うのは、過去の業因があれば、殺生をするなと言っても、してしまうという。親鸞は、『消息』ではそんなことを言っていない。念仏を称える身になったら、もとは悪いこともしたが、今はそういう心を捨てようという気持ちになってこそ、信心が起こったということになるだろうという。問題のレベルが違うのである。この理解のずれが、宗教的な立場での道徳と社会的な通常のレベルでの道徳規範との差を生むのである。『歎異抄』の編者や『口伝鈔』の筆者の問題にしていることは、「悪さわりなし」という主張に結びつかざるを得ない。

何故なら、『口伝鈔』の筆者は、「過去にそのたねあらば、（中略）たねにもよほされてかならず殺罪をつくるべきなり」と言っている。これは『歎異抄』の筆者の言う「かなひぬべき業縁なきによりて、害せざるなり」と言うのと同じである。「たねにもよほされ」た場合、あるいは「かなひぬべき業縁」のある場合はどうなるのか。「たねにもよほされてかならず殺罪をつくる」あるいは「害せじとおもふとも、百人・千人をころすこともある」ということになるのではないか。その場合には、「願の不思議にてたすけたまふ」ということはどうなるのか。それでも「如来はたすけたまふ」というなら、「悪くるしからず」と言うのと同じである。

したがって、よく考えると、ここでは三つの段階の人間の行為というものが問題になっている。第一の段階は、煩悩具足の身であるからといって、身・口・意の三業でやりたいことをやってもいいという段階（悪無碍）と、本願を信じたからにはそういうこころを捨てようと思う段階と、過去の業縁があれば悪いことはしないでおこうと思ってもしてしまうという段階と、である。親鸞が言っているのは、第一の段階の人間の考え方を否定し、第二の段階の人間の在り方を肯定しているのである。それは社会的な倫理として当然であり、また健康な考え方と言わなければならない。しかし、問題は第三の段階の人間の在り方ではないであろうか。それが「さるべき業縁のもよほさば、いかなるふるまひもすべし」（同八四四頁）ということである。親鸞がここで言いたいのは、「わがこころのよくてころさぬにはあらず」（同八四三頁）ということではないだろうか。『歎異抄』の編者や『口伝鈔』の筆者は、それを問題にしながらも、親鸞の言うことを十分理解していない。人間の生き方として、最大の疑問はこの問題ではないかと思われる。『歎異抄』の親鸞の言葉からすれば、親鸞はそれを認めているように見える。すなわち「卯毛・羊毛のさきにゐるちりばかりもつくる罪の、宿業にあらずといふことなしとしるべし」（同八四二頁）という言葉からは、一切の行業は宿業の結果であるという考えがあるように思われる。そうすると、人間の一切の行為は、過去の業縁のしからしむところだということになる。それは決定論ではないのか。しかし、親鸞の目は違うところに届いているように思われる。人間の一切の行業が過去の業縁のしからしむところだということが、罪悪深重ということなのである。それを自覚させ、それから逃れ離れることを呼びかけるのが、弥陀の本願である。その呼びかけに答えるのが、「信」ということなのである。

このことについて、武内先生はきわめて適切な説明を「業と輪廻」についてされている。その要点を紹介してみよう。

仏教の罪悪の思想には、業と輪廻の観念が前提になっている。したがって業と輪廻について、正しい理解をもたないと、仏教的な罪悪の観念は得られない。（中略）業や輪廻の思想の根底には、人間がこの世で行なう身口意の三業の善悪によって、未来の世の彼の在り方が決定せられるであろうという信念がある。すなわち人間の行なう行為は、ただこの世だけのものでなく、その影響力が魂に、死後にも無形の力となってはたらき続ける、それでその人間がやがて再生するときには、有形の姿と力になって再びあらわれてくる、それが彼と彼を包む世界を規定する要因であり、それが運命的に彼の未来の身心の存在、道徳的性格を決定し、また社会における地位・環境などを限定し、さらにその人の幸不幸を左右するであろうと、この信念は教える。したがって魂は死後も罪業の軽重によって、あるいは地獄・餓鬼・畜生界に、あるいは人間に、あるいは天上の世界に生まれ変わるであろう、未来世がそうであるごとく、われわれの現世もまた過去世からの業力のしからしめたものである。こうして生きとし生けるものは自己の行為した業の力にひかれて、無始以来生々流転のかぎりない道をたどりつつあるとせられる。（中略）ともかくこのような生活感情は、つい最近まで長い間われわれの生活のうちに存在し続けてきた。それは仏教的な生存の自己了解の範疇、むしろ東洋的な生への感覚として、われわれの祖先の生活から文化のあらゆる方面にゆきわたっていたものである。しかしながら、今ではわれわれのほとんどすべてがすっかりこのような感情をぬぎすててしまった。少なくとも一応はそう見える。その理由は、われわれには近代科学とその科学的世界像とが、業や輪廻の人生・世界観の感情と正面から衝突すると考えられたからである。われわれの住居が洋式の生活法を取り入れたように、われわれは思考の生活でも同様のことを行なっている。だがそれは多くはまだ思考の応接室とその調度品についてであって、何かというとやはり畳がほしいのである。だから業の思想感情というものも、生存の重大な事実や危機に直面する場合には、つねに立ち返り立ち返り心情の中にあらわれてくる。けれどもそれはもはやわれわれの生活の正式の住居とはならず、われわれはその感情を本質的なものとして、自己の中に納め容れることができないために、その生活感情は大変歪められ、矛盾に満ちたものとなっている。われわれはこのような感情に突如としておそわれ、無意識に不自然に面目なげに、それを取り入れているにすぎない。このようなことが今日の宗教性を著しくすりへらし、歪んだものにしてしまった。今日では仏教学者でさえも、業や輪廻の思想をできうるかぎり回避しようとしている様子である。しかしながら、仏教思想のうちからこの固有のエレメントをのぞいて、果してどれだけの思想がなお残存しうるかは、非常に疑問であると言わねばならない。（『武内義範著作集』第二

巻一七九頁）

業と輪廻の感情は、われわれの生存の根源的な事実性に基づいている。だからそれ自身は直接の事実として、古いも新しいもない、まさに今日もそのままの事実性なのである。それはまた、ことさらに東洋的とか西洋的とかということもないであろう。その事実の真理は生きとし生ける人間のすべてに、疑いのないものである。われわれが蔽うところなくありのままに自己の存在に注視するならば、ある程度まで事実は事実自身が証明するであろう。ある程度までと言うのは、事実と言ってももちろんその事実性は後述の例の示すように、象徴的な事実である。だからその事実性は、われわれがそれによって喚起せられ、それの間接に指示する余韻を精神の自己内反省のうちで繰り返し繰り返し響かせてみることによって、初めてそれと知られるような事実の含蓄にとどまらざるをえない。だがこのような反省を習得するうちに、われわれは次第に暗さに目の慣れるように、真実の姿への蔽うことのない凝視に堪えうるものとなり、端的に生存の根源的事実に即した省察をなすことができるのである。

だがそのためにも、この種の凝視をさまたげる障害をまずとりのぞかねばならない。それは上述のように、業や輪廻の観念が科学的世界観と矛盾するという考え方である。（中略）業と輪廻が人間存在の生と死、時間性と永遠との問題を解決しようとし、またその問題の根源を求めて罪障を、罪障とその根源である無明を、さらに明と無明との関係をたずねようとするとき、その論理は必然的に象徴的となり、その思考は神話的とならざるをえない。そのこと自身は恥

ずかしいことでも幼稚な考えでもない。(同八二頁)

ここで問題になっていることは、こういうことである。六道輪廻というような考え方は、今日では荒唐無稽な神話的世界観として退けられている。現代の科学的世界観や人間観は、人間が感覚的経験的に確かめられる範囲でしか考えない。その背後には、因果律のもつ差別性ということも大きな要素となっているだろう。しかし、三世因果や輪廻的世界観は、人間の生存の事実性というものに基づいているから、容易に失われるものではない。それはどういうことか。たとえば、われわれが見聞する、ものの命を奪ったり、善人が苦しみ、悪人が栄えるという事実である。しかし今日では、そういう考え方は誤っている(因果関係はつけられない)と考えられているから、その思想に正当な位置は与えられない。けれども、そういう考えは、われわれの生存の原事実に深く根ざしているから、簡単に否定され得ない。したがって、われわれの存在が危機にさしかけられると、業・輪廻の考えが頭をもたげてくる。そういう考え以外には、納得する説明は得られないのである。たとえば、九州の佐世保で起こった小学生の殺傷事件など、女児を可愛がっていた父親は、どうしてその事件を受け入れられるのであろうか。またオウム真理教のテロ事件や神戸での少年殺害事件等、それを納得させる合理的な説明はない。今までは、業・輪廻というような宗教的な次元での説明が受け入れられた。もし、そういう業・輪廻についての考えが受け入れられぬならば、仏教の罪悪についての考えも受け入れられぬものとなってしまう。

たとえば、親鸞が「とても地獄は一定すみかぞかし」と言うとき、その背景には六道輪廻の観念がある。それを抜きにしては「機の深信」も成立しない。しかし現代の世界観は、そういう考えを受け入れない。そこでなお親鸞の教えに従うということは、どういうことなのか。

このとき問題になるのは、親鸞の生きる世界である。親鸞は、『教行信証』「信巻」において、「横超断四流」を釈して、「断といふは、往相の一心を発起するがゆゑに、生としてまさに受くべき生なし。趣としてまた到るべき趣なし。すでに六趣・四生、因亡じ果滅す。ゆゑにすなはち頓に三有の生死を断絶す。ゆゑに断といふなり。四流とはすなはち四暴流なり。また生老病死なり。」（『浄土真宗聖典』（註釈版）二五五頁）と言っている。如来回向の信心を獲得することによって、生死の迷いを超えるというのである。

このことを武内先生は、「六道輪廻の思想も有情についての単なる存在判断ではない。それは初めから終わりまで覚醒への呼びかけであり、呼びかけられた者にはこの命題は一つの当為であり命令であるはずであった。」（『武内義範著作集』第二巻―九〇頁）、「業の理論はいわば跳躍板であって、宗教的実存は、一度はそれにしっかりと足をふまえることによって、次に身をおどらせて解脱と解放の自由に躍入する。」（同九一頁）と言われている。

これが、業・輪廻の思想の秘密である。業・輪廻の思想を受け入れることによって、業・輪廻の世界に入るわけではない。業・輪廻の思想は、その世界から脱却して初めて思想として受け入れられるのである。あるいは、業・輪廻の思想が受け入れられたとき、業・輪廻の世界から脱却しているのである。それは、夢の世界というものは、その夢からさめたとき、初めて夢だったとわかるのと同様である。夢だとわかったときは、夢の世界にいるわけではない。夢をみているときは、夢だと思わない。それが現実だと思っている。夢からさめて、初めてそれを夢と理解する。それと同様に、業・輪廻の世界にいる限り、それが業・輪廻の世界だとは思わない。業・輪廻の世界から脱して初めて、業・輪廻の世界だったと理解する。

そのことが、『歎異抄』第十三条の筆者や『口伝鈔』の筆者には理解されていない。そこに、善因楽果・悪因苦果の機械的な宿命論が出てくる理由がある。

現代における最大の問題は、科学的世界観・人間観と宗教的世界観・人間観との衝突である。多くの人は、その勝負はついたと考えている。しかしそうではない。科学的世界観の開く世界は何の意味もない空虚な世界である。それに何らかの意味をつけるために、人は死んで天国に生まれるという。その偽瞞性は気づかれない。天空はるかの銀河世界に、人間は死後生まれるとは誰も考えていない。銀河世界は知覚できる世界である。死後の世界は、知覚できる世界とは異なる世界である。生きているときの行いの結果が死後に現れるという考えは、倫理や道徳にとって、説得的である。とくに、他者としての社会的な犯罪者に対する一般の人々の正義感に即応する。しかし、人間には何をするかもしれない暗いところがあるという考え方からすれば、誰も悪因苦果ということからまぬがれない。死そのものが、暗い運命的なこととして受け取られる。そういう考えは受け入れにくいものである。そこに現代の死生観が混乱する理由がある。

親鸞の考えの根本はそういうことではない。むしろいかなる者も、本願を信受することによって、そういう流転から解放される、というのがその思想の眼目である。それから解放されることによって、人間は初めて自由な主体として生まれかわるのである。親鸞は、弥陀の本願を信じることによって、そういう世界が開かれると言いたかったのである。

キリスト教の人々はどう考えているのか。業・輪廻にあたる世界の出来事の不条理をどのように説明するのか。おそらくそれは、神のはたらきに帰せられるであろう。しかし、現代の世界観によって、その神が人間の個々の運命に関与しないと考えられるようになると、一体どうなるのか。「義人がなぜ苦しまなければならないか」という問いは現在でも有効である。それに対する納得できる答えはない。「弁神論」として、昔から多様な議論がなされてきたが、それが決着したわけではない。人格的な神観念が、今日では、成立がはなはだ困難になった理由はそこにあると思う。

第十章　浄土真宗と現代

現代の特色を一つの言葉で言うとすれば、「世俗化」ということであろう。

現代は、仏教やキリスト教やイスラムなどの世界宗教といわれるものにとって、きわめて厳しい時代であると言わねばならない。その背後にあるのは、世界観の根本的な変化という事態である。その新しい世界観は、現在はなお一般化していないとしても、いずれグローバルな規模で一般化し、個々の宗教には関わらない、人々の共通の知識となって過去の宗教的世界観を崩壊させてしまうであろう。

そうした状況を生んだ最大の原因は、何なのか。それは、科学的世界観の普及ということである。今日では、死者の魂が、空の彼方、星の世界に生きていると考えることは、いずれの宗教信者にとっても、ほとんど不可能なことであろう。人工衛星に搭載されて、宇宙の彼方を直接観察するハッブル宇宙望遠鏡は、遙かな宇宙の彼方についてのヴィジブルな情報を、われわれに送り届ける。広口径の天体望遠鏡も、世界の各地から、地球外の銀河世界の姿を明確な写真でわれわれに示している。その距離の単位は、何万光年、何億光年というものである。生物学の進歩は、人間の遺伝子をほぼ読み解くまでに至った。生命誕生の秘密は、やがて近い将来に明らかにされると考える科学者も多いかもしれない。しかも、個々の人間の死の彼方は、依然として暗黒である。その意味では、遙かな宇宙の情報も、生命科学の知識も、われわれ自身にとっては何の役にも立たない。しかし人間は、そういう情報を得ることが、人智の進歩だと考えている。

そうした現代の人間の、宗教的世界観と科学的世界観の乖離に基づく分裂した精神状況と科学的世界観の優位を、久松真一先生は、自らの経歴として、このように語っている。

彼は生まれ落ちるなり、極めて篤信なる両親の、ことに祖父母の正統的浄土真宗の信仰にはぐくまれて、若い堅固なる信者となり、僧侶を志して、京都西本願寺の仏教大学に入ろうとしておったほどである。ところが、彼が中学を進級するにつれて、科学的知識の進歩とともに、従来の信仰との矛盾を感じ、真宗教義の上に種々な疑問が起こり始めた。彼はこれらの疑問の解明を、真宗聖典そのものに求めたり、彼がその高潔なる人格に憬仰しておった前田慧雲の著書に探したりしたが、疑義は次第に複雑化し深化するばかりであって、中学四年頃には全く手がつけられないようになり、さしも不壊を自ら矜った金剛の信も脆くも崩壊し去った。今にして思えば、信仰も、疑いを疎外した単なる「おまかせ」主義の信仰であり、疑問も致命的というほどに深刻なものではなかったともいえるが、当時の彼としては破ることのできないアポリアであったのである。しかし、このアポリアは、狭くは自然科学的知識、広くは人間性の洗礼を受けた近代人であるならば、誰しも衝きあたらざるを得ない、不可避の必然的な壁でもあったのである。彼はここで、いわば理性的疑いを疎外する中世的な、ナイーブな信仰生活から、理性の自律的判断と経験的実証とに基づく近世的人間の批判的生活への転換を経験したのである。彼に取って最も確かなものは、ただ「はからい」をすて、疑いを除いて信じられた仏や浄土ではなくして、理性の主体としての自覚的人間や、理性によって基礎づけられ、経験によって実証される現実的歴史的世界となった。彼には、罪の理性的自覚はますます深まり、それからの解放は切実に渇望されながらも、しかも未来に地獄に堕ちるとも思わなければ、また地獄から救われて極楽に生まれることも欣求しもしない。したがって彼には、地獄へ堕すべきを極楽へ救い上げる仏などを恃む気にもなれず、それのみならず、そのような仏は屋上屋を重ねる虚妄以外の何ものでもあり得ないことになった。(『久松真一著作集』第一巻―四一七頁)

こうした若い久松先生の浄土真宗の受け取り方、あるいは親鸞の信の理解が、果たして本来のものであるかどうかは検討に値するとはいえ、この場合、伝統的に育まれた信が、中学程度の科学教育のもとにあえなく崩壊してしまったということが問題である。「浄土真宗の堅固な信仰」といわれるものが、ここで言われているように、中世的な懐疑を疎外した「おまかせ」主義なのか、あるいは、本書第四章で述べたように、「のるかそるか」の決断を迫るものなのか、それはともかくとして、少なくとも、若い久松先生にとって動かすべからざる事実は、理性の主体としての自覚的人間像と、理性によって基礎づけられ経験によって実証される現実的歴史的世界のみが確かなものであるという近代的人間の考え方が、中学の科学教育によって優位になったということである。これは、当時においても、現代においても、青年たちに共通の意識ではないであろうか。

また、すでに昭和初年に、西谷啓治先生は、現代の知識人の宗教的な在り方について、このように指摘されている。

学問を神学への、一般に文化を宗教への隷属から解放した近世の文化人にとつて、もし彼が文化を享受し生活し乍ら同時に新たに信仰を求める時には、如何なる運命が彼を待つてゐるであらうか。生きた信仰でもなく無信仰でもない、いはば信仰にして信仰でないものがある。それは地味の異なつた土に播かれた種子が、一度は発芽し乍らやがて萎え凋み、内部から腐敗して来た如き状態である。文化肯定者のうちに発生した信仰は、概ねかくの如きものとなる。それは近代に於ける「繊細の魂」の行路に横はる最も深い荊棘である。自己の可死性の意識、自己に本具的な罪性の意識等の純粋な宗教的動機から、多くの悶えを経て救済の信仰に到達した者、かかる者はその次に何をなすべきであるか。彼はその後の時間を如何に生くべきであるか。世俗的名利は最早かかる者の目的とはなり得ない。然らば一切の世俗的なるものを、所謂文化をも含めてすべて否定して、ただ修道院的隠遁に一生を送るべきであるか。併しこれは近代人にとつては不満足である。彼にとつてはかかる隠遁は、もし人がそれによつて生を肯定せんとするならば、生の遊戯化であり、現実の生活に堪へない疲労した生命を暴露するものであらう。常住に神と面接し「神の知的愛」に酔うて、生々とした信仰を保つとしても、唯それだけでは現実の生は何等の積極的な意味を持たないであらう。彼の現実生活が唯生きるために生きることを意味するとは、彼にとつては無意味である。何となれば、彼は抑々それに対する疑惑、何の故に生きるのかといふ疑問から信仰に這入つたのである。(然も彼は昔の神秘家が生は生きるために生きる、何故なしに生きる、と言つた時の気持を理解し得ることからは遠い。)そして彼が他のために生き、他がまた彼のために生きるとしても、其処には成程愛に満ちた生があるかも知れないが、その生の積極的意味内容としては単に生きるといふ事以外に何が残るか。各自は他のために生きることに生の目的を有するとしても、その総和に於ては唯生きるために生きる事のみが残り、人間全体の生存は畢竟無意味となつて仕舞ふ。そして同時に、各自の生存の意義であり、目的であつたものも、実は根のないものであることになる。彼が個人として生きる為には、人間全体が或る意義と目的をもち、彼も直接間接にそれに実現に与るのでなければならぬ。のみならず、もし今の如き人生観に従ふならば、歴史にも積極的な意味が全くなくなつて仕舞ふ、勿論宗教はその本質に非歴史的なところをもつてゐる。宗教は、人がその生まれ乍らにして置かれてゐる歴史的社会的生活圏より一歩離れて、自己の生存そのものを問題とする時に始まるのである。人が自分は何処から来たか、何処に行くか、或はこの自分とは抑々何であるかと問ふ時、彼は今迄の全歴史をなみし去り、社会との繋がりを絶つてゐる。いはば時間以外、社会以前の世界に自らを移してゐるのである。併し乍ら、其処に於て信仰に到達し、更に続いて積極的に生きようとする者にとつては、歴史や社会の無視は堪へられない。（中略）彼は人間全体が、即ち社会が、或る積極的な目的を持つて居り、歴史のうちに於てそれの実現に近づき得るといふ信念が許されぬならば、寧ろ即座に生きることを止める方を選ぶであらう。かく彼が非社会的なる隠遁、非歴史的なる文化否定を採り得ないとすれば、後に残されるものは唯所謂「文化価値の実現」があるのみである。かくして彼は広く社会活動に、或は芸術・学問等の特殊の領域に、昔とは別な然もより高い（と彼は思ふ）意味で「神に奉仕」し、「神の国」を此の世に実現せんと努力する。併し彼の軌道が今やそのうちへ転回した此等の世界も、各々それ自身の営みを有している。それ自身の歴史をもち、問題をもち、彼は其処に相搏つ種々なる主義主張の渦の中に身を投ずる。彼の活動もその世界特有の技術や方法を通して行はれる。かれはそれ等にも熟達せねばならぬ。かくして彼は知らず識らずに専門家となり、自己の仕事に努力すればする程益々専門家となる。「神の国」や「神への奉仕」とは縁の遠い事柄が、今や彼の最大の関心事となり、信仰そのものは意識の背後に没して、影の薄い空疎な幻像（何となればそれは専門的内容を有してゐないから）となる。併し彼は自己の仕事が信仰に内容を与へ、それを具体的にするものであり、神へのより高い奉仕であることを信じて疑はない。のみならず、生きて行く以上彼は多少なり衣食住その他に心を遣はねばならぬ。それへの関心からやがてそれに対する種々なる欲求も生ずる。一度棄却された外的生活への関心が、更には名利の念すらが、不知不識の間に徐々に再びその支配を回復して来る。併し彼はそれを余り気に留めないであらう。第一外的なるものは彼の目的にとつては本質的な関りのないものである。それに対する少しばかりの関心は彼の志すものの妨げとはならない。寧ろ彼の政治的活動或は学問的研究は、生活の多少の安易によつて反つて促進されるであらう。のみならず、彼はそれに足をさらはれない支へとして信仰をもつて居るではないか。実際（と彼は考へる）、彼の背後には何時も神がある。恰も彼の肉体が如何に動いても空間より出ることが出来ないと等しく、彼は如何に動いても神のうちにあるのである。かくして彼の「生肯定」は遂には生の最下層にまで波及する。併しそれと同時に、信仰は次第に彼の奥に退いて行く。そして何時の間にか彼の生の視野から消えて、唯記憶の深層のうちにその影像が蓄えられてゐるのみとなる。彼は信仰を持つてゐると信ずるだけで満足する。そして時々改めて信仰によつて救済が保証されていることを想起し直すことによつて、自らの不安を落着ける。かくして曩の信仰にして信仰でないものが到達されるのである。もし無信仰より信仰への上り路の中間段階に立つ魂が、「吾信ず、吾が信なきを救け給へ」と叫ぶならば、信仰より信仰冷却への下がり路への中間段階にある魂は、吾信ず、吾が信なきを捨ておかれんことをと要求するであらう。それは敬遠的信仰である。文化人の信仰はかくの如き敬遠的信仰に導く。（『西谷啓治著作集』第一

巻所収「近代意識と宗教」九九頁）

ここには、近代の知識人が陥る「敬遠的信仰」の実相が、そう考えられる根拠とともに明示されている。今日においても、青年期に宗教的な煩悶によって宗教的世界に身を置いたと思う者も、学業を終え、社会人として実業界に、あるいは教育界等に進むにつれ、青年期のその煩悶をなつかしく思うだけで、再び激しい宗教的な疑問に身をさらしたりはしないという事実は、西谷先生のこういう指摘が正しいことを証するであろう。

久松先生は、自らの精神的経歴の叙述を通して、現代の人間の宗教的な関心の動きを明らかにし、西谷先生は、近代の知識人の宗教的な態度の推移を示されている。親鸞の教えは、こういう意識をもった現代の人間に何を教えるのか。あるいは、浄土真宗の教えは、こういう現代の人間にとっての導きになり得るのか。その問いは、現代のあらゆる宗教にとって共通である。

西谷先生は、先に指摘した近代人の宗教意識の特徴を人間中心主義、あるいは自我中心主義にみられる。何故に近代の文化人の信仰は敬遠的信仰に導かれるか。それは、「人間は自己目的」であり、「人間は人間自身のためにある」という近代人の「根本信念」によると考えられる。そして近代人の意識は、このような特徴によって、「自然の機械観と倫理上の幸福主義とに不可離に連関している」（同一〇六頁）と主張される。「自然を機械的に見るとは、それを分析的思惟にとつて透明なるもの、人間がそれの機構と法則を知ることによつて自らの目的に適合するように使役し得るものと見ること」である。「それによつて近代人は自然の使役に驚くべき発展を遂げたと同時に、生きた自然との親和を失つて来た」、「かかる人間乃至自我中心主義と自然機械観と幸福主義とが、其等のもつ歴史的意義にも拘らず同時に近代の個人と社会の病弊一切の宿根」である。そして、このような「神や自然や人間を捨てた、かの内容的空虚の根柢にあるものは、本質的虚無性」であり、「人間中心の立場は、一切が人間のために、人間が人間のために、と考えることによつて、人間自身が何のためにか、の問に答へる道を失つた」と言われる。「ここに近代に於ける人間ないしは自我の根柢の直下に開いてゐる虚無性がある。近代人は自己の「人間」を解放したが、そのことによって、一層深い繋縛に陥った」とされる。「近代人をこの繋縛から再び解放する」道は、こうした人間中心主義を捨てきることによる外はない、というのが西谷先生の主張である。すなわち、「人間自身を通しての人間性の否定、自我自身を通しての自我の否定」以外にはないとされるのである。そして、その道こそが、「宗教的な生の本質」であると言われる。

親鸞の教えは、こうした意味をもつのであろうか。

初めに、「自然科学の表明する宇宙観・自然観に宗教はどう答えるのか」、「社会科学の問う社会倫理の諸問題に宗教はどう答えるのか」、「人文科学の問う人間存在の意味について宗教はどう答えるのか」、という三つの問いを掲げ、それらの問いに答えることができないならば、本来の意味での宗教は姿を消すほかはないと言った。これまでの『教行信証』をめぐる議論は、こうした問いを念頭に置くものだった。宗教的世界観（宇宙観）・自然観の意味、社会倫理についての考え方、人間存在の意味について、『教行信証』はそれなりの考え方を示している。業・輪廻の世界観とそれらからの解脱、それは宗教的世界観と社会倫理、人間存在の意味づけに関わるものだった。そうした考えが、現代のわれわれにとって、どういう意味をもつのか、それはわれわれ自身の問題であろう。ハッブル望遠鏡の写し出す何億光年かなたの深宇宙の映像に、有頂天になって人間のすぐれた能力の賛美をするか、あるいはそこにあらわれる虚無的な視野に激しい戦慄を感じるか、宗教的世界観の示す象徴的世界観に、人間存在の暗さを見てそこからの解脱をこころざすか、あるいは、それが事実と反する荒唐無稽な世界観であるとして、お伽話の世界に追放すべきであると考えるか、そうした評価は、今後の人間の在り方に大きな意味をもつであろう。

パスカルは言っている。「この無限の空間と永遠の沈黙が私を戦慄させる」と。現代科学の視野の広がりに、私たちは、パスカルの戦慄を感じないわけにはいかないのである。西田幾多郎先生のエッセーにこういうことが記されている。「外があれた暗い冬の日、アルフレッド大王が高僧たちと話していたら、一羽の小鳥が一つの窓から入って他の窓へ逃げて行った。かの小鳥は何処から来て何処へ行ったのであろう、人生もその通りだと話し合ったということを、幼時誰かの英国史で読んだように記憶している。」(岩波文庫、『西田幾多郎随筆集』一八五頁)。人生はつかのまである。その去来はこのエピソードが言うように、誰にもわからない。それを自らの歩みによって確かめ、人々に教えるのが宗教人であると私は思う。親鸞はその一人である。その言葉を聞くかどうかは、「面々の御はからひ」であろう。

たとえば、生命連鎖という観点からすれば、植物プランクトンを動物プランクトンが食べ、動物プランクトンを小動物が食べ、小動物を肉食獣が食べ、肉食獣をその生命連鎖の頂点に立つ動物が捕食することは自然の摂理であろう。しかし、小動物を肉食獣が食べている様子を、われわれは平然と見ていられるだろうか。それは生存競争、あるいは適者生存、弱肉強食というような観点からは当然のことであろう。しかし、人間には、肉食獣の捕食を見るにしのびないという感情がある。そこに、科学とは異なった人間の特有の生命観というものが生まれる可能性がある。宗教はそういう生命観に胚胎するのである。それを否定するならば、科学は人間の感受性の重要な一面において欠落していると言わざるを得ない。小動物の食べられている姿に、有情の業・輪廻の姿を重ね合わせるということもあるかもしれない。生命連鎖という説明は自然科学の説明であり、それはそれで正しいであろう。業・輪廻のイメージは科学のレベルから言えば神話的な説明であり、客観性・実証性はもたない。しかし、人間はどちらで納得するのか。あるいは、インド洋の大津波は、プレートテクトニクス理論では、地表の動きにすぎないかもしれない。しかし最愛の女児を、その津波で失った父親には、そうした説明は意味をもたない。むしろ「さるべき業縁のもよほさばいかなるふるまひもすべし」という言葉が、心に沁み通ってくるであろう。科学と宗教の違いはそこにある。そして宗教のはたらくところも、そこにあると言わねばならない。親鸞はまさに、そこで「そこばくの業をもちける身にてありけるをたすけんとおぼしめしたちける本願」を仰いだのである。

そういう見方を失うならば、人間は、人間という名に値しないのではないであろうか。

おわりに

現代において親鸞の思想を考えるということは、どういう意味をもつのか。

親鸞の思想への接近のしかたには、いろいろのものがある。その思想の内容には全く中立的に、親鸞の思想を日本仏教展開のある時期の思想として取り上げることも可能である。また、親鸞に対して、あるいは、親鸞歿後の教団に対して、批判的な立場からその思想を検討するということも可能である。

しかし、現代のわれわれにとって、その思想が生きた影響を与えるということは、はなはだ困難になってきている。浄土真宗の教団の習俗や儀礼の存続は確かであろう。しかしそれは、親鸞の思想とは無縁のものではないだろうか。

ある時期までは、親鸞の教えは、日本人の精神生活を左右するものであった。とくに、蓮如の「聖人（親鸞）一流の御勧化のおもむきは、信心をもつて本とせられ候ふ」（『浄土真宗聖典』（註釈版）一一九六頁）という教えは、朝夕に、「正信偈和讃」を唱え、念仏を称えるおつとめ（勤行）とともに、農村の人々の生活を規定するものであった。しかし現在では、その儀礼は存続し、「報恩講」や「永代経」の行事も行われてはいても、そのときに「他力本願のことわりをねんごろにききひらき」（同一二二三頁）というような態度は、失われてしまっている。

農村の生活様式の変化に伴って、一村一カ寺という伝統もなくなりつつある。かつては門徒集団を支えた農村の婦人たちも、現在では決して「一文不知の尼入道」ではない。浄土真宗の基盤が消失したのである。このときに、なお江戸時代に形成された教学が、人々の指導理念として力をもつのであろうか。

親鸞の思想には、確かに現在でも、とくにインテリといわれる人々が魅力を感じるようである。しかし、それは、かつてのように農村の人々の精神生活を満たしたものではない。それは、インテリといわれる人々のヒューマニズム尊重という好みに合うだけのことである。その証拠に、彼等の尊重するのは『歎異抄』である。しかも、『歎異抄』に含まれる危険な要素は、そこではのぞかれている。

親鸞の教えはそういうものではなかったはずである。親鸞は、罪悪生死の凡夫に対する如来の呼びかけへの態度決定を門弟たちに迫った。そうでなければ、親鸞晩年における長子善鸞の義絶というような事件は起こらなかったであろう。

親鸞の教えは「ただほれぼれと弥陀の御恩の深重なること、つねはおもひいだしまゐらす」（『浄土真宗聖典』（註釈版）八四九頁）ということではなかったと思う。それは罪悪深重の凡夫に呼びかけられる本願を聞くかどうかという、厳しい態度決定を私たちに常に迫るものであった。だからこそ、農村の人々も、日常の怠慢な生活を震撼させられ、念仏の教えに帰したのである。

親鸞の教えの真髄は、「百人・千人を殺すこともある」という人間の業・輪廻の在り方を覆すものであった。それが、当時の民衆の心を動かした。その教えがなければ、民衆の仏教理解の道は閉ざされたままであった。事態は少しも変わっていない。人々の生活を根底から動かす業・輪廻の在り方は、依然として今日の人間を規定している。しかし、それを超える道は閉ざされている。そのために、人々は天国という虚妄の表象をつくりあげて、それにすがりついている。誰もが死後天国に生まれるなら、親鸞の教えは、意味をもたない。

仏教は、すべての人間がそこに置かれている業・輪廻の在り方を超える道を示す教えであった。親鸞の教えも、その課題を根本にもっていた。親鸞は、その道を弥陀の本願に見出したのである。それが、現代の人間にもわかっているだろうか。私はそれを明らかにするのは、西洋哲学で育まれた問題意識しかないと思っている。

本書は、本願寺出版社から平成十四年に刊行した『これからの浄土真宗』で提起した問題意識を、具体的に、『教行信証』に即して、私の師事した諸先生の言葉を紹介しながら考えてみたものである。その意味で、序章に述べたように、親鸞の思想を哲学的に考えるということはどういうことかを明らかにしたと思う。同時に、親鸞の教えが、現代の人間に、生死を超える視野を開き得るかどうかを問うている。

私は、親鸞の教えは、現代の人間にも宗教的な視野を開く力をもっていると思う。しかしそのためには、親鸞の教えとして、今日までに覆いかぶさった多くの誤解を解かなければならないと思う。

親鸞の教えは、念仏さえとなえていれば、仏の力で浄土に生まれることができるというような、いいかげんな教えではない。一人ひとりの人間に、生きることの態度決定を迫るような厳しい教えであると思う。その教えは日本の津々浦々に広がったが、その教えの真髄に触れ得た人は、それほど多くはなかった。禅の修行をする人は多くても、さとりに達した人がそれほど多くないのと同様である。

それでも、親鸞の教えは日本人の精神生活を左右するものであった。その力を再び取り戻すことができるかどうか、それは私たちの「生死出づべき道」を求める決意にかかっている。

本書がそのことに多少でも与ることができれば、これに過ぎる喜びはない。

平成十七年十一月十五日

石田慶和

石田慶和（いしだ　よしかず）

1928年京都府生まれ。京都大学文学部哲学科（宗教学専攻）卒業。

現在、文学博士。龍谷大学名誉教授。前仁愛大学学長。

著書に『信楽の論理』『親鸞の思想』『宗教と科学・ニヒリズム』『歎異抄講話』（法藏館）、『念仏の信心——今なぜ浄土真宗か』『浄土の慈悲』（本願寺出版社）など。

教行信証の思想

二〇〇五年十一月二十日　初版第一刷発行

著　者　石田慶和

発行者　西村七兵衛

発行所　株式会社　法藏館
京都市下京区正面通烏丸東入
郵便番号　六〇〇-八一五三
電話　〇七五-三四三-〇〇三〇（編集）
〇七五-三四三-五六五六（営業）

印　刷　立生株式会社

製　本　新日本製本株式会社

ISBN 4-8318-3828-4 C3015